KB260860

현대를 살아가는 불교적 인간

원연 스님 편저

현대를 살아가는 불교적 인간

원연 스님 편저

현대를 살아가는 불교적 인간

원연 스님 편저

들꽃누리

나만이 어리석었던 것인가

내 나이 네 살 때 8·15해방을 맞이했다.

그 후 6·25전쟁, 4·19혁명, 5·16혁명 등을 경험했다. 이러한 변혁기 속에서 삶을 살고 있는데, 나와 내 민족이라는 것을 떠올려 볼 때 이런 모습이 우리가 진정 바라던 것인가 하는 생각이 앞서니 서글픈 마음이 든다.

어찌하다 불문에 발을 들여놓아 지금은 잿빛 승복을 입고 있는데, 만약 또 다른 길을 선택했다면 그리스도의 사명을 받들어 사탄의 무리를 처단하기 위해 법당을 불사르거나 불상을 때려부수며 돌아다녔을지도 모를 나의 삶.

토인비는 "한국이라는 나라는 볼 가치가 없는 나라이다"라고 혹평을 한 적이 있다. 한국이라는 나라는 지조와 전통이 없는 나라이기 때문이란다. 이를테면 중국에 붙으면 중국인이 되고 일본에 붙으면 천황폐하 만세를 부르고 미국에 붙으면 미국인이 되어 할렐루야를 찾는데, 말하자면 어떻게 된 민족이 반세기 동안 국민의 반 이상이 그리스도교인이 되어 자기 민족의 종교도 아닌 것을 가지고 다른 나라에 그의 복음을 전파한다고 돌아다닐 수 있느냐 하는 것이다.

내가 초등학교에 다닐 때 선생님한테 "4대 성인이 있는데 어떻게 다릅니까?" 하고 질문하자 선생님이 "4대 성인은 서로 비교해서 평가할 수 없고, 자기가 존경하는 입장에 따라서 믿고 받드는 것이다"라고 얼버무리셨던 기억이 있다. 그때 선생님, 아니 그 누구라도 '석가는, 인간의 근본을 다르게 보아 깨쳐라 하는 것을 가르쳤고, 노자는 자연을 본받아 꾸밈없이 살라 했고, 공자는 왕을 중심으로 하는 윤리 도덕을 가르쳤고, 예수는 이스라엘의 민족종교로 자기 민족 사상에 복종하지 않는 한 그 여타의 다른 민족의 정신문화를 사탄과 우상, 그리고 미신이라고 간주하여 그 민족의 정신문화를 말살해 자기 민족화하기까지에는 끊임없는 대립을 피할 수 없다'는 것을 일러주었으면 좋았을 텐데 그런 가르침을 준 분이 나에게는 없었다.

6·25 전쟁 후, 어느 날 동산 위에 텐트 친 모습이 보이고 십자가가 세워지더니 종이 울렸다. 그리고는 "얘들아! 이곳에 오면 맛있는 것 많이 준다"고 하여 우르르 몰려가니 말 그대로 우유가루·밀가루·초콜릿 등을 주어 한 아름씩 안고 돌아왔다. 그런 일이 있은 후 아이들은 동네에 탁발 온 스님들을 보면 몰려서 따라다니며 "중중 까까중 머리할 채 까까중" "야~ 사탄아! 물러가라" 하면서 보이지 않을

때까지 돌질을 하지 않았던가. 그런 탓에 중은 사탄이나 악마로 전락하고 말았다.

그 후 시간이 흐른 뒤 막상 불문에 들어오니 큰스님이라고 하는 분들이 '부처님과 하나님은 같다, 산신각은 미신이니 때려부수어야 한다' 하면서 때려부수는 것이 아닌가. 그래서 나도 그러한 행동에 일조를 했다. 지금 굳이 변명을 하자면 그 당시 새마을 사업이 유행처럼 번지고 있던 터라 특별한 생각 없이 시대에 편승했었다고.

그런데 그런 무모한 행동으로 인해 우리 조상이 애써 일궈 온, 말하자면 우리 민족의 정신문화의 상징인 선왕당을 비롯하여 동제 등의 자취를 거의 찾아볼 수 없으니 얼마나 어리석었던 짓이었나.

이런 상황일 때 또다시 단 한 사람만이라도 '너의 민족의 것은 너의 민족만이 가지고 있는, 세계에서 단 하나밖에 없는 보배이니 그것을 갈고 닦으라'라고 일깨워 주었어도 그런 어리석은 짓은 안 했을 것이라는 때늦은 후회를 해본다. 아니 이러한 사실을 모르고 있었던 것은 나뿐이었던가. 그래서 나만이 어리석었던 것인가.

이 책을 출간하면서, 머리말이라는 명목으로 늘어놓은 내 어리석은 푸념을 널리 이해하여 주기 바란다.

2008년 5월 꽃비가 내리는 날
원연 합장

현대를 살아가는 불교적 인간

제1장
동양의 눈과 서양의 눈

우리가 현대를 살고 있는 한 불교도로서 '불교는 인간을 어떻게 생각하며, 동양과 서양의 생각이 어떻게 다른가'를 생각지 않으면 안 된다. 왜냐하면 신앙이나 믿음에 상관없이 우리는 현재에 살고 있고, 또 동양에 살고 있기 때문이다. 그러한 우리는 지금 우리들 자신이 서양화되어 있다는 인식조차 느끼지 못할 정도로 서양화되어 있다.

그러나 불교는 지금까지 동양만의 고유한 것으로서, 서양 문화에는 포함되어 있지 않다. 따라서 역사적으로, 불교는 서양인의 종교로 되어 있지 않기 때문에 서양 문화 속을 뒤집어 보아도 불교의 종적은 찾아볼 수 없다.

불교의 근본은 깨침이다. 깨침이란 반야의 지혜智慧를 의미하는데,

스즈끼[鈴木] 박사의 말에 귀 기울여 보자.

"서양인은 반야라고 하는 순수지혜의 경험이 없기에 반야[般若]를 영역하려 해도, 그에 합당한 말이 없어 어쩔 수 없이 Prajñā를 그대로 사용한 후 영어의 intuition이 비슷한 뜻이 있어 Prajñā-intuition이라고 표기했다."

하지만 반야란 엄밀히 따지면 intuition이 아니다. 또한 니시다[西田] 박사는 "선은 참으로 독특해서 서양에는 없다"고 말하고 있다. 선[禪]은 선정[禪定]으로부터 온 것이지만, 그 본질은 계·정·혜의 삼학 중에 정보다는 혜에 해당된다. 그것은 "삼매가 만약 반야가 일어나지 않는다면, 단순한 하나의 심리 현상에 지나지 않는다"고 말하고 있는데, 스즈끼 박사의 말과도 상통한다. 요컨대 불교의 사상이란 이 반야의 표현이므로, 불교의 사상은 서양에는 없는 독특한 것이다.

이와 같이 서양에 없는 반야의 입장에서 보는 인간이란, 당연히 서양의 방법과는 다르다. 동양이 상당히 서양화되어 가고 있는 요즈음, 불교에서 보는 고유한 방법으로 가능한 명확하게 서양에서 보는 방법과의 차이를 먼저 밝혀 두지 않으면 안 된다. 이와 동시에 그러한 불교가 어떻게 해서 서양화되어 있는 현대의 우리들에게, 그 근본을 꿰뚫어 볼 수 있을까가 문제가 된다.

따라서 한편으로는, 불교의 고유한 인간관을 밝힐 때, 서양적 인간관과의 구별을 확실히 함으로써 불교 고유의 인간관도 확실해진다. 또 한편으로는, 불교적 인간관에 결여된 부분을 서양적 인간관으로 보충하거나 거꾸로 서양적 인간관의 결핍을 불교적 인간관으로 보충할 수 있다면, 그에 의해서 현대의 불교도는, 어떠한 입장에서 볼까 하는 것도 생각해야 한다.

서두에서 우리의 현대는 무척 서양화되어 있다고 했다. 그러면 우리의 '현대성'을 형성하고 있는 것은 무엇인가? 이는 서양적으로 동양의 전통과는 거리가 멀다. 서양 문명의 점진에 의해서 서양의 것이 우리나라에 들어오고, 우리의 근대화가 이루어졌다. 이러한 근대화 과정에서, 우리의 정신이나 동양의 정신은 모두 잊고, 서양의 민주주의를 취해서 생활의 기반으로 삼고, 더욱 살아가는 정신적 지주인 근본사상마저 서양으로부터 물려받는 신세가 되고 말았다. 이로 인해 우리의 근대화가 한층 더 진보되었다고 말한다.

하지만 우리의 근대화가 무엇인가 하면, 오늘까지의 단계에서는, 실은 서양의 것과 같다. 다만 오늘날 우리들의 대다수가, 우리가 서양화되어 가고 있다는 사실을 자각하지 못하고 단순히 진보하고 있다고 여기고 있는 것이다.

우리들 자신이 내가 서양화되어 가고 있는 것을 자각하지 못하고 있음은, 이를테면 우리들이 양쯔강이라고 부르고 있는 중국의 강을, 중국 사람들은 창장강이라고 부르고 있음이 그것이다. 중국인 자신이 창장강이라고 부르는 것을, 우리들이 양쯔강이라고 부르게 된 동기는 서양의 지도를 그대로 복사해서 사용한 결과이다. 중국인이 한국의 문화는 서양 문화에 튀긴 것이라든가, 동양적인 것이나 자기들 것까지도 그대로 흉내만 내고 있다고 비웃어도 할말이 없다. 결국 동양 사람이 서양의 눈으로 보면서도, 그것 자체도 인식 못하는 어리석음을 범하고 있는 것이다.

우리들이 한국이나 동양 문화를 연구할 때, 오늘날과 같은, 싫어도 서양 학문의 개념에 따르고, 그 학문적 방법에 따르지 않으면 안 되는 현실인 것이다. 어쩔 수 없이 서양의 학문 방법에 따르게 되고, 그 연구 방법을 채용하기 위해서는 자연히 서양의 생각을 머리에 넣고, 그러한 사고 관념 속에서 한국이나 동양적 전통을 해석하고 마는 경향이 짙게 자리잡고 있는 것이다.

오늘날 우리의 근대화란, 서양화를 말하는 것이지만, 한국의 근대화가 단순히 서양화하는 것으로 그쳐서도 안 될 뿐 아니라, 또한 그것만으로 그쳐서도 안 된다. 한국인이 서양의 것을 배우고, 그것을 자기 것으로 하는 것만이 아니고, 서양에는 없는 독자적인 것을 창출해 내지 않으면 안 된다.

자연과학이나 그 응용에 의한 기술은, 인간의 개성이나 민족성을 넘어선 보편적인 것이므로, 서양의 것을 잘 배우기만 하면, 서양인들이 하지 않은 새로운 일을 창출해 낼 수 있다.

하지만 예술·철학·종교 등과 같은 개성 있는 문화란, 한국인이 자기를 표현하는 것이므로, 그것은 무엇인가의 방법으로 과거의 한국적 전통을 형성하는 것이 된다. 여기에 한사람 한사람의 인간에 있어서, 서양적인 것과 동양적인 것, 또는 한국적인 것들이 만나게 되는 것이다. 그래서 그러한 것들이 하나로 융합함에 의해서 새로운 문화가 창조되는 것이다. 지금은 아직 창조까지는 가지 않았어도 이러한 방향을 향해서 나아가는 것이 분명하다. 그 과정 속에 있는 우리들은, 한편으로는 서양화되면서, 동시에 다른 한편으로는 동양의 고유한 것을 정확하게 파악하고 계승해 나아가지 않으면 안 되는 것이다.

그러나 이러한 것들이 실질적인 것이 되면, 그 방법에 전력을 기울이지 않으면 쉽게 얻어지지 않는다. 전력을 기울여서 연구하면 할수록 자기 자신이 서양화되어서 동양적인 것이 서양적이 되기 쉽다. 그렇게 되면, 동양의 고유한 것, 서양에 없는 것은, 그 참모습을 파악하기 힘들다. 우리 동양인이 참으로 서양을 안다는 것도 쉽지 않지만, 동양을 안다는 것 또한 쉬운 일이 아니다.

이러한 이유로 불교라고 하는 동양의 전통적인 것은, 또한 그 근본이 서양에 없는 것을 서양화되어 가고 있는 현대인으로서 자신에게 확신을 갖고 표현할 수 있다는 것은 참으로 어려운 과제이다. 나는 현대에 살아가는 한 사람의 불교도로서, 인간을 어떻게 볼 것인가 하는가에 대해 자신 있게 '이거다' 하고 대답할 자신이 없다. 그러나 현재의 시점에 있어서, 이 문제에 대해서 될 수 있는 대로, 이와 같은 문제 제시와 함께 이야기 할 수밖엔 없지 않은가 하는 간절한 생각뿐이다.

제 2 장
동물과 인간

현대라는 시점에서, 불교가 인간을 어떻게 보는가에 대해 말하려면, 먼저 서양 사람이 인간을 어떻게 보는가에 대해서 생각지 않으면 안 된다.

1. '인간은 이성을 가진 동물이다'에 대해서
- 서양의 인간관 -

서양의 인간관은 크게 둘로 나눌 수 있다. 고대 그리스 이후의 전통적인 인간관과 근대 과학의 인간관이 그것인데, 그들 각각을 불교의 인간관과 비교해 보면, 서양의 인간관과 다른 불교의 특색을 찾아볼 수 있다.

서양의 전통적 인간관의 기초가 된 것은, 그리스 철학에 의해서 쌓아올린 철학적 인간관과 그리스도교에 의해서 배양된 종교적 인간관이고, 그 둘이 융합해서 통일된 것이 서양의 정신이다.

이 전통적인 인간관에 의하면 '인간은 이성을 가진 동물이다'라고 말해서 이성을 가진 인간은, 한편으로는 동물과 다르고, 또 다른 한편으로는 신과 연결되어 있다고 생각했다. 말하자면 고대 그리스 철학에서 '인간은 이성을 가진 동물이다'라고 할 때, 이성은 '크게 상하 두 부분으로 나눌 수 있으며, 상 부분은 인간의 혼이 되는 정수리로, 이 혼을 최고 가치로 여겨 신들과 공통의 지반을 세우며, 신들의 영역에 들어갈 수 있다고 여긴 것이다. 이때 인간을 신들에 연결시키는 것이 바로 이 이성의 역할인 것이다. 물론 인간도 다른 동물들과 공통점을 가지고 있다. 여러 가지 감각이나 욕망 등이 있는 한, 인간도 다른 동물들과 다른 점이 없다. 그러나 인간에겐 본질적으로 다른 동물과 구별이 되는 근거인 이성을 가지고 있어서, 인간을 신들과 연결시켜 준다. 이성의 힘이 동물적 감각이나 욕망을 지배할 때에, 인간은 참으로 '인간'이 된다. '인간이 이성을 가진 동물'이라고 할 때, 이성과 동물성의 사이에 그와 같은 지배 관계가 있다고 생각했던 것이다. 신들과 연결되는 방향과 동물과 연결되는 방향 사이에 '인간'은 전자를 기초로 하여 보았다고 본다.

이와 같이 고대 그리스에서는, 인간이 이성을 가지고 있는 것은, 인간이 동물과는 다르게 신들과 연결되어 있다는 뜻이었다. 동물은 신들과 연결되어 있지 않다. 신들과 연결되어 있다고 하는 점에 있어서는, 인간은 동물과는 절대적으로 다름을 의미한다.

그러나 근대 과학의 진화론에 의해서 인간과 동물은 같은 속성으로 판명되면서, 인간만이 신과 연결된다는 생각은 잘못된 정의로 사실이 아님을 증명하게 되었다. 전통적인 인간관이 인간을 '이성을 가진 동물'로써 정의하게 되면, '이성을 가지다'라는 것에 인간이 인간다운 특별한 것, 즉 인간만의 본질을 가져야 할 것이다. 반면 동물에는 이성이 없다는 것도 정의되지 않으면 안 된다. 그러나 진화론이 나타나면서 서양의 전통적인 인간관과 반대로 인간도 동물과 같은 속성이라는 것이 정의되면서, 인간만이 필연적으로 신과의 연결이 가능하다는 것이 사라진 것이다. 인간이 이성을 가지고 있다는 것도, 근대의 인간관에 있어서는, 동물보다는 고도의 지성이나 감정을 발달시킨 것에 지니지 않아, 그 척도의 정도가 다를 따름이다. 전통적 인간관과 같이 이성을 가지고 있다는 것은, 동물과 인간의 질적인 차이, 곧 동물로써는 절대 불가능한 신과의 연결을 의미하는 것이 아니다. 인간의 지능이 동물의 저능적 단계부터 점점 진화한 것으로 생각하는 한, 그것이 동물과 질적으로 다름을 의미할 수 없는 것은 당연하다. 따라서 진화론은 본래 인간만이 숭고한 절대적 존재라는 것을 파괴했다. 이런 진화론적 인간관에 반해, 불교의 인간관은 어떠한 특색을 갖는가.

불교에는, 인간과 이성에 의해서 부처에 연결된다고 생각지 않는다. 이는 이성이 있고 없고에 따라 인간과 동물을 구별하지 않기 때문이다.

전통적인 서양의 생각은, 이성을 가짐으로써 인간과 동물이 다르고, 우주의 자연 법칙에 있어서 특별한 지위를 차지하고 있는 존재라고 규정짓고 있지만, 불교에는 그와 같은 규정이 없다. 즉 서양의 전통적

인간관에는 '인간은 이성적 동물이다'라고 말하는 규정이 불교에는 없다.

2. 인간과 동물과의 평등관^{생명체·여래장}

불교의 견해는, 인간이 태어나면서 갖추고 있는 이성은 점점 길

21

들이며 성장하여 그대로 신과 연결되는 것이 아니라, 오히려 이성도 감각이나 욕망과 같이 허망해서 부정한 것, 어리석게 허덕이는 것으로 부처와 연결되는 것이 아니다. 감각·감정·지성도, 모든 작용은 허망하게 분별하는 것으로, 이러한 모든 것은 멸해서 반야^부처님의 지혜가 성립된다고 주장한다. "모든 망상 분별을 멸한다"라고 인도의 불교 성자는 말한다. 이를 도원 선사는 '신심탈락^{身心脫落}'이라고 말한다. 인도의 불교 성자가 말하는 '망상 분별' 속에는 몸뚱이도 포함되어 있다. 따라서 본능이나 감각이 동물과 연결되어 있는 것과 같이, 이성도 동물과 연결되어 있어서, 오직 정도의 차이가 다를 뿐이라고 생각한다. 인간이나 동물 모두를 한결같이 같은 생명체로서 취급한다. 불과 직접 연결이 없다는 점에 있어서는, 인간과 동물과의 사이도 특별 취급하지 않는다.

이 중생이 불성 또는 여래장이라는 점에 있어서는, 모두가 본래 부처이다. 본래 부처라는 점에 있어서는, 또한 인간과 동물과의 차별도 없다.

서양의 전통적인 인간관과 같이, 인간과 동물과의 사이에 결정적 경계선을 설정하지 않고, 그 차이를 같은 속성으로 연결한다는 점은, 불교 사상이 근대 진화론의 인간관과 일치한다.

그렇지만 이와 같이 일치함과 동시에 차이도 있다. 진화론의 인간관에서는, 인간과 동물과는 같은 속성으로 '진화'하는 것이다. 하지만 인간과 동물은 전부 동일하지 않고 다른 점도 있지만, 그 차이점을 넘어서 양자가 같다고 보는 것은 '진화'하는 것이기 때문이다.

그러나 불교에서는, 인간과 동물이 평등한 것은 동물과 인간이 '진화'해서 그 속성이 같기 때문이 아니라 인간도 동물도 허망·무지^{無知〔무명(無明)〕}한 '중생'이기 때문인데, 이는 '여래'나 지자^{知者}가 아니고 어리석게 허덕이는 자로서, 청정하지 않고 부정한 범부이기 때문이다.

따라서 이것은 동시에 중생이 여래장이라는 것을 의미한다. 이때 여래장이라는 말은, 여래라는 말이 아니고, 여래의 성품이 갈무리져 있는 창고^{〔장(藏)〕}라는 뜻으로, 여래가 될 가능성을 갖추고 있다는 것을 표시한다. 말하자면 인간도 동물도 그리고 그 여타의 생물도 모두 평등하다는 것이다. 그리고 일체 중생이 평등하다는 것은, 진여^{眞如〔반야〕}를 근본으로 하고 있기 때문이다. 즉 '일체 유정^{감정 있는 동물}은 세세생생 부모 형제가 된다'라고 하는 것과 같이 법신불인 진여법성에 근본을 두고 있기 때문이다.

진화론에서 '인간도 본래 동물이다'라고 하는 것과는 달리, 불교에서 모두를 평등하게 보는 것은, 모두가 진여법성을 소유하고 있기 때문이다.

자연과학에서 보는 자연은 선도 없고 악도 없다. 고양이가 고양이인 것은 엄연한 사실이므로, 인간이 동물인 것은 자연이다. 자연의 일부로서 보는 인간이라는 것은, 자연으로서 행하지 않으면 안 되는 선과, 하지 않아야 하는 악의 구별이 없다. 생식에 의해서 종족을 보존하는 것도 자연이다. 뱀이 개구리를 먹고, 고양이가 쥐를 먹는 것도, 인간이 소고기나 닭고기를 먹는 것도 같은 맥락이다. '살아 있는 생명을 빼앗는 것은 나쁘다' 하는 것은, 진화론적 입장에서는 자연 그대로인 것이다. 생명의 존엄성에 대해서는 진화론적 인간관에서는 근거가 없다.

이에 반해 불교의 입장은, 인간이 동물이라고 하는 것은 자기에 대한 자각을 의미한다. 그것을 나 밖의 자연의 일부분으로서 관찰하는 것이 아니라, 자기 내부의 모습^{동물성}으로서 반성해야 하는 실체이다. 따라서 그 반성의 실체는, 자연적으로 인간의 이성으로부터 나타나는 것이 아니라, 반야^{부처님의 지혜} 또는 대자비심으로부터 나타나는 광명이다. 말하자면 성스러운 광명을 우러러 받듦에 의해서, 인간은 자기를 죄악의 범부로 보는 것이다. 여기에서 모든 중생이 평등하다는 의식이 성립된다. 인간이 동물과 평등하다고 하는 것은, 진화론과 같이 불교에서도 말하지만, 그 의미는 이와 같이 근본적으로 다르다.

자연으로서의 인간은, 어디를 향해서 갈 것인가. 그것은 인간의 의지에 의해서 좌우되는 것이 아니라, 자연을 지배하는 인과의 법칙에 의해서 이루어진다. 그래서 어디를 무엇을 향해서 나아가야 하나, 인간은 어떻게 살아야 하나라는 과제에 대해서 과학으로는 해답이 없다. 진화론적인 인간관이 서양의 전통적 인간관으로 대신할 수 없는 이유를 말했지만, 그것을 같은 의미로서 불교에 물으면 확실히 말할 수 있다. 불교와 진화론의 인간관은 다르지만 서양의 인간관과 진화론은 같다.

서양의 전통적 인간관은, 동물과 이성을 분리하는 것으로서, 즉 이성에 의해서 감각이나 본능을 지배하는 것에 의해서, 인간을 이성화시킨 후 결국은 신과 연결이 된다고 생각했다. 그러나 불교에서는 인간의 이성도 중생의 성품에 포함하여, 그 중생의 전체를 동물성^{번뇌성}으로 보고, 그 동물성으로부터 자각함에 의해서 동물성^{중생성}으로부터 불성으로 나타난다고 본다.

서양의 전통적 인간관이 진화론에 의해서 그 근저로부터 동요하게 된 것은, 동물성에 의해서 동물과 연결되고, 이성에 의해 신과 연결된다는 생각으로부터, 인간을 동물성과 이성과를 둘로 분리시켰기 때문이다. 이 이원적 분리에서 하나인 이성을 인간을 인간다운 것으로 인정해, 인간다움으로부터 동물성을 배제함으로써 근본적으로 무리가 있었다. 이러한 무리가 근대의 휴머니즘이나, 여타 여러 가지 운동에 의해서 정정은 되었지만, 최후로 진화론에 의해서 결정적으로 흔들리게 되었다.

인간의 인간성이란 단순히 이성이 있기 때문이 아니고, 감각과 본능을 포함한 전체, 말하자면 마음과 몸뚱이를 포함한 전체가 되지 않으면 안 된다. 이러한 전체인 인간의 본질은, 진화론의 인간관과 같이 동물로서만이 아니라 서양의 생각과 같이 동물성과는 다른 이성이 특별히 있는 것과도 다른, 이성과 감각, 그리고 욕정까지도 모두 포함한 인간 전체로서의 생명체인 것이다.

생명이란 단순히 몸뚱이나 마음만 있는 것도 아니고, 몸뚱이와 마음의 결합체만도 아니다. 몸뚱이나 마음도 나누어지지 않는 구체적인 전체이다. 몸뚱이나 마음이라고 일컫는 것은, 이 구체적인 생명체로부터 추상적으로 나타낸 것뿐이다.

불교에서 인간을 중생으로 취급하는 것은, 인간의 본질을 이성으로만 본 것도 아니고, 또한 동물적인 감각이나 욕망·본능으로만 본 것도 아닌 것을 나타낸다. 생명체 전체에 대해서 인간을 그 중 하나로 취급하기 때문에, 동물을 시작으로 모든 생명 있는 것들은 인간도 포함하여 같은 중생으로 본 것이다.

인간만이 아니고 동물에게도 불성이 있다는 것은, 서양의 신관과 동양의 불교관이 근본적으로 다름은 물론, 인간도 공동의 생명체로서 생명의 본질은 근본에 있어서 평등함을 의미하는데, 생명의 본질을 불성 또는 여래장으로 취급하는 것은, 불교의 특색 있는 인간관이라 할 수 있다.

슈바이처^{Schweitzer, Albert : 독일의 신학자·철학자·음악가·의사} 박사가 강조한 생명의 존엄성은, 본래 불교의 주장이다. 그런데 불교도가 자기들의 근본 사상의 절대적 진리를 자각하지 못해 서양인의 입을 통해 가르침을 받는 격이 되었다. 이는 우리들 자신의 문화적 혼란을 보는 단적인 예이다.

이상과 같이, 서양의 인간관과 비교하여 불교의 인간관의 특색으로, 동물과 인간의 차이점을 중생이라는 언어로 표현하고 있긴 하지만, 우리 불교에도 인간과 동물에 대한 차별이 없는 것은 아니다. 전통적인 서양의 인간관에서는, 동물과 인간과의 사이에는 절대적으로 넘을 수 없는 선이 있지만, 불교는 같은 중생으로서의 공통점을 토대로 하여 그 위에 차별적인 현상을 두고 있다.

말하자면 공통성의 기본은 평등한 데 두고, 업^{習性}에 따라서 서로 다른 차이점을 존중하는 것이다. 공통성이란 서로 같은 생명체인 것이고, 차이점이란 인간에게는 '깨침의 척도'가 있음에 반해 동물에는 '깨침의 척도'가 없는 것이다.

즉 유각^{有覺 : 인식하여 분별하는 사유의 능력이 있음}, 무각^{無覺 : 인식하여 분별하는 사유의 능력이 없음}이 된다. 유각이란 언어 또는 개념을 가지고 있기 때문에 그 언어와 개념에 의해서 사유하는 능력이 있음에 반해, 무각이란 언어 내지 개념을 갖고 있지 않다.

"만약 중생이 소나 양들과 같다면 보고 듣는 등의 네 가지 감각을

식별하는 능력이 없어 판단하고 식별함에 있어서 능하지 못하므로 무각이라 이름한다"라고 말한다. 소나 말은 말을 하지 못하고 언어에 의해서 생각은 못하지만 그렇다고 해서 마음이 없다고 할 수는 없기에 허망한 분별은 있다.

　동물도 인간과 같은 중생이지만 공통된 언어가 없다. 때문에 그에 의한 생각이 없으므로 성스러운 세계에의 언어〔최고로 청정한 법계로부터 흘러나오는 정법(正法＝정설의 대승법)〕를 듣지 못하고, 그로 인해 수행하여 일어나는 청정지혜가 나오지 못하고, 그로 인해 사유하는 바른 지혜가 나오지 못하므로 수행의 지혜 또한 없다. 그래서 듣고, 사유하고, 닦는 삼혜三慧가 전혀 없어서 닦음의 혜가 열리지 못한다. 이와 같이 듣고, 사유하고, 닦는 삼혜가 전혀 없으므로 바름을 닦는 행도 전혀 없다. 따라서 자기 스스로 불과를 얻지 못하는 것이다. 같은 중생이고 또 '여래장'인 것만은 동물과 다름이 없지만 '여래'가 되기에는 인간과 다르다. 『열반경』에는 "참괴慚愧가 있으면 인간이고, 참괴가 없으면 축생이다"라는 말이 있다. 참괴란 유각 속에 나타나는 한 모습을 말한다.

제 3 장
물질과 인간

서양의 전통적인 인간관이란 인간과 동물과의 사이에 절대적인 선이 그어져 있지만, 근대에 성립된 진화론은 그 경계선이 없고, 인간과 동물을 같은 속성으로 간주했다. 이 경우 동물이 진화하여 인간이 되었다고 간주하기 때문에, 동물로부터 인간에까지 연결되는 속성이다. 그렇다고 인간으로부터 동물로 퇴화되는 속성을 말하는 것은 아니다. 이와 같이 진화론적인 생각은, 동물을 기본으로 하여 인간을 생각하는 것이다.

1. 자연과학적 인간관

사람은 말할 필요도 없이 몸뚱이와 마음으로 형성된 것이다. 몸뚱이는 물질이고 마음은 몸뚱이를 벗어나서 독립적으로 존재할 수 없지만, 일반적으로 물질과는 다르게 생각한다. 그러나 최근의 대뇌과학에 의하면 '대뇌라고 하는 기계^{器械}에 마음이 있어 대뇌를 명령하는 것이 아니라 마음이 대뇌에 의해서 활동한다고 한다. 좀더 정확히 말하면, 마음이 활동하기 위해서는 대뇌라고 하는 기구의 존재가 필요하다'고 말한다. 이때 '대뇌라고 하는 물질적 기계 속에 물질 현상이 아닌 정신 현상^{이를테면 기억·사고·판단 등}이 파생되는 것은 이상하다는 의문이 든다. 그러나 이는 조금도 이상하지 않다. 왜냐하면 이와 같은 정신 현상은 실은 물질 현상이기도 하기 때문이다.

'상식적인 생각은, 마음이라는 것이 있고, 그것이 대뇌라고 하는 기계를 움직인다고 할 것 같으면, 죽음에 의해서 대뇌가 소멸해도 마음이 다음에 남을 가능성이 있다. 그러나 마음이 작용하기 위해서는 대뇌의 존재가 필요하므로, 죽음에 의해서 대뇌가 소멸되면, 다음에 마음이라는 것이 남을 수가 없다'가 된다.

이는 마음도 물질 현상의 일종으로서, 그 물질 현상에는 필히 원인이 있게 마련이다. 바꾸어 말하면 물질 현상에는 필연적으로 결과가 일어난다. 이를 인과법칙이라 부른다. 마음도 몸뚱이 운동도 물질 현상이므로, 우리들의 행위도 인과법칙에 따르는 것뿐이라고 한다면, 나라고 하는 자유 의지는 없다.

신경학자로 유명한 양구는 "행위의 원인을 찾는 것을 포기한 사람들은, 자유의지가 있는 것이다"라고 말한다. 행위의 원인이란, 우리들 몸뚱이 내부의 내장기관의 활동상태, 몸뚱이 외부의 물리적 상태, 사회적 상태 등을 일컫는다.

이와 같이 물리학자적 입장에서 사람을 보면, 인간은 모두 물질이다. 사람의 심리작용도, 심적 활동도 모두 필연적인 인과관계에 의해서 일어나는 자연 현상에 지나지 않으므로, 그것을 모르는 사람이 자유의사에 행위 한다고 느끼는 것뿐이다.

동물로부터 사람을 생각하는 진화론적인 인간관에 따르면, 인간도 근본은 동물이고, 다른 동물보다는 지성이나 감정의 척도가 높을 뿐이라고 하므로, 인간이 동물을 먹는 것은, 이를테면 뱀이 개구리를 먹는 것과 같은 자연 현상이라고 생각한다.

'만약 인간도 동물의 일종으로서, 다른 생물과 같은 본질로 형성된 것이라면, 동물의 고기를 먹는 거나 인간의 고기를 먹는 거나 같지 않은가. 인간의 고기를 먹어서 나쁠 게 어디에 있는가.'

이는 단순한 이유만은 아니다. 인간의 본질은 무엇인가? 그 실체를 모르는 데서 나오는 단순한 착상이기 때문이다.

이는 동물로부터 인간을 생각하는 착상인데, 물리학적 인간관에 따르면, 물질로부터 인간을 보는 것이다. 그러면 이것에는 자유 의지는 없는 것이 된다. 행위도 자연 현상으로서 필연적으로 일어나는 것뿐 선과 악은 필요치 않을 것이다. 선·악이라는 관념은 심리현상이라는 면에서 말하면, 어떤 심리적 원인으로부터 파생되었다고 하여도, 그 심리 현상에 대해서는 행위해야 하고 행위해서는 안 되는 기준 도덕률은 세울 수 없을 것이다. 그 기준은 심적 실체로 해서 존재하지 않으므로, 원인과 결과의 관계 속에는 들어가지 못한다.

이상에서 말하는 것과 같이, 진화론적 인간관이나 물리학적 인간관으로서는, 인간이 무엇을 해야 하며, 어디를 향해서 가야 할 것인가 하는 도덕적 또는 인생론적인 문제에 대해서는 전혀 해결책이 없다. 왜냐하면 진화론^{생물학}과 물리학에는 한계가 없고, 그래서 자연과학으로 보게 되면, 인간이 향하는 것은 그것을 관찰하는 것뿐이다. 말하자면 인간은 모두가 밖으로부터 관찰된 인간이다. 이 경우 관찰하는 과학자 자신도 한 사람의 인간으로 대상화된 인간만이 있는 것이다. 그러나 그 관찰로부터 얻은 결론은 자기가 가지고 있는 과학적 지식과 함께 자기의 생각을 포함시킨 것뿐이다.

관찰의 대상이 되고 있는 인간이란 밖으로부터 보여지는 인간이다. 이러한 인간은 인과의 필연성을 좇아 생성되고, 변화되고, 움직이게 되어 자기 자신이 행동하는 인간이 못된다. 이에 대해 우리들이 무엇을 해야 될까, 어디를 향해서 살아가야 할까라는 물음에 대답하기 위해서는, 인간 내부로부터 보지 않으면 안 된다. 말하자면 관찰 당하는 인간^{객체로서의 인간}의 입장에 있는 인간이 아니라 행위하는 인간^{주체로서의 인간}의 입장에 있는 인간을 명확히 하지 않으면 안 된다.

객체로서의 인간이란 '존재하는 것'으로서의 인간이지만, 주체로서의 인간이란 '인간다운 것'으로서의 인간이다.

'존재하는 것'으로서의 인간이란 처음부터 인간으로서 있는 것이고, 그 위에 더욱 '인간이 된다'라는 것은 생각할 수 없다. '인간다운 것'으로서의 인간이란 모두가 인간으로 되어 있는 것이 아니라 자기 자신으로부터 실천에 의해서 처음으로 '인간다운 것'이 된다. 실천하지 않으면, 그는 참사람으로서 인정할 수 없다.

실천이라면 무엇 때문에 내가 사는가, 인간은 무엇을 향해 살아가야 하는가를 자신의 내면을 향해 묻고, 그것을 향해 대답하는 것이다. 이것이 나로부터 인간을 보는 방법이다. 인간이 나의 삶의 의미를 묻고, 그것을 실천으로써 대답하는 것이 주체적 실천행이 되므로, 실천에 의해서 인간의 역사가 이루어진다. 자연은 단순히 존재하는 것이지만, 역사는 인간에 의해서 만들어지는 것이다. 그래서 실천이, 인간이 인간다운 본질이 되는 것이다.

그러므로 이 '인간다운 것'으로서의 인간이란 자연의 일부로서 '존재하는' 인간이 아니다. 이와 같이 '인간다운 인간'이란—객체로서 관찰되고, 객체로서 이해가 될 뿐—그 본질은 밝혀지지 못한다. 내가 실천하는 입장, 곧 주체의 입장에 섰을 때, 처음으로 밝혀질 수 있다. 이 의미는, 인간을 내부로부터 보는 것에 의해서 처음으로 인간이 인간다운 인간으로서 인간임을 확신할 수 있기 때문이다.

물질이란, 물질로서의 인간이란 '보이는 것' 객체客體일 뿐이고,'존재하는' 것뿐이다. 이는 자연의 일부분으로서 인간이고, 자연 법칙에 순종하는 것일 뿐, 자유의지에 의해서 움직이는 것이 못된다. 이에 반해 진정한 인간이란 '보는 것'의 주체가 된다. 인간다운 것 곧 실천하는 것이고, 목적이 있고, 자유의지에 의해서 움직임이 있다.

자연의 일부로서 인간이란 그 본질이 동물이라고 보게 되므로, 자유라고 하는 것은 찾을 수 없다. 이는 멋대로 행동하고 있는 것같이 보이나, 그러한 몸뚱이나 마음의 행동은 모두 필연적인 인과에 의한 물질적 운동에 지나지 않기 때문이다. 결국 이러한 행동은 태어나면서부터 원인·결과의 법칙에 의해서 형성되는 것이 틀림없기 때문이다. 또는 물질의 세포 분석에 의해서 해소된다. 인간을 이러한 규정으로 본다면, 이는 자연법칙에 따라서 존재하고 생존하며 변화할 따름이다. 이를테면, 부모의 개체로부터 태어나 사춘기가 오면 성에 눈뜨고, 자손을 남겨놓고 자기의 개체는 소멸한다. 이와 같은 방법이 성에 눈뜨지 못하는 것도 있을 수 있다고 말할 수도 있지만, 생체 구조상, 성에 눈뜰 수 있는 조건이 형성된다는 점에서는 거의 결정적이다. 이러한 면에서는 자연과학이 밝게 하는 점이 있다.

2. ‘존재하는 인간’으로부터 ‘인간다운 인간’

그러나 이러한 인간이 전체는 되지 못한다. 이는 이미 기원전 4세기에 아리스토텔레스도 말한 바 있다. 아리스토텔레스는, 우주 속에 존재하는 모든 것은, 우리 인간에 의해서 형성된 것과 그렇지 못한 것으로 크게 둘로 나누었다. 그래서 자연적인 것은, 인간으로서는 불가능한 것이고, 인간이 만든 것은 인간으로서도 가능한 것이다.

자연적으로 형성된 것은, 자연의 법칙에 의해서 형성되며 필연적 존재이며, 그렇게 생성되며, 그와 함께 변화한다. 이 법칙 이외의 존재 방법이란 없다.

그러나 인간에 의해서 만들어진 것은, 인간의 자유이다. 이를테면 목수가 집을 지을 때 그의 기술에 의해서 집이 세워진다. 이 규정은 하나만의 방법이 있는 것이 아니다.

인간이 만든 것은 ‘존재하는 것과, 존재하지 않는 것과, 가능한 것’이다. 그렇게 존재하는 것의 근원은 인간에게 있지만, 자연에 의해서 존재하는 것은 그 자신 속에 시발의 근원을 가지고 있다. 인간 속에 있는 시발의 근원은 그것이 존재하는 것과 존재하지 않는 것을 인간이 결정하는 것으로, 여기에 인간의 자유가 있다.

자연에 속하는 시발의 근원은 자연에 있기 때문에 그것에 대해 인간에겐 자유가 없다.

자연에 속하는 것은, 자연 속에서 일어나는 일로 원인과 결과에 의해서 필연적이다. 결국 기계적으로 일어나는 것으로, 그 이외의 방법은 없다. 자연의 일부분으로서 자연과학의 입장에서 보이는 인간은, 자유의지가 없고, 인과의 결과만이 필연적 관계를 가지고 작용한다고 볼 수 있다.

이에 반해 인간에 속하는 것은 인간이 바라는 의지에 의해서 형성되는 것이기에, 무수한 방법과 가능성을 갖는다. 그 가능성 가운데 하나를 인간이 선택해 결정짓고, 생산이라고 하는 실천을 통해 그 가능성을 현실화한 것이 하나의 모습이다. 여기에 인간의 자유가 있다.

자연과학의 대상으로서의 인간, 자연의 일부분으로서의 인간은, 오직 필연성만을 좇아서 존재하는 것으로, 그 이상의 방법은 없다. 인간의 행위도 필연적인 인과 관계에 의해서 있을 뿐, 자유적 존재는 못된다. 우리들은 자연적 존재이므로 스스로는 그 어떠한 것도 될 수 없다.

그러나 고대 그리스 철학과 다르게 근대 자연과학의 경우 인간에게 있어서 중요한 것은, 근대과학이 가지는 특성과 그 기술적 방법을 연결함으로써이다. 고대에는 자연에 의해서 존재하는 것은, 인간의 자유 이외에 존재하는 것으로, 자연에 의해서 존재하는 것과 인간에 의한 것과는 전혀 다른 존재의 영역으로 취급했다. 그래서 인간의 자유적 영역은 후자일 뿐이었다.

그러나 근대 과학에 있어서 자연의 필연성을 법칙성으로서 통찰하게 됨으로써 자연적 필연성에 의해서 존재한다고 규정했던 것이, 인간의 자유 속에도 존재함을 인정하기에 이르게 되었다. 인간이란 자연과학에 의해서 자연 속의 법칙을 발견하게 됨으로써 자연을 변화시킬 수 있는 가능성을 현실화한 것이 기술의 발달이다.

이를테면 원자핵의 분열현상을 법칙으로 다룰 줄 아는 인간은, 이 현상을 인간이 바라는 방향으로 이끌 수 있는 장치를 만들고, 그 기술에 의해서 원자력 발전소나 원자폭탄을 만든다. 또한 자연의 일부로서 인체 속에서 일어나는 자연법칙을 이용하여 많은 병을 치료하는 의술도 발달시킨다.

이와 같이 자연의 필연성을 법칙으로 해서 파악하는 지식에 의해서 자연적 존재를 인간이 변화시키는 단계에까지 이른 것이다.

그러나 이 가능성이 자연 속에 그대로 묻혀 있으면, 자연의 필연성에 그대로 매몰되고 만다. 인간이 자연의 법칙을 통해서 밖으로부터 자연을 작동하기 시작하여, 그로부터 가능성이라는 의미를 갖는다. 따라서 가능성은 자연에 속하는 것이 아니라 자연을 작동하는 실천적 인간에 속한다. 그것은 자연을 인식하고, 그것을 기본으로 해서 물체를 생산하는 인간의 자유의지를 나타낸다.

3. 인간다운 인간

이와 같이 우리들이 인간을 오직 밖으로부터 관찰하는 경우, 그 인간이 가지고 있는 자유라는 것을 알지 못한다. 그래서 자연과학의 입장에서는 인간의 자유의지를 인정하지 않는다.

인간의 자유라고 하는 것은, 주체적인 것으로, 그것은 밖으로부터는 알 수 없다. 자유란 퍽 귀중한 것으로, 자유를 가진 인간은 주체적 인간이다. 밖으로부터의 원인에 의해서 생존하고 변화만

하는 인간이 아니라 자신 속에 자기 존재의 원인을 가지며, 그것을 자기 스스로 자각하지 않으면 안 된다.

이러한 자유를 가진 인간이라는 것을 알기 위해서는, 인간의 본질을 내부로부터 스스로 터득하지 않으면 안 된다. 인간은 외면적으로 원인에 의해서 생존을 결정하는 것만이 아니고, 내면적으로는 자연을 움직이는 자기 실천이 없어서는 안 된다. 그래서 인간은, 단순히 객체로서 밖으로부터 관찰되어 아는 것만이 아니라, 주체로서 밖의 세계를 관찰하고, 그것을 자기의 목적에 맞추어 창조하고, 더욱 자기 자신을 사회와 함께 할 수 있는 것을 창출하며 실천하는 인간이어야 한다. '인간다운 인간'으로서의 인간은, 자기 내부로부터 발산해 실현하고, 밖을 향해서 그것을 나타내는 인간이다. 즉 실천하는 인간이다.

이때 중요한 것이 불교적 실천인데, 불교적^{종교적} 실천이란 이 궁극의 주체마저 초월해, 성스러움에 전환되는 깊고 높은 의미이다. 이는 인간을 창출해 내는 실천이며, 그 본질을 '깨침'이라고 부른다. 여기서 비로소 인간이 성스러운 존재가 되기 때문이다.

4. 인과에 있어서 불교와 자연과학의 차이점

자연과학의 인과란 인간이 밖을 향해서 자연을 관찰할 때에 일어나는 세계이다. 이는 우리들이 볼 때는 객체이고, 밖의 세계이고, '존재하는 것'의 세계이다. 그것에 원인·결과의 필연적인 관계가 있다. 그 필연성의 지배를 인간은 바꿀 수 없다. 그것에는 인간의 자유가 없다.

이에 반해 '인간다운 것'으로서의 인간이란, 실천하는 주체로서의 인간 세계이다. 인간이 창조함에 있어서, 그 인과는 단순히 필연성만이 아니라 자유와 결합하고 있다. 인과적 연속은, 인과만이 연속하는 것으로 자유로운 활력이 단절되어 있다. 그 단절되는 곳에 창조가 있다. 자연과학의 인과는 원인으로부터 결과로 동일성만이 연속으로 이어지게 마련이다. 만약 그것에 연속성이 끊어지면, 인과성은 성립될 수 없다. 그 인과성이 끊어질 때 새로움이 탄생된다.

불교적 인과란, 과거의 원인이 현재를 작용하고, 현재에 있어서 새로운 실천이 발생한다. 이 실천은 단순히 과거의 원인에 의해서 기계적으로 결정된 것이 아니고, 자유스러운 주체가 목적을 향하는 의지의 작동이므로, 과거에는 없었던 새로움을 창출해 내는 것이다.

역사의 일회성一回性이라는 의미가 여기에 있다. 일회성이란, 현재 순간 순간이 과거에는 없었던 새로운 창조이다. 그래서 인간의 실천에는, 그것에 대응하는 결과가 있는 것을 말하는 게 불교적 인과관이다.

이 인과의 필연성의 근거는, 수행의 원인에 대해서 필히 불과를 얻는다는 사실이다. 수행이라는 원인이 없으면, 불이라고 하는 결과가 있을 수 없다. 악을 행하면 반드시 윤회하고, 선을 닦으면 반드시 불과를 이룬다.

이것이 인간佛弟子이 실천한 것을 경험으로 주장하는 것인데, 바로 불교 인과사상의 핵심이 된다. 여기서 우리들의 실천에 의해서 창조되는 것 중에 새로운 것이란, 시작 없이 지금까지 내려오면서 불변의 지혜를 한 사람의 인간으로서 실천을 통해서 이루는 것을 말한다. 요컨대 불변의 지혜를 가진 인간의 출현이 창조가 되는 것이다.

이는 원인을 행하므로 나타나는 인과 관계가 성립되지만, 지금까지 존재하지 않았던 것이 새롭게 출현한다는 것은, 인과적 필연성을 초월한 것이 된다. 이런 의미에서 불과^{佛果}란 단순히 원인을 행한 결과가 아니라 그러한 인간이 만들어낸 창조 없이는 성립되지 않는 것이다. 따라서 이러한 관점을 토대로 말하면, 행이란 증상연^{增上緣}에 있는 것이다.

그래서 불교의 인과는, 인과를 초월한 것이 된다.

인과는 기본적으로는 혹^{惑〔번뇌〕}·업·고^{과보}의 윤회이지만, 이 생사 윤회와 열반은 조금도 차이가 없다. 인과의 죄업은, 인과를 초월한 성스러운 세계인 반야의 세계로 언제나 하나이다.

이상과 같이 진화론적 인간과 물질로서의 인간^{물리학적 인간}은, 즉 '존재하는 것^{객체}'으로 해서 인간을 말하지만, '인간다운 것'으로 해서 인간은, 곧 실천하는 주체자로서의 인간이 된다.

제 4 장
도덕적 인간

'인간다운 것'으로서 인간의 최초 단계는, 생산하는 인간이다. 그는 기술적 실천의 주체이다. 그는 단순히 관찰되는 인간으로서 '존재하는 것'만의 인간이 아니라 존재하는 것을 관찰하고, 그것을 자신의 욕구로 만들어 변화시킨다. 그는 자유를 가진 인간이다. 인과적 필연성에 의해서 생성하며 움직이는 물질이 아니라 자기의 목적에 따라, 그것을 실현시키는 실천자로서 '인격'이다.

이와 같은 인간은 외적인 관찰만으로는 알 수 없다. 내적으로부터 아는 것이 아니고는 '어떻게 살아야 하나'의 대답이 나올 수 없다.

밖에서 보는 눈은 자유를 찾을 수 없다. 자기의 마음속을 보아야 처음으로 자유를 알 수 있다. 자유란 우리들의 밖에 있어서, 우리들이 관찰하는 물질에 있는 것이 아니라 우리들의 내부에 존재하는 의지이기 때문이다. 실천하는 인간으로서 그 본질을 알기 위해서는, 자연과학과 같이 외적인 눈만 가지고는 철학이나 윤리 종교와 같이 내적인 세계는 알 수 없다.

1. 외적 인간^{생산적 인간}

생산하는 인간이란 '물질을 생산하고, 또는 소유함으로써 참으로 인간다워진다'고 생각한다. 그들이 본질로 하는 인간이란 물질을 생산하는 데 기준을 두는 것으로, 그들의 자유란 물질을 지배하는 데 있다. 물질을 어떻게 하고 또는 물질을 통해서 그들은 인간다움이 있다고 생각한다.

이러한 인간의 본질은 자유의 주체가 내부에 있다고 하여도, 외부 물질의 성립에 의해서만 자유를 가지려고 한다. 요컨대 내부적 주체를 외부의 기반에 두고 있는 것이다. 따라서 이러한 인간은 물질에서만 성립된다.

이는 충분치 못하다. 물질을 생산하기 위해서 실천하는 것은, 인간의 본질을 완전히 실현한 것이 못된다. 물질을 많이 소유한 인간이 참의 인간으로서 이상적인 인간은 아니기 때문이다.

우리들이 인간이라고 하는 것을 충분히 성취하려면, 우리들이 더욱 더 정진하며 인간의 내부를 향해서 탐구하지 않으면 안 된다. 그것에 의해 '인간다운 것'의 다음 단계로 나아가게 되기 때문이다. 이 단계는 윤리적 실천의 주체로서의 인간이다. 자연과학의 입장에서 보는 인간은, 모두가 객체로서의 인간, 결국 밖으로부터 관찰되는 인간이다. 그것을 관찰하는 주체로서의 인간이란 자연과학의 배후에 숨어 있다. 주체로서의 인간은 밖을 향해서는 알 수 없다. 자기 내부를 봄으로써 처음으로 알 수 있다.

현재에 있어서 실천하는 주체적 인간이란, 단순히 법칙 속에 있는 인간이 아니다. 오히려 법칙을 자기의 목적을 위해서 활동하는 인간을 말한다. 이 인간이 법칙에 의해서 파악되면, 생산적 실천이 객체화되므로 법칙적 인식으로는 이러한 인간을 파악할 수 없다. 물질과학도 어떠한 의미에서 객관적 인식인 이상, 이러한 주체를 얻지 못하는 것은 당연하다.

이와 같이 진정한 현재 행위의 주체로서 인간은, 이미 과학적 인식의 대상이 못된다. 그것은 윤리학을 포함해서 넓은 의미의 철학에 의해서 포착할 수 있다.

목적은 자유스러운 근원으로부터 나온다. 만약 물질로부터 그 목적이 나올 것 같으면, 인간에게 참다운 자유란 있다고 볼 수 없다. 물질을 사용하는 인간의 자유의 근원은 무엇인가. 목적은 인간이 세우는 데, 인간에 있어서 참의 의미에서 목적은 무엇이며, 무엇에 의해서 결정되는가. 이와 같은 질문은, 물질적 관계로부터 인간을 보는 것으로, 충분한 해명을 할 수 없다.

그래서 주체는 밖으로부터 관찰해 알 수 없고, 자기가 자기 내부로부터 철저히 추구해 알아지는 것이 윤리[불성]적 인간이다. 윤리[불성]적 인간이란, 단순히 인간이 인간 자신을 지배하는 것이 아니라, 인간 개개인이 자기 자신을 지배하는 것이다.

2. 내적 인간

(1) 인간 각자가 자기 자신을 내부로부터 지배하는 도덕적 인간

주체가 참으로 내부로부터 자기 자신을 지배한다고 생각한 사람은 칸트였다. 칸트의 자유는, 인간이 물질을 지배하는 자유가 아니라, 인간이 자기 자신을 지배하는 자유이다. 따라서 칸트가 문제화한 법칙은, 주체가 되는 내부의 이성이 자기 자신에게 주어지는 도덕의 법칙이었다.

그가 말하는 자유란 본능으로부터 독립, 일반적으로 말하면, 자연 필연성으로부터의 독립을 의미하는 것이 아니라 또한 자연 필연성의 인식에 의해서 외적 자연과 우리들과를 지배하는 의미도 아니다. 본

래 그가 문제시한 실천이란, 도덕적 실천으로서 물질을 만드는 실천은 아니었다. 칸트는 '실천적인 것'을 둘로 나누어 '기술적·실천적'과 '도덕적·실천적'이라 했다. 이 가운데 오직 '도덕적·실천적'인 것에 중점적으로 고찰하고 있다. 이는 그가 기술적·실천적인 것에는 별로 관심이 없었다는 것을 의미한다.

칸트는, 자유에 의해서 가능한 것은 모두 실천이라 했고, 제작하는 것은 자유에 의해서 가능한 것이므로 실천이라고 했다. 제작도 자유에 의해서 가능한 것이므로 자유라고 한 것이다. 그러나 같은 자유라고 해도, 생산은 인간이 물질에 대하여 자유이고, 실천은 인간의 행위, 즉 자기의 자신에 관한 자유로서, 이들의 자유는 같은 성질이라고 할 수 없다. 여기서 칸트가 '기술적·실천적'과 '도덕적·실천적'과를 구별하는 이유이다.

'자연 필연성의 인식을 기본으로 해서 외적인 자연과 우리들 자신과를 지배하는 곳에 자유가 있다'라고 말하는 경우, 도덕적 실천의 자유가 기술적 실천 속에 기울어짐이 있다. '자유는 자연법칙으로부터 환상과 같이 독립되어 있는 것이 아니라 이 법칙의 인식과, 이 법칙과 함께 주어진 가능성, 즉 일정한 목적을 위해서 계획적으로 움직이게 한 가능성 속에 존재하는 것이다'라고 말해, 자유는 자연법칙으로부터 독립되는 것이 아니라 그 법칙을 활용하는 데 있는 것이 틀림없지만, 이것은 기술적 실천의 자유이고, 그것과 함께 도덕적 실천의 자유가 합쳐지지 않으면 안 된다.

그렇지 않으면 일정한 법칙을 활용하는 목적이 어떻게 해서 결정될까라는 점이 분명하지 못하기 때문이다. 말하자면 목적은 인간이 세우는 것으로, 자연의 필연성이 세우는 것이 아니므로, 어떠한 목적을 선택할까를 규제하기 위해서는 도덕적 법칙이 필요하다.

따라서 우리들 한사람 한사람이 누려야 할 절대적 주체가 되는 자유란, 도덕적 법칙의 인식에 의해서, 자기 자신을 지배하는 자유가 아니면 안 된다. 인간이 어떠한 목적을 선택할 것인가는, 밖으로부터 인간에게 주어지는 것이 아니고, 한 사람 한 사람의 인간 자신이 결정하는 것으로, 그 판단이 도덕적인가 도덕적이지 않은가를 판단하는 것은, 사회적 판단이 도덕적인가 아닌가를 결정하는 기초가 되기 때문이다.

개인은 사회로부터 무엇이 도덕적인가를 배워서, 실천함에 사회로부터 규제되어, 개인 스스로 이해하고 납득하며, 나아가 그것을 실천하는 것이다. 개인의 적극성이 존재하지 않으면, 사회의 규범은 개인의 자유를 부정하는 것이 되고, 민주주의는 성립되지 않고, 사회의 발전도 얻을 수 없다.

그래서 인간이 인간을 지배하는 자유는, 인간이 역사적 사회를 지배하려는 자유를 의미하는 것이므로, 역사 속의 개인이 각자에 있어서 도덕적 법칙에 따라 자유를 의미하지 않으면 안 된다. 이와 같은 내가 나를 도덕적 법칙에 따라야 한다는 자유를 잘 나타낸 것이 칸트이다. 그는 다음과 같이 말하고 있다.

"사람은 자유를 생각하고, 본능으로부터 독립 또는 일반적으로 자연의 지배로부터 독립인 선택의사를 생각하고 그려내는 자유는, 그 자신 무규칙성이어서, 모든 악과 무질서의 근원이므로, 거기에는 자유 자신이 규칙이 못된다. 때문에 자유란, 보편적 규칙성이라는 제약의 근원으로 해서 오성적悟性的 자유가 되지 않으면 안 된다. 그렇지 않으면, 자유는 맹목적이 된다."

칸트의 다음과 같은 말에 한번 더 귀 기울여 보자.

"그러나 의지가 도덕법칙에 완전히 적합한 것이 신성한 것이고, 완전성이다. 그것은 감성의 세계의 어떠한 이성적 존재로서는 근접할 수 없는, 결함 없는 완전성이다."

그것이 허용되는 것은 다음과 같다.

'그 완전성을 향해서 끝없이 나아가는 정신뿐이다.'

현실의 자기 행위가, 사실에 벗어나 있는 도덕법칙을 목표로 해서, 그것에 일치하려는 실천이 도덕적 자유이다.

역사는 자연과 달리 단순한 객체가 아니다. 그 중에는 주체도 함께 한다. 역사적 사실로서 관찰하는 한, 그것은 이미 일어난 일이므로, 그 의미에서 과거적으로 '이미'라는 성격을 갖는다. 현대가 역사적 사실로써 취급되는 한 똑같이 '이미'라는 성격으로 취급되고, 그렇게 되는 한, 그것은 객체로서 주체가 못된다. 주체로서 취급되려면, 관찰되는 대상이 아니라 파악되어 실천되는 법칙을 사용하는 것이 되어야 한다. 참 주체란 법칙적으로 취급하게 되면 '사실' 속에는 존재하지 않는다. 따라서 법칙이란 인식에 의해서 변화되는 것으로, 객체로서의 인간인 우리들의 주체는 아니다.

따라서 많은 주체로부터 성립되는 주체의 세계를, 주체자로서 인간이 자기 스스로 변화시킬 수 있으려면, 그것에는 한사람 한사람의 주체가 자기 자신의 주체자로서 변화하지 않으면 안 되는 것이 포함되어 있다. 사회 개조에는 인간 개조가 되지 않으면 안 된다. 그래서 인간 개조는, 한사람 한사람이 내부로부터 자기를 지배하는 것이다.

한사람 한사람이 자기 자신을 지배한다는 것은, 주체가 주체 자신을 지배하는 것으로, 그것은 주체가 객체인 자연이나 사회를 지배하는 것과는 전혀 다르다. 따라서 주체가 객체를 지배하는 자유와 주체가 주체 자신을 지배하는 자유와는 전혀 다르다. 전자는 인간이 밖을 지배하는 자유이고, 후자는 인간이 자기 내부를 지배하는 자유이다. 주체가 객체를 지배하는 자유는, 객체에 있어서 필연성인 법칙과 주체의 실천인 자유가 하나로 된다. 그러나 주체가 주체를 지배하는 자유에 있어서는, 도덕법칙과 주체의 실천에 큰 차이가 있다.

이는 주체가 객체를 지배하는 자유의 경우, 그 법칙의 범위 내에 있어서 객체의 지배인 자유가 완전히 성립되는 것이다. 따라서 과학이나 기술의 진보와 함께, 그 자유의 범위가 무한대로 확대될 수 있는 가능성을 의미한다. 이에 반해 주체가 주체를 지배하는 경우, 실천과 법칙이 완전 일치하는 것은 가능하지 못하므로, 주체인 자기를 지배하는 것은 항상 불완전하다.

더욱이 어떤 사람이 자기 지배의 자유를 높여서, 높은 도덕성에 도달했다고 하여도, 그것은 그 한 사람의 것으로 다른 사람이 그것을 대신 할 수 없다. 그래서 한사람 한사람이 처음부터 출발하지 않으면 안 되기에, 주체의 자기 지배는 객체를 지배하는 것과 같이 진보할 수 없다. 인간의 지식이나 기술은 점점 진보하지만, 도덕성이 그렇지 못한 것은 이 때문이다. 인간이 자연과 사회를 지배하는 것은, 순서대로 확대해 가지만, 인간이 자기 자신을 지배하는 것은, 언제까지나 불완전하며, 확실한 진보라고 하는 것은 바랄 수 없다.

그래서 이 주체라고 하는 자기 지배가 언제나 불완전하다는 것은, 주체가 자기 자신을 지배하는 자유에는, 자기에의 반성이 포함되어 있기 때문이다. 불완전하다는 의식은, 현실의 자기와 도덕법칙과의 틈이 많다는 것을 자각하고, 자기 자신을 부끄럽게 생각하는 것이 포함된다. 이는 객체를 지배하는 기술적 실천의 경우와는 다른 도덕적 실천의 특색이다.

(2) 인간의 무규칙성과 도덕적 노력의 한계

밖을 향해서 자연을 지배하는 인간은, 자기 마음을 향해서는, 자연의 지배로부터 독립된 주체로서 자기 자신에는 무규칙성에 빠지지 않도록 철저히 하지 않으면 안 된다. 이 규칙성은 자연이나 역사의 필연성과는 다르다.

우리는 '짐승 같아서는 안 된다'고 말한다. 그러나 인간은, 자유이기 때문에 짐승보다도 못할 수가 있다. 동물은 본능에 따라서 살아간다. 말하자면 자연적으로 산다. 동물은 자연에 저촉되는 행동은 할 수 없다. 이를테면 자살 같은 것은 안 할 것이다. 그러나 인간은 자연으로부터 독립되어 있기 때문에 오히려 반자연적인 행위를 할 수 있다. 그것에 인간의 자유라고 하는 본성이 있다. 그와 같은 자유를 들추어내어 그것을 문제로 삼는 것이 윤리적 방법의 특색이다.

인간에게 있어서 무규칙성은 인간을 동물 이하로 타락시킬 수 있다. 누구나 이와 같은 가능성이 있다는 것을 부끄럽게 생각지 않으면 안 된다.

자연으로부터 독립되어 동물적 단계로부터 벗어난 주체의 내부에 있어서 문제를 상정해 보면, 그것은 칸트와 같이 무규칙성이 된다.

객체로서의 물질을 생산하며 물질을 지배하는 것은, 인간이 자기 자신의 관계에 있어서 인간을 볼 때, 동물의 단계를 벗어나 본능으로부터 독립되었을 때, 동물보다는 고차원의 가능성을 가지고 있음과 동시에, 동물보다도 더 저질적인 가능성도 가지고 있다. 이 입장은, 동물의 단계를 벗어나 생산적 인간과 같이 물질^{객체}을 생산하는 데 있는 게 아니라 자기 속에 있는 동물성으로부터 나를 구별하는 데 있다.

인간이 물질을 생산하다고 해서, 절대적으로 인간 자체가 동물보다는 고차원이라고 말할 수 없다. 인간이 도구를 생산할 수 있는 것은, 인간이 지성에 의해서 동물에게 이기고 있다는 의미일 뿐이다. 하나의 생물로서, 전체에 비해 고차원인가 아닌가, 이 인간은 동물 이하인가 아닌가 하는 것은 분명히 할 수가 없다. 동물보다는 동떨어지게 고차원의 지성적 인간이, 동물보다는 더없이 잔학한 실례를 우리들은 알고 있다.

이와 같은 인간의 내면을 문제화하고, 자기 속의 동물성으로부터 자기를 구별하며, 자기를 고차원으로 이끄는 것은, 자연의 필연성인 본능으로부터 독립할 수 있다는 것으로, 그 독립성이라고 하는 자유는, 칸트가 말한 것과 같이 무규칙성의 위험을 짊어지고 있다. 따라서 그로부터 자기를 고차원적으로 승화시킬 수 있는 가능성은, 동시에 동물 이하로 타락할 수 있는 가능성도 함께 갖고 있는 것이다.

말하자면 주체가 자기 자신을 지배하는 자유는, 도덕법칙에 자기 스스로 맞추는 것으로, 자유는 항상 동물 이하로 떨어질 가능성도 가지고 있다. 이에 반해 가능성을 주체자로서 항상 반성할 때에, 부끄럽다는 감정이 일어난다. 이 감정은 도덕법칙에 자기와 합치하려는 노력으로 적극적인 자유가 된다. 도덕법칙에 반대되는 악은 물리치고, 도덕법칙에 맞는 것을 선이라 해서 추구한다.

악을 버리고 선만을 선호한다. 이는 인간의 이상이지만, 항상 그것은 현실에 있어서 배반할 가능성이 포함되어 있다. 선을 추구하는 것은, 현실에는 선이 없다는 것을 의미한다. 이와 같은 인간의 현실을 있는 그대로 보는 것에 우리들이 철저할 때에, 도덕적 노력에 한계를 느낀다. 도덕적 자유의 허무가 몸에 스며든다. 이 허무함을 걷어차고, 또한 자유를 추구하며, 선을 추구함도 멈추지 않을 때, 우리들은 도덕적 인간에만 멈추어 있을 수가 없게 된다.

도덕적 실천이란 그것만으로 완벽한 것이 못된다. 윤리적 인간
은, 언제나 중간에서 어물거리는 단계이다. 이 단계로부터 한발
앞으로 내디뎌, 더욱 인간다움을 추구하지 않으면 안 되는 곳에
종교적^{불교적} 인간이 성립된다. 윤리적 인간의 주체보다도 더욱 깊
이 들어가, 인간을 주체의 궁극에 있어서 불교적 인간을 볼 수 있
다.

제 5 장
불교적 인간

불교는 이 의지를 두지 않는 데 특색이 있다.
그러므로 전체의 주인이 된다.

인간은 자기가 인간이면서 '인간은 무엇인가' 하고 묻는다. 우리들은 '인간이란 것은 알 수 없는 것이다'라고 생각 없이 탄식한 경험이나, '인간은 이러한 것을 하는 것인가'라고 하여 스스로 놀란 경험이 있을 것이다. 이는 우리들이 어느 정도 인간에 대해서 경험과 이해를 가지고 있으면서, 그 이해의 척도를 벗어난 어느 새로운 경험에 부딪쳤을 때, 또다시 인간이라는 새로운 모습을 보며 인간에 대해서 이해를 새롭게 하는 순간이라고 할 수 있다. 그 내용이 어떠한 것이든, 인간은 인간에 대해서 이해를 가지면서, 바꾸어 말하면 자기가 자신을 이해하면서 살아가는 것이다.

이러한 인간이 자기 자신을 이해한다는 것은 '생각한다'든가 '반성한다'라고 하는 마음 작용에 의해서 나타난다. 인간은 '인간이란 무엇인가'라는 것을 생각지 않고는 살아갈 수 없는 동물이다. '생각한다'라고 하는 것은 동물과 다른 인간의 특성인데, 이것이 불교가 성립되는 조건을 갖추게 되는 것이다. 인간이 생각하는 작용[불교 용어로는 망상된 분별심]을 가지고 있는 것으로, 또한 자기 자신을 가지고 생각하는 동물이라고 말하는 것으로, 불교도 이것에서부터 시작하기 때문이다. 말을 바꾸면 '인간이 인간이기 위해서 그 삶의 기초로 불교가 있다'고 할 수 있다.

'인간은 생각하는 것이다'라는 마음 작용이 밖을 향해서 나아갈 때에는 과학이 된다. 인간 이외의 넓고 넓은 자연계를 생각할 때에는, 자연과학이라는 것이 태어난다. 인간도 이 자연의 일부분이라는 것을 벗어날 수 없기에, 인간도 자연과학의 대상이 된다. 이와 같은 자연의 일부분에 지나지 않는 인간의 특성을 '존재적 인간'이라고 할 수 있다. 이에 대해 자연을 생각하는 인간[사색하는 인간], 자연을 관찰하는 인간[관찰자로서의 인간], 자연에 의지해서 도구나 기계를 만들고 자연을 변화시키는 인간[행동하는 인간]은 모두를 작용시키는 인간임과 동시에, 이와 같은 인간은, 단순히 '존재하는 인간'으로서 자기 사명을 다하면서 만족하지 못하는 성질이 있다. 행위하는 인간은 언제나 목적을 가지고 있고, 자기의 자유스러운 의지로서 작용을 한다. 그와 같은 작용을 하는 것에 인간으로서 특질이 있으므로, 그 작용에 의해서 인간이라는 특징도 있다. 이러한 인간은, 그와 같은 작용에 의해서 처음으로 인간이 된다고 생각한다. 이와 같이 '인간다운 인간'이라는 것을 잘 간파하는 것은 철학자들한테서 많이 볼 수 있다.

인간의 생각하는 작용이 '인간은 생각을 실천하는 동물'로써 취급할 때, 존재하는 것만으로는 충분히 인식하지 못했던 인간의 특성이, 한층 더 확실히 보인다. 즉 자연과학으로는 잘 보이지 않았던 인간의 특성이 명확하게 나타나는 것이다. 때문에 이러한 방법이 한층 더 광범위하고 전체적이다.

실천하는 인간, 말을 바꾸면 자주적 주체로서 인간을 생각할 때 인간이 생각하는 작용은, 단순히 밖의 세계만을 보는 것이 아니고, 안으로도 보게 된다. 말하자면 나 자신을 반성하는 기회가 되는 것이다. 이 방향을 더욱 철저하게 나 자신 속으로 파고들면, 인간의 윤리적인 면을 생각하기에까지 이른다. 거기에서도 한층 더 자기를 향해서 철저하면 불교적 인간이 성립된다.

'언어를 가지고, 즉 개념적으로 생각한다'라는 작용만 가지고 존재성을 부르짖을 때에는, 인간과 동물과는 다른 점이 나타나지만, 이것은 인간이라고 해서 태어나면서부터 성립되는 것은 아니다. 성장하는 과정에 의해서 점점 발달하며 변화되는 것으로, 이것이 내부를 향해서 성숙되면서 그것이 극에 다다르면, 그 존재라는 테두리의 얽혀짐까지 뛰어넘는 지점까지 도달하게 된다. 이것은 불교만이 아니라, 동서의 사상가가 경험한 것이다. 다만 뛰어넘는 그 방법이 불교만이 갖는 독특한 특질인 것이다.

1. 동양적인 인간관

(1) 자연과 인간은 하나로 동체라는 관념

처음 진화론적 관념으로부터, 물리학적 관념, 윤리적 관념까지 인간의 관념은 다르기에 그에 의해서 바라보는 인간의 각도 또한 제각기 다르지만, 그 어느 것이나 이성적 입장에서 본 인간이라는 것은 같다. 이성적 입장에서 본 인간이란 갖가지로 정의하게 된다. 말하자면 '이성을 가진 인간'이라는 것으로 정의할 수 있다. 이 경우 이성을 가졌다는 것만으로는, 고대 그리스 철학에서 말한 것과 같이 '신에게 연결되어 있다'라고 할 수 없다. 진화론의 원리를 알고 있는 현대인에게는, 인간만이 가지고 있다는 신과의 부착점은 이미 생각지 않게 되었다. 오히려 인간은 어디까지나 인간으로서, 인간 이외의 별다른 존재를 생각하려 하지 않는다. 그래서 이와 같은 사실이 근대적 생각으로 규정짓게까지 된 것이다.

이와 같이 합리주의에 정착된 근대인은, 인간을 동물 더하기[+] 이성이라고 생각한다. 여기에 동물이라는 관념을 하나 더 붙이지만 표현상의 문제일 뿐 어디까지나 이성 또는 이성으로부터 나오는 것으로 결국 어느 정의든 '동물 더하기 이성'이라는 말로서 압축할 수 있다.

이 인간에 대해서 생각하는 방법은 오늘날 우리들에게 있어서 일상적인 것으로, 별도로 진귀하거나 색다른 것도 아니다. 하지만 이것은 서양으로부터 전래된 방법 중의 하나로, 동양은 예부터 그렇지 않았다. 적지 않게 인도·중국·한국·일본인들의 보는 방법이 이와는 달랐다.

동양의 입장에서 서양의 특징을 보면, 인간과 동물을 구별해서 보는 정의가 된다. '동물과 다른 게 인간이다'라는 의식이 정의에 강하게 나타난다.

여기서 보는 동물과 인간을 구별하는 것은, 자연^{필연}과 인간^{자유}이라는 구별이 된다. 동물은 자연으로부터 주어진 본능 그대로 자연의 법칙대로 태어난 것에 대해서, 인간은 본능에 의해서 태어났지만 인간이 인간다운 것은, 이성에 의해서 본능을 지배하는 것에 있다. 그 지배하는 능력이란 인간이 자연에 의해서만 결정되는 것이 아니라 인간이 하고자 하면 다른 삶을 선택할 수 있다는 것이 된다.

이에 대해서 자연과학의 방법과 다른 생각을 갖게 되었다는 것은, 즉 자연과학적 관념에 따르는 것으로, 인간이 자유로 선택된다고 내세우는 것일 뿐, 참으로 그 근원을 안 것은 못된다. 참으로의 본질이란, 인과적 필연성에 따르는 것일 뿐, 자유적 선택은 아니다. 그러나 이와 같은 자연과학적 방법만으로는, 인간의 이성이 자연의 법칙을 통찰해서, 그것에 따라 자연을 일부분이지만 변화시킬 수 있다는 사실을 충분히 설명하지 못한다.

동양인이 예부터 보는 방법은 이와는 다르다. 고대 인도의 우파니샤드 철학에서도, 인간의 생명은 코끼리나 개미 등의 모든 동물들과 생명은 연결되어 있고, 그들의 근본과 동일하다고 보아 그 생명의 근본 본질인 브라흐만은 곧 인간의 주체 아트만이라고 생각했었다. 이는 바로 우주의 생명이며, 인간이 돌아가 의지해야 하는 궁극적 실제로서, 인간은 그것을 목적으로 해서 살아가야 한다고 설파했다. 이 사상은 대표적 베단타 철학으로서, 오늘에 이르기까지 인도 철학의 중심이 된다.

우파니샤드 철학의 이와 같은 생각이나 방법을, 불교에서도 같은 맥락에서 찾아볼 수 있다. 불교의 중생관이나 불성^{여래장}관에서도 볼 수 있다. 또한 우파니샤드의 아트만 또는 브라흐만의 사상이 서양과 다름을 알 수 있다면, 둘은 같은 동일성을 가지고 있다고 할 수 있다.

그러나 우파니샤드는, 베단타 철학과 불교의 사이에는 근본적으로 다름이 있음을 알지 않으면 안 된다.

고대 중국에서도 '진실은 하늘의 길이고, 그를 진실로 받드는 자가 사람의 길이다'라고 해서, 사람이 진실한 사람이기 위해서는, 사람의 길을 걷기 때문인데, 사람의 길이란 하늘의 길에 기본을 두었다고 생각했다. 하늘이란 우주적 천리로서, 그 도리임과 동시에 궁극적 실재라고 할 수 있다.

이러한 동양 사상은, 자연과 인간의 사이에는, 서양과 같이 필연과 자유라고 하는 전혀 이질적인 것이라고 생각지 않고, 하나로서 또는 서로 통하고 있는 것이라고 생각했다. 자연을 사랑하는 것에 그치지 않고 자연과 하나가 되어서 자연의 숨결을 하나 하나 자기의 심장을 통해 영감으로 깨달아 알았던 것이 동양인들의 기본 태도이다.

자연과 인간의 공통점을, 주로 인도에서는 종교적으로, 중국에서는 윤리적으로 취하고 있다. 차이점이 있긴 하지만 자연과 인간이 일체라는 것을 나타낸다. 인간의 궁극인 생명의 근본, 인간이 의지할 곳, 돌아가야 할 곳이 있다는 공통점이 있다. 우주 또는 자연과 일체라는 것은, 진실로 인간으로서 참 생명이다. 여기에 서양과는 다른 인간관과 자연관이 있는 것이다.

이와 같이 자연과 둘이 될 수 없는 인간의 실체가, 그 실체의 궁극을 찾으려고 하는 방법이, 그 자연^{동물}과 인간을 둘로 나누어서 보려는 방법을 가지고, 그 궁극에 도달할 수 없는 것은 당연한 것일지 모른다. 따라서 동물은 사물일 뿐 인격적 인간이 될 수 없다. 사물은 인간을 목적으로 하고 인간에게 사용되는 물건이다. 인간이 인간 자신을 목적으로 하는 것은, 동양의 전통에는 없다. 자연을 사물로 보고 그 사물이 인간에 의해 사용되어져야 하는 것으로, 인간이 주인이 되고 자연은 인간의 소유물이라고 생각하게 되면 인간 중심이 된다. 그래서 인간의 이익이라는 견지로부터 자연을 보게 되고, 자연은 인간이 살아가기 위한 수단에 지나지 않는 것이다. '소나 양은 신이 인간의 굶주린 배를 채우기 위해 보낸 것으로, 그것을 죽이는 것은 신의 뜻이다'라는 생각이라면, 신 역시 인간의 입장에서 보게 되는 것이다.

정통적 동양의 경우 자연은 인간의 수단이 되지 않는다. 인간과 대등하고 인간과 한 무리이고 동아리로서 생명을 같이 하는 동반자이다. 이를테면 생명이 없는 물의 경우, 물 자체가 주인이고 이에 대해 인간은 객이다. 인간이 물을 먹고 물을 사용하는 것은, 물론 인간을 위함이므로 인간이 주체가 되지만, 이는 상호간에 주인도 되고 객도 되는 것으로, 인간이 물에 대한 존재에 참여하고, 물이 인간의 존재에 참여하는 것이다. 요컨대 주객이 서로 교환하며 존재의 평등을 유지하는 것을 물과 인간의 관계라고 보는 것이다.

생물만이 아니라 무생물과의 관계까지도, 인간은 상호간의 공통점에서 기반을 구축하여, 인간도 생물도 무생물도, 모두 상호 의존에 의해서 존재하는, 그 공통의 기반 위에서 존재한다고 생각하는 것이 동양적 생각이다. 거기에는 자연의 사물을 인간에 의해서 마음대로 사용하는 자원으로만 보지 않는다. 이와 같은 관념은 자연도 인격적으로 보고 있는 것이다.

물체를 인격적으로 볼 때의 지식은, 사랑을 본질로 해서 가능하다. 이때 동양의 지식은 사랑이라고 하는 성질을 가지고 있기 때문에, 자연도 인격적으로 보는 것이다. 이는 불교의 경우, 더없이 명백하다. 지智는 자비이고, 자비는 곧 지智인 것이다.

(2) 지^知와 사랑 - 서양의 생각과 불교의 다른 점

보통 서양의 생각을 따르면, 사랑은 감정이기에 순수한 지성과는 구별한다. 지성과 본능, 지성과 감정을 구별하는 것이다. 이러한 구별은, 우리들의 지성이 명령하는 것과 사랑을 구하는 것이 꼭 일치하지 않고, 가끔 충돌함을 느낄 수 있다.

이러한 것은 지성에 의해서 감정이나 감각을 지배함으로써 인간은 참 인간이 된다고 생각하며, 이성으로 형성된 법칙이라고 하여 도덕적 법칙을 세운다. 이것을 자기 의지대로 행하는 것에, 말하자면 칸트가 말하는 적극적 의미의 자유가 있다. 이러한 것으로부터 이성이 인간의 본질이 된다고 생각하며, 그러한 인간을 이성을 가진 동물이라고 정의하는 것이다.

하지만 이와 같은 이성과 감성의 구별이 불교에서는 다르다. 먼저 인간에 대해서 바르게 본 것이 못된다. 사랑과 지성이 전혀 다른 작용을 한다고 생각하는 것은, 인간의 심연까지 들어가지 못한 표면적 관념론에 지나지 않는다. 깊고 깊은 근원에 있어서는, 지성과 사랑은 한 덩어리로서 분류될 수 있는 것이 아니다. 이와 같이 지성과 사랑을 완전히 하나로 한 지성을 반야, 또는 대지^{大智}라 부른다. 따라서 가끔씩 서로 충돌을 일으키는 지성과 사랑을 허망한 분별심이라고 부르는 것이다.

사실 서양 사람들도 허망한 분별심에 대해서 지성과 사랑을 종합해서 생각하므로 감정으로부터 분류된 순수한 지성을 생각지 않는 것은 아니다. 하지만 이는 어디까지나 이성에 바탕을 둔 이기적인 것으로, 그때의 망상 분별이나 지성은 자기 중심이 되기 때문에 일치하지 않는

다. 지성을 진리라고 보는 것은, 사랑을 구하는 곳에는 참다운 지성이 성립될 수 없기 때문이다.

서양 사람들은 이 모순을 지성을 감정으로부터 분리해서 지성의 본질을 한층 더 발휘하도록 노력했지만, 불교는 이 모순의 근원에 나아가 그 지성과 사랑을 완전히 일치하도록 승화시키고 있다.

이렇게 보면, 허망한 분별심이 갖는 지성과 사랑은, 참 지성도 사랑도 아니다. 이는 허망한 환상을 휘어잡을 뿐이다. 그래서 사랑은 이와 같은 지성과 사랑을 '조롱, 허언' '헛된 망상'이고 '진실함이 없다'고 말한다. 이에 반해 자비는 '다함이 없는 자비'라고 일컫는다. 참으로 큰 지혜는 목적을 향해서 나아가는 것에 따라서 지혜^{智慧}와 사랑이 하나가 된다. 그러므로 자기 중심적인 이기주의나 주관적 망상이 멸해서 실재하는 본질인 진여^{眞如}에 가까워진다. 실재로 그러한 것, 우리들에게 제일 깊은 심연의 본질과 완전히 일치하여 우리들의 진실한 나, 참으로의 나의 본질을 자각했을 때 지성 즉 사랑, 사랑 즉 지성이 성립된다. 사랑과 분리된 지성은, 실재로 그러한 것, 우리들의 참 본질로부터 벗어나 추상적 개념의 세상에 살고 있는 것이 된다.

따라서 참으로 주관과 객관의 합일이란, 객관을 그대로 해서 주관만을 소멸시켜서 되는 것이 아니다. 주인도 없고 손님도 없는 데까지 도달하지 못하면 안 되는 것을, 대승불교의 모든 스승들, 용수·무착·세친을 시작으로, 천태·화엄·선 등 중국·한국·일본의 스승들은 명확히 하고 있다. 이러한 차원에 도달하면, 그곳에는 지성 즉 사랑, 사랑 즉 지성이 하나로서 큰 지혜의 자비심이 되어 나타나는 것을 알 수 있다. 이것이 주인과 객의 합일로서, 불가득이라든가 무소득이라는 말로 표현하는 것이다.

그래서 '이성을 가진 동물이다'라고 정의하게 되면, 인간은 동물 더하기[+] 이성이 된다. 이 이성 속에는 감각이나 감정·본능 등은 포함되어 있지 않다. 인간의 본질을 이와 같이 이성으로만 보게 되면, 인간은 자기의 인간다운 본질에 감각·감정·본능 등의 모든 것을 포함시킬 수 없다.

하지만 이성만을 인간의 본질로 보지 않고 인간의 본질을, 마음과 몸뚱이를 합해서 전체를 하나의 생명으로 보기에 불교적 정의가 성립되는 것이다.

불교에서는 인간을 중생이라고 일컫는다. 이와 같은 관념으로 인간을 볼 때에는, 그 방법 자체가 이성적이 아니고 애정적이 된다. 인간을 이와 같이 보는 불교도의 지견은, 단순히 지적이 아니라 사랑의 입장을 말하는 것이다. 사랑 즉 지성, 지성 즉 사랑이라고 하는 것과 같이, 지성이 사랑의 자비가 되어서 대지大智가 되는 것이다.

이 지智, 즉 비悲의 입장에서 인간을 보면, 인간은 근원에 있어서 지즉애知卽愛, 애즉지愛卽知라고 하는 성질을 가지게 된다.

하지만 이것이 자기 스스로 깨치지 못할 때는, 인간의 지성은 사랑과 별도로 활동하게 된다. 따라서 이러한 지성이나 사랑의 허망한 분별심으로는, 사랑과 지성이 같은 본질인 인간의 실체를 깊이 통찰해서 자각하기란 어렵다.

이와 같이 허망하고 분별뿐인 인간이 제아무리 이성을 발달시켜 감정·감각·본능 등을 분리하여 그들을 지배하고 고양시키지만, 이와 같은 이성을 통해서는 감정·감각·본능 등이 전체화된 근원에 도달하기 어렵다. 그래서 이성적 인간이, 자기를 초월하여 인간을 창조한 신에 도달하려 하는 어리석음이 나오는 것이다. 이성을 감정이나 본능으로부터 분리하면서, 그 이성을 통해 궁극적인 것에까지 도달하려 하지만, 그곳에는 진정한 인간도, 진정한 신도 없다.

이와 반대로 생명^{중생}이 있는 중생으로서 방법을 취할 때에 인간이, 그 근원까지 탐구해 가게 되면, 성스러운 것은 지즉애^{智即愛} 애즉지^{愛即智}가 되는 것을, 말하자면 근원임을 알게 된다. 인간을 본능으로부터 구별해 이성적 인간을 별도로 취급하는 것이 아니라, 그 본능을 포함한 마음과 몸뚱이의 전체적 생명체^{중생=함께 살아가는}를 근본 지혜로 보지 않고는 우리들의 근본 실체를 파악했다고 할 수 없다.

이와 같은 근본 실체를 파악해 자기 것으로 하고, 자기로부터 솟아나 나타낸 인간이, 인간 최상의 근원으로부터 스스로 깨치고, 그래서 생명의 본질을 근원으로부터 알게 된 인간인 것이다. 이러한 인간이 성스러운 인간, 참 생명의 인간다운 인간이 되는 것이다.

요컨대 불교는 중생의 마음이 곧 불성이고, 불성이 곧 여래^{부처}이고, 이 여래가 한량없는 세계에 가득하다고 말하는 것이다. 그래서 불교는 청정법신이 우주법계에 충만하게 되는 것이다.

인간의 절대적 본체인 법신은, 과학적 이성이나 윤리적 이성을 초월한 곳에 있다. 즉 선·악의 이원적 분별심에 머무르지 않고, 선도 관여하지 않고 악에도 관여하지 않는다는 곳에 있어서, 독을 품은 뱀과 같이 하나에 몰입해 들어가면 너와 내가 차별 없이 전체가 하나가 된다. 그러면 아미타 세계가 열리고, 그곳의 주인이 된다. 내가 청정법신이 되고, 진여의 세계에 안주하게 되는 것이다.

인간의 본질은 이와 같은 것이다. 특별한 세계에 특별한 인간만이 별도로 있는 게 아니라 모두가 그대로 청정법신인 것이다.

2. 불교적 인간
- 반야[지(智)]의 성립에 의한 진정한 인간 -

어떠한 지식을 갖추건, 신이라는 존재에 의지해도 인간은 불완전하다. 그러면 진정한 인간이란 무엇인가. 그것은 단순히 자기를 살피고 사물을 추구한다고 해서 이루어지는 것이 아니다. 나라는 형상의 본질을 파헤쳐 초월한 뒤 나라는 실체에 귀속시키지 않으면 안 된다.

생각하는 존재를 초월한다는 것은, 생각만 가지고는 진정한 나의 모습을 붙잡을 수 없기 때문에, 생각으로 점철된 나라는 존재성을 파헤치고 부수어 전체의 본질에 합체가 되지 않으면 안 된다. 이러한 작용은 생각하는 갈대의 작용과는 다른 전체를 활용하는 작용이 된다. 이를 소위 반야라 하는 것이다.

서양에서는 이러한 작용을 직관이라고 말하지만, 불교의 반야는 서양의 직관과는 다르다. 반야라고 하는 것은, 생각으로 형성되는 작용과는 다른 전체가 하나가 되어 작용하는 활동이 되어야 하기 때문이다.

그래서 무엇인가 활동하는 작용을 초월한 곳에 반야가 있는 것같이 말하지만, 이것은 아니다.

반야란 무엇인가 생각하는 작용을 초월한 어떠한 신비한 체험이 아니기 때문이다. 모든 생각을 포함한 지금 현재 그 모습 그대로이기 때문에 별다르게 신비가 될 수 없다.

그래서 생각하는 작용과 그것을 초월하는 것을 하나로 종합한 통일체이다. 그것이 참 반야가 된다.

인간이 태어났을 때에는 동물과 같이 생각이나 분별력이 없다. 성장에 따라서 분별력이 발달하고, 나를 향상시키는 정신력이 향상되는 것이다. 이 성장 과정에서 형성된 인식에 의한 분별력에 나의 인생의 가치 기준을 설정하게 되는 것이다. 결국 인식에 의한 분별력은, 분별의 분별을 낳으며, 그에 지배되는 인생이 이성적 인간이 되는 것이다. 이때 인간에게 근원에서부터 갖추어진 본래의 나의 것, 그것이 있고, 그것을 불교에서는 반야라고 한다. 이것은 다시 자기를 스스로 깨쳐서 증득하지 못하면 얻어지는 것이 아니므로, 자기에게 본래 갖추어진 불성에 재도전하도록 하는 것이 수행인 것이다.

심리학이나 정신분석학의 발달로 인해 잠재의식의 영역까지 점점 밝혀가고 있다. 이에 의해서 이성의 영역도 점점 넓혀지고 있다. 그러나 이성으로서는 미치지 못하고, 이성만을 가지고는 처리 못하는 분야도 동시에 남아 있다. 이것은 인간의 생각이 인간 내부로 향하는 것만이 아니라, 외부의 자연계에 대해서도 같다. 자연과학은 매우 빠른 속도로 미지의 세계를 탐구하며 세계를 광범위하게 포용하고 있는데 반해 정신세계는 자신의 테두리를 벗어나지 못하고 있다.

불교는 인간 내면의 세계를 깊이 파고 들어가, 잠재의식이라고 하는 영역을 넘어서, 우리들이 주장하는 나라고 하는 주체를 최고의 극점까지 도달한다. 보통 우리들이 의식이라는 것에 의해서 의식되는 영역은, 불교 용어로는 의식 또는 6식의 세계라고 하지만, 이 의식의 주체는, 이 의식의 근본 모체가 되는 주체에 의해서 의식되는 세계, 즉 근본 의식에 의해서 인지되는 대상을 의식하는 주체인 자신으로, 우리들의 일반적 의식에 의해서는 감식되지 않는다. 이것을 불교에서는 '눈은 자기 눈을 보지 못한다'라는 비유로 설명한다. 주체가 아닌 의식은, 의식은 되어도 의식화시킬 수 없다. 이는 의식될 때에, 동시에 그것을 의식화시키는 주체가 의식하는 모양으로 나타나는 것일 뿐이다. 이때 불변의 주체가 나의 본질임을 잊어서는 안 된다.

따라서 이 불변의 주체가 항상 나와 같이 함을 자각하기 위해서는, 일반적으로 의식화된, 일부분에 박혀 있는 것으로부터 벗어나지 않으면 안 된다. 즉 부분적 의식에서 초월해야 하는 것이다.

우리들이 소유하고 있는 일반적 의식이란 전체에 비해 극히 한정된 의식을 말한다. 이 의식으로부터 초월함으로써 전체적 의식세계에 들어가게 되는데, 전체의 의식세계에 들어가기 위해서는 내가 현재 가지고 있는 의식의 밑바닥까지 도달하지 않으면 안 된다.

이것을 유식에서는 아뢰야식이라고 부른다. 이때 그것을 의식하는 주체를 반야라고 칭한다. 반야라고 부르는 주체는, 의식의 근본 주체로서 아뢰야식이라고 일컫는다. 자기의 주체적 근본을 자각한 것이므로, 이 반야에 의해서 자각되는 주체와 자각되는 주체가 모두 자기와 같은 하나가 된다.

이 경우 의식되는 것은, 단순히 의식화된 것, 곧 관념적으로 존재화된 것이 아니라 실재하는 것, 곧 나^{주체}와 너^{경계}가 하나가 되어 전체적 주체가 된 것이다. 여기에서 인식하는 의식은 전체가 한 덩어리가 된 것이므로, 실재와 생각이 하나가 된다. 개념이나 실재라고 하는 서로 이질적인 것이 하나로 통일되는 것이다.

이에 의해서 개인성도 초개인성도 하나의 극점$^{아뢰야식이라고\ 부르는}$

주체의 궁극점에 접속하고 통일된다. 이때의 식(識)이 전체화되므로, 불교에서는 법신이라고 칭한다. 이를 달리 '인간성이 법신에 들어가서 법신이 인간성에 들어간 것이다'라고 말할 수 있다. 또한 내가 너에게 사랑 받고 싶으니까 내가 너를 사랑해서 같이 사랑의 한 울타리가 되는 것과 같은 원리라고 생각할 수 있다. 너와 내가 동일화된 법신, 또는 무상과 상주가 둘이 아닌 실체, 유위와 무위가 둘이 아닌 실재라고 해도 될 것이다. 말하자면 자연이 그대로 법신이고 법신이 그대로 나이고, 내가 그대로 법신인 것이다.

보통 이성이라고 부르는 것은, 일반적 의식에 해당된다. 이 의식세계의 배후에 있는 주체는 아뢰야식이지만, 보통의 의식으로는 이것이 변화되지 않기 때문에 심리학에서는 잠재의식이라 부른다. 이는 우리들의 의식 밑에 깔려서 우리들의 의식이 활동하는 사이에는 나타나지 않지만 오히려 우리 인간들이 작용하는 힘보다 더 큰 힘이 되어 도사리고 있다. 다만 우리들이 잊고 있을 따름인 것이다.

아뢰야식이 항상 4가지 근본번뇌와 연결되어 있다고 하는 것은, 이 근본번뇌로서, 의식세계에 나타나 의식되고 있는 많은 번뇌 속에 있으면서 의식되지 않는 번뇌를 말한다. 이는 사람이 자고 있을 때와 마찬가지라고 말한다. 의식의 주체 속에 또는 주체의 궁극점으로서 아뢰야식을, 그러한 번뇌성을 가진 주체자(자기라고 하는) 나라고 하는 것이다. 그러한 주체는 아직 현대 과학에 의해서도 과학적으로 해명하지 못하고 있는데, 이를 해명하기 위해서는 반야의 세계를 과학적인 인식의 세계로 영입해야 할 것이다.

요컨대 아뢰야식은 이성이라기보다는 광범위한 자기·전체(몸뚱이와 마음의 전체)의 궁극의 전체이고, 이것은 주체의 주체이므로, 이것이 개인

의식 속에 멈추어 있을 때는 전체가 하나로 된 자기 본래의 실체적 의식은 나타나지 않는다. 전체 의식이 자기화되기 위해서는, 개인 의식의 테두리를 부수지 않으면 안 된다. 극점에서 나라는 개인 의식으로부터 한 발 뛰어나와 전체화되고, 전체화된 아뢰야식에 의해서 자기를 형성해야 된다. 그러므로 단순한 이성의 입장에서는 그 본질을 가늠하기가 불가능하다. 보통의 이성이 무엇인가의 방법으로 자기 자신을 초월했을 때에, 처음으로 이 아뢰야식의 세계를 경험하게 된다. 불교인이 수행하는 것은, 이 이성을 넘어서 최고의 주체인 반야의 지혜를 자기 것으로 하기 위한 것이다. 개인인 자아 의식을 초월하고, 자기 중심적인 생각과 애정을 초월할 수 있어서, 개인의 자아로부터 나와서 넓은 우주적 생명체에 돌아가 세계를 자기 것으로 하는 것이다. 여기에 이르면, 인간도 하나의 생물체로서 인간 이전부터 가지고 있던 자기 본질에 서서 세상의 길을 걸어가게 되는 것이다. 이러한 세계는 개인 의식의 테두리를 벗어난 것이므로, 인간의 입장에서 보면 신성한 세계로 느끼게 마련이다.

불교의 인간관과 현대적 의의

인간이란 무엇인가? 이 질문에 대한 답은 수없이 많지만 크게 세 가지로 대별할 수 있다.

첫째, 서양 종교에서 보는 방법이다. 이는 인간은 본래 신에 의해서 신과 같이 만들어졌지만, 신으로부터 자유 의지를 잘못 사용해서 죄에 떨어졌다. 신의 힘에 의해서만 죄로부터 구원받을 뿐, 인간이 본래의 인간성을 실현시키는 길은 없다고 보는 것이다.

둘째, 근대 과학이 보는 방법으로 첫째 방법과는 정반대이다. 인간은 자연의 일부분으로, 본래는 원시적 생물에 지나지 않던 것이 점점 지성을 발달시킨 것으로 다른 생물과 본질적으로 다름이 없다. 말하자면 자연법칙에 따라서 존재하며 변해가고 있는 자연계 이외에 특별히 신이 창조한 것은 없다고 보는 것이다. 따라서 인간도 자연의 일부분이지만, 다른 동물보다 특출한 지성에 의해서 자연계를 탐구하고, 그

법칙을 알아, 그에 의해 자연계를 지배하는 힘을 터득했다고 생각하는
것이다. 또한 합리적인 생각과 이것을 이끄는 행동이 특징으로, 자연
계와 인간 사회를 합리적으로 구성해, 합리적으로 처리하는 것에 의해
서 인간의 물질적·정신적 욕망을 충족시키고, 그에 따라 행복이 얻
어진다고 생각하는 것이다.

셋째, 불교적이다. 인간은 본질적으로 무명[무지(無智)]이다. 그래서
자기의 본질을 자기 스스로 알지 못하고, 본래 자신의 순수함[청정함]
을 실현하지 못하는 것이다. 이러한 무명[무지]은 이성의 발달에 의해
서 사라지지 않는다. 이성 자체도 무명이기에 그렇다. 이는 근대인
이 아무리 이성을 발달시켜도, 말하자면 이성에 의해서 자연[물질]을
지배하고, 물질 생산을 위해서 훌륭한 기술을 개발해 낸다고 해도
또한 사회 조직이나 생활 방법을 제아무리 합리화시킨다 해도, 그
에 의해서 무명이 사라지지 않는다고 보는 입장이다. 그래서 인간
이 제아무리 풍부한 물질을 생산할 수 있고, 합리적으로 그것을
분배한다고 해도, 그것에 의해서 본래의 인간성을 실현할 수 있다
고 생각지 않는다.

근대인이 이성을 발달시켜 비합리적인 감정을 통제하고, 이성에
그 이상의 가치를 두고 이성을 동물과는 다른 인간의 본질로 삼지
만, 불교에서는 이성과 본능, 그리고 이러한 것들 전부를 합쳐서,
그 전체에 인간의 무명을 두고, 그것들 전체가 그 본래의 본성에
눈뜰 적에 처음으로 인간은 본래의 인간성을 실현할 수 있다고
본다. 이때 인간의 지성도 감정도 욕망도, 자기 중심적인 지성, 이
기주의적인 감정과 욕망으로부터 벗어나 모든 물질의 법칙을 참
모습 그대로 볼 수 있음은 물론 다른 사람의 슬픔을 자기 슬픔과

같이 느낄 수도 있으며, 욕망으로만 치닫던 행동도 이내 자기 스스로 윤리적으로 행하게 된다고 가르친다.

　한편 유럽에서 성립된 근대 사상은, 그리스도교에 도전하고 신의 관념을 모두 합리성으로 추구했다. 지성을 감정으로부터 분리하여 사상만이 합리적인 것으로 감정은 본성 속에 있어서 비합리적이라고 생각하여 지성에 의해서 내적인 감정을 통제하고, 밖을 향해서는 물질의 세계를 통제해서 물질을 많이 생산하는 것이 인생의 최고 목표인 양 생각했다. 그리고 근대인은, 인간은 본래 하등동물이었으나 지성이 발달하면서 다른 동물보다 월등히 다르게 생활을 영위하게 되었다고 생각하게 되면서, 이 지성을 가능한 발달시켜야만 인간의 본질을 더욱 발휘할 수 있다고 생각했다. 그래서 합리적인 것을 더욱더 존중하게 된 것이다. 이러한 근대인에 대한 신뢰가 무엇보다 인간의 두뇌 발달이라는 게 자연계의 법칙과 일치함에 놀라는 것이다. 근대인은 이것을 토대로 하여 자신을 갖고, 합리성을 추구해서 "합리주의가 오히려 비합리주의로 전락하는 데까지 이르렀다"라고 프롬^{Fromm, Erich : 독일의 정신}

은 작금의 정신적 위기를 호소한 적이 있다.

인간이 본래 하등동물이었다고 생각하는 근대인은, 발달시키는 지성을 인간의 본질로 본다. 하지만 지성을 어디까지 발달시킬 것인가? 이는 근대인 자신도 모른다. 이는 결국 인간 자신도 모른다는 것 이외 없는데, 이것이 불교에서 말하는 무명이다.

또한 근대인은 인간이 본래 하등동물이라는 생각에 의해서, 참 인간의 본성을 상실했다고 말한다. 하지만 불교적 인간관의 현대적 의의는, 인간의 입장으로부터 출발해서 인간을 참구하고, 인간 본래의 성품인 자기 본래의 참모습에 도달할 수 있는가 없는가에 그 대안을 제시해야 한다.

불교적 입장에서는, 인간은 다른 인간의 살덩이를 먹어서는 안 된다는 것만이 아니라 모든 생물을 죽여서는 안 된다고 주장한다. 인간만이 아니라 다른 동물도 마찬가지이다. 다른 동물은 잡아먹어도 괜찮지만 인간만은 잡아먹으면 안 된다는 생각은, 인간의 이성적 입장이다. 다시 말하자면 인간을 이성적 존재로서 동물과 구별짓고 인간을 특별 취급한 입장이다. 하지만 불교적 입장에서는, 인간과 다른 동물, 또한 생명 있는 것과의 차별을 두지 않는다. 모든 생명 있는 것을 중생으로서 평등하게 본다. 죽여서는 안 되는 다른 생명을 인간이 죽여서 먹지 않으면 안 된다고 하는 것은, 깊은 죄업으로서 스스로 자각하게 한다. 그래서 죄업의 자각은 구원의 자각으로 이어진다. 다른 동물의 살덩이를 먹어야 한다는 사실이 변함 없다고 해도, 인간이 다른 동물을 먹는 것이 당연한 것같이 생각해도, 그것을 인간의 죄업으로 자각한다면, 인간이라고 하는 존재에 대한 자각의 방법이 근본적으로 다른 것이다.

잡아서 먹는 것이 당연하다고 생각한다면, 다른 생명의 목숨을 거칠게 취급하고, 필요 없이 죽이며 생명을 빼앗는 것을 무감각으로 저지르는 것을 피할 수 없을 것이다. 그러한 습관이 강해지면, 인간의 생명까지도 아무런 죄책감 없이 대하게 된다. 하지만 다른 생물의 생명을 존중히 여기고 그 죄업을 깊이 자각하게 되면, 스스로 사회를 밝고 아름답게 만들게 된다. 이는 자각에 의해 모든 생명을 존중하게 되기 때문이다. 그래서 불교에서는, 일체의 유정들은 세세생생에 나의 부모형제가 아닌 것이 없다고까지 가르치는 것이다. 이는 휴머니즘을 초월한 불심으로, 높고 넓은 마음가짐이다. 과학적으로도 불교적인 이러한 마음에 대해서 생명 하나 하나에 존중심을 갖는 것이다.

불교에서는, 일체 중생이 다 불성이 있다고 한다. 심지어는 생명이 있는 것만이 아니고, 생명이 없는 것까지 다 불성이 있다고 한다. 어쩔 수 없이 나라는 생명이 하나 존재하기 위해서는 알게 모르게, 고의적이든 아니든, 나로 인해 생성하고 소멸되는 생명이 수없이 많다. 이것이 나와 연결된 인연이고, 나로 인한 인연이 곳곳에 주인이 되어 나투며, 곳곳에 행복하고 평화스러운 세계, 즉 장엄^{莊嚴}하기를 염원하는 것이다.

이는 곧 '나무아미타불' '나무관세음보살' '나무지장보살' 하며 자기 스스로를 승화시키는 것인데, 말하자면 자기 스스로가 대자비심을 일으켜 모든 현실을 겸허한 마음으로 받아들이는 것이다. 그래야만 모든 생명을 존중하게 된다. 말하자면 인간 본래의 진실한 마음이 불성의 주인이 되는 것이다.

제2부

불교는 인간학

제1장
불교와 현대

- 이상적 종교 -

현대 또는 이후의 인류의 이상적 종교로서 바람직한 종교는 과연 어떠한 것일까?

한 마디로 불교에서 말하는 법과 같은 성격을 띤 종교가 더할 나위 없이 이상적이라고 할 수 있다.

물론 그것에는 꼭 불교라고 하는 명칭을 붙이지 않아도 좋다. 그것이 진眞이나 선善을 포함한 합리적이고 윤리적인 종교, 그래서 그것이 무아無我의 입장에서 세계 인류의 평화를 말하는 종교이기에 그리 말할 수 있는 것이다.

그렇다면 과연 불교적인 가르침은 현대에 있어서 어떠한 점이 이상적이라 할 수 있는가?

첫째, 비판주의적이다. 이는 나를 시작으로 타他를 비판함과 동시에 타로부터의 나의 비판도 솔직하게 받아들이지 않으면 안 됨

77

을 의미한다. 그러기 위해서는 합리성·윤리성 등이 요구된다. 이는 법의 정의에서 말할 4가지 속의 제2와 제3에 해당된다.

둘째, 인문주의적人文主義的이다. 이것은 모든 인간 내지 생물 일반을 존중하고, 나아가 인격을 존중하는 것을 의미한다. 불교에서는 이를 일체중생실유불성一切衆生悉有佛性:일체 중생이 모두 불성을 가지고 있다이라 칭해서 모든 사람에게 이상 실현의 능력으로서의 불성을 인정해 서로 불성을 존중하고, 이것을 계발해 가도록 말하고 있다. 따라서 이것은 인격주의적이고, 평등주의적이 아니면 안 된다. 그리고 이를 통해서 한층 더 민주주의를 실현할 수 있는 것이다.

여기서 인격주의란 모든 사람의 인격을 존중하고 생명을 애호하는 정신을 의미하는 것으로, 이는 다음에서 말하는 평화주의나 관용과도 연관성이 있다. 이때 평화주의란 인종 차별이나 계급 제도를 인정하지 않는 것으로, 서로의 대화를 존중하는 민주주의 등이 이에 속한다. 또한 언론·출판·신앙·사상 등의 자유도 이에 포함될 수 있다.

셋째, 평화주의적이다. 이것은 앞의 생명이나 인격 존중에서 발췌한 것으로, 관용주의와도 통한다.

따라서 이상적인 종교란 이상의 세 가지 요소를 갖추어야 하는데, 이것에 의해 종교는 세계성·보편성을 띠게 됨과 동시에 참으로 인류가 영원히 이상으로 여기는 것이 된다. 석존의 불교 속에는 이러한 부분이 상당히 갖추어져 있기에 이제부터 그러한 것을 주안점으로 하여 원시불교의 기록에서 찾아보기로 하자.

1. 비판주의적

불교가 당시 인도의 종교나 철학에 대해 어떻게 비판적이었는가
하는 점은 뒤에서 말하는 불교의 근본 사상으로서 12연기나 4제 8정도
역시 모두 미신이나 사교적인 요소가 전혀 끼어들 여지가 없는 합리
적·윤리적임을 알 수 있다.

석존의 가르침은 상당히 합리적이었다. 이를테면 석존이 여든 살이
되어 입멸하기 며칠 전 보가성의 교외에서 제자들에게 말한 4대교법四
大教法의 설법 속에 잘 나타나 있는데, 사람이 바른말을 했다고 하여도
그것을 무조건 믿어서는 안 되고, 바른 근거에 의해서 검토해야
된다는 가르침이 바로 그것이다. 그 경설經說을 구체적으로 설명하면
다음과 같다.

비구들이여, 다음의 4대교법을 설하니 잘 듣고 기억해 두어라.
비구들이여, 어떤 비구가 '나는 이러한 것을 세존 가까이에서 가르
침을 받았다. 그러니까 이것은 바른 법이고 바른 율이며, 스승부처님의
가르침이다'라고 말할는지 모른다.
이 경우 비구들이여, 그대들은 그 비구가 하는 말을 그대로 환희심
으로 받아들여서는 안 된다. 그렇다고 하여 그 자리에서 바로 배척해
서도 안 된다. 그 말뜻을 잘 이해하되 반드시 경과 비교해 보고 율을
참조해 보아야 한다. 경과 율을 참조하여 만약 그것이 경과 율에
어긋난다면 '이것은 확실히 세존의 말이 아니고 그 비구가 잘못 받아
들인 것임을 알라'라고 결론을 내리게 될 것이다.
이럴 경우 그 설을 버려야 한다. 하지만 경이나 율을 참조하여

만약 그것이 경과 율에 합치된다면 '이것은 틀림없이 세존의 말씀이
고 이 비구도 올바르게 받아들였다'라고 결론을 내릴 수 있을 것이
다. …… 이것이 제1의 대교법이다.

다음에 비구들이여, 어떤 비구가 '나는 이것을 훌륭한 장로나 박식
한 비구들이 있는 교단으로부터 친히 듣고 직접 가르침을 받았다.
그렇기 때문에 이것은 바른 법이고 바른 율이다. 이것은 스승의 가르
침이다'라고 말하는지 모른다.

이 경우 역시 비구들이여, 그 비구의 말을 그대로 환희심으로 받아
들여서는 안 된다. 또한 그 자리에서 그것을 배척해서도 안 된다.
바로 찬성하거나나 반대하지 말고, 그 어구를 잘 이해하여 경과 율에
맞추어 보아야 한다. …… 이것이 제2의 대교법이다.

다음에 비구들이여, 어떤 비구가 '나는 이것에 박식하고 경험이
풍부한 장로 비구들로부터 친히 듣고 직접 가르침을 받았다. 그러므
로 이것은 바른 법이고 바른 율이다. 이것은 스승의 가르침이다'라고
말하는지 모른다.

이 경우 비구들이여, 그 비구가 하는 말을 그대로 환희심으로 받아
들이면 안 된다. 또한 그 자리에서 배척해도 안 된다. …… 이것이
제3의 대교법이다.

다음에 비구들이여, 어떤 비구가 '나는 이러한 것에 박식하고 경험
이 풍부한 한 장로로부터 친히 듣고 직접 가르침을 받았다. 그러므로
이것은 바른 법이고 바른 율이다. 이것은 스승의 가르침이다'라고
말하는지 모른다.

이 경우 역시 비구들이여, 그 비구가 하는 말을 그대로 환희심으로
받아들여서는 안 된다. 또한 그 자리에서 배척해서도 안 된다. ……
이것이 제4의 대교법이다.

이 비유에 의해서 석존이 얼마나 신중하고 비판적 태도를 취했는가를 알 수 있을 것이다.

우리는 항상 자주적인 태도를 취해야 하며, 남의 의견에 동조해서는 안 된다. 그럼에도 불구하고 혹자들의 경우 부화뇌동하는 경향이 강한 게 사실이다. 무엇 때문에 소란을 피우는가. 진정 우리는 국가나 민족의 장래에 대해서 생각해 본 적이 있는가. 만일 이 부분에 대해 한 번만 더 진지하게 생각해 본다면 적어도 장난 삼아 부화뇌동하지는 않을 것이다. 또한 지도자들도 본인들의 입장만 내세워서 행하는 편협된 행동은 하지 못할 것이다.

이는 우리 나라의 정치, 경제뿐만 아니라 불교도 마찬가지인데, 이를테면 불교에 대해서도 그 교리의 이해 방법이나 수도 실천적인 면에 있어서 철저하지 못하고 적당히 하는 면이 적지 않음이 그렇다. 또한 세상에는 정작 불교를 전혀 이해하지도 못하면서 불교에 대해 말하는 사람이 많다. 이는 불교를 위해서나 사회를 위해서도 결코 보탬이 되지 못한다. 오히려 불교나 사회에 해가 되고 독이 된다. 이에 대해 석존은 『사유경^{蛇喩經}』에서 반거들충이식 불교 이해가 얼마나 위험한가를 가르치고 있는데, 다음의 이야기에 귀 기울여 보자.

비구들이여, 한 어리석은 사람이 있어 그가 불교의 여러 경전에 대해 공부한다고 하자. 그는 경전에 대해 공부하고 있지만 바른 지혜로써 경전의 참뜻을 파악하지 못했기 때문에 지혜로 관찰하려 해도 그 가르침은 그에게 이해나 만족을 주지 못한다. 또한 그 공부는 그저 단순한 이론이나 많은 말을 즐기기 위한 배움이기 때문에 그 경전이 무엇 때문에 설해졌는지도 알지 못한다. 그러므로 참된 이해를 못하는 그러한 학문은 그에게 도리어 불행을 초래한다.

비구들이여, 이는 마치 뱀에 대한 지식이 없는 자가 뱀을 잡으려 하는 것과 같은 행위이다. 그는 뱀을 찾아 산 속으로 들어가 큰 뱀을 만나지만 뱀의 생태나 잡는 방법을 몰라 그 뱀을 생포하려 하거나 꼬리를 잡으려 하기도 한다. 하지만 이러한 경우 그 큰 뱀은 몸을 똘똘 말아 도사린 채 오히려 그 사람의 손이나 팔 또는 다리를 물 것이다. 그리고 결국 뱀에게 물린 그 사람은 죽거나 큰 상처를 입기도 한다.

이와 마찬가지로 경전에 대한 바른 지식을 갖지 못한 자가 경전을 취급하면 그에 의해서 도리어 불행·재해 등을 받게 된다. 이에 반해 여러 가지 경전에 대해 바른 지혜를 가져 참 뜻을 구하고자 하는 자의 경우 그 연구가 단순한 논의나 많은 말을 즐기기 위한 연구가 아니기 때문에 그 가르침은 그에게 이해와 만족을 줄 것이다. 나아가 잘 이해한 가르침은 그에게 영원히 이로움과 행복을 줄 것이다.

비구들이여, 진정 뱀을 잡고자 하는 사람은 뱀에 대한 지식을 가지고 있기 마련이다. 그는 뱀을 잡으러 산에 들어가 큰 뱀을 만나면 뱀의 생태나 잡는 방법을 잘 알고 있기 때문에 먼저 갈고리 모양의 장대로 뱀의 머리 부분을 누른 후 머리 부분 바로 밑의 입과 목 사이를 꽉 눌러서 입을 못 벌리게 하여 잡는다. 그러면 뱀이 그 사람의 손이나 팔이나 발 등을 몸뚱이로 제아무리 감아도 그 사람은 결코 죽거나 상처를 입지 않는다. 이와 마찬가지로 경전에 대해서도 반드시 바른 지식을 갖춘 자가 경전을 취급하면 오랫동안 이익과 행복을 얻게 된다.

중요한 점은 이와 같이 어떠한 것이든 어설피 아는 것이 아니라 주체적인 입장에서 철저히 규명한 후 행동해야 하는 것이다.

ⓒ임윤수

이것이 참된 비판적 태도인 것이다.

석존이 당시의 종교나 철학자들의 잘못된 생각이나 풍습에 대해 하나 하나 비판하고 시정한 내용은 불교의 원시경전에서 쉽게 찾을 수 있다.

일시나 방위에 의해 운명이 정해진다든가 음식물에 대한 여러 가지 금기시 된 미신에 대해서도 예부터 오늘날에 이르기까지 널리 인도 사람들 사이에서 행해져 마누법전 등에도 자세히 기록되어 있다. 하지만 석존은 이것들을 모두 미신이고 불합리한 것으로 여겨 배척했다.

또 병의 치료에 대해서도 경전에 기록되어 있는데 마음으로부터 일어나는 정신적인 병의 경우 심령요법 등에 의해서 치료할 수 있음이 그것이다. 그렇지만 비록 정신적인 병이라 해도 그것이 일어나게 된 데에는 원인과 이유가 있으므로 이것을 제하기 위해서는 약을 먹거나 수술 등의 합리적인 치료법을 사용하지 않으면 안 된다고 기록되어 있다.

석존 자신도 병이 들었을 때는 당시의 명의인 지바카[기바(耆婆)]한테 치료를 받았다. 또한 석존뿐 아니라 불교 교단의 사람들도 이 명의한테 진찰이나 치료를 항상 받았다. 출가 교단의 생활 규정에 관해 설한 율장 속에는 의약 관련 장(章)이 있는데, 거기에는 당시의 한층 발전된 합리적이며 과학적인 방법으로 병에 따라 치료한 구절이 나와 있다.

과학이 발달한 오늘날에도 신흥 종교에서는 병에 대해 약이나 과학적인 치료법을 사용 못하게 하는 경우도 있는데 2,500년 전의 불교에서 합리적인 치료법을 채용했다는 사실은 참으로 놀라운 일이 아닐 수 없다.

이상으로 불교의 합리주의에 대해서 살펴보았지만 불교가 비판주의적이었음은 인류 도덕의 윤리적인 측면에서도 볼 수가 있다. 선과 악을 자세히 규정하고 선(善)에는 업보의 지배를 받는 상대적인 선과 업보나 윤회를 초월한 절대적 선이 구별되었고, 그것들을 분류하여 보다 세분화했음이 그것이다.

또한 뒤에서 말하는 바와 같이 불교의 근본 취지는 '모든 악 짓지

않고 모든 선을 행한다'라는 윤리적인 성격을 띠고 있다. 하지만 그것
은 세간적 도덕이나 철학적인 도덕률^{道德律}보다도 뛰어난 최고의 윤리
를 보이고 있음을 알 수 있다.

2. 인문주의적^{人文主義的}

인문주의 사상은 첫째 생명과 인격 존중, 둘째 사회 인류의 평등
주의, 셋째 서로의 의견을 존중하는 민주주의 등으로 구별해서 고
찰할 수 있다.

첫째, 생명과 인격 존중

불교에서는 사람들의 인격만을 존중하는 것이 아니라 모든 생물
의 생명을 중하게 여긴다. 생물을 죽이지 않는 불살생의 사상은
불교 이전부터 비정통파에 속하는 자이나교 등에서 비롯되어, 오
늘날의 인도에서는 자이나교뿐만 아니라 정통파인 힌두교에서도
불교와 자이나교의 영향에 의해서 불상생을 강조하고 있다.

하지만 실제로 불교 이전이나 불교시대의 정통파인 바라문에서는
살생하지 말라는 사상이 그리 만연한 편은 아니었다. 오히려 살생을
즐기는 행위가 있었다. 정통 바라문교는 인간의 운명을 좌우하는 신에
게 바른 제사의 기도법을 행할 때 비로소 인간이 신의 은혜를 받아
행복해진다고 여겼다. 이때 신을 즐겁게 하기 위해서는 신에게 여러
가지 공물이나 산 제물을 바치는 의식이 필요했으며, 큰 소원이 있을
때에는 살아 있는 산양·양·말 등을 바치곤 했다. 따라서 소원의

정도가 중요하면 중요할수록 많은 희생물을 필요로 했고, 실제로 이를 위해 사람을 희생으로 하는 제단까지 마련되어 있어 살아 있는 사람을 죽이는 일까지 있었다고 전해 온다. 하지만 이것은 나의 행복이나 이득을 위해 다른 동물이나 인간의 생명을 빼앗는 것으로, 타의 불행은 생각지 않는 자기 중심적인 생각으로 생명 존중사상에 위배되는 것이다.

이에 반해 자이나교에서는 극단적으로 생명을 귀중히 여겼다. 그들의 경우 인간이나 고등동물 등의 생명을 빼앗으면 안 될 뿐만 아니라 작은 벌레의 생명까지도 귀하게 여겼기 때문에, 설사 그것이 인간에게는 해로운 벌레라도 이는 마찬가지였다. 심지어 그들은 물을 그냥 마시는 것조차 금했는데, 물 속에 있는 조그마한 생물을 죽이는 것을 두려워했기 때문이다. 이러한 습관은 오늘날까지 이어져 자이나교에서는 인간이 식량 부족으로 아사하고 있음에도 불구하고 수천 마리의 쥐를 기르며 먹이를 준다.

모든 생물의 생명을 철저하게 존중한다고 할 것 같으면 어쩌면 자이나교와 같이 불살생을 지켜야 하는 것이 옳은 일일는지도 모른다. 하지만 현실세계에서 이를 지키기란 결코 쉬운 일이 아니다. 인간을 중심으로 생각하는 경우 인간에게 해를 끼치고 위험을 주는 생물 제거는 피할 수 없는 일이고, 농작물이나 가축을 황폐하게 하는 해충을 없애는 일 역시 반드시 필요로 하는 일이다. 그러나 그럼에도 불구하고 불가에서 이상적으로 생각하는 삶은 모든 생물이 서로 도와 가면서 각자 살아 갈 수 있는 삶이다. 실제로 자연계에서도 서로 도와 가는 관계가 형성되어 그로 인해 갖가지 생물이 종족을 보존하며 오늘날까지 이어지고 있다. 반면 약한 자는 강한 자에게 먹히고, 생태계에 맞는 것은 살아가고 그렇지 못한 것은 차차 쇠퇴, 멸망해 가는 자연도태가 이루어지고 있는 것 역시 사실이다.

물론 인간 중심의 현대 사회를 생물 전체의 입장에서 보면 불공평한 점이 적지 않다. 사람이 끝까지 살아남기 위해서는 다른 생물을 희생 시키지 않으면 안 되기 때문이다. 어떠한 면에서 인간이 다른 생물을 죽이지 않으면서 살아갈 수 없음은 슬픈 일이 아닐 수 없다. 따라서 잔인하고 이익이 없는 살생을 그치고, 될 수 있는 대로 생물들이 공존 공영할 수 있는 평화스러운 자연계나 인간계를 형성하는 것은 우리 모두가 지향해야 할 이상이 아닐까.

이는 동물과 사람 모두에게 더할 나위 없이 필요한 것이다. 따라서 개인을 죽이고 상처 주는 것만이 아니라 집단 살육을 부르는 전쟁 등을 하지 말아야 함은 우리 모두가 깊이 인식해야 하고, 생명 존중이나 애호 사상은 평화주의나 관용 정신으로 발전해 나가야 한다. 바로 이러한 사상의 기반 하에 불교의 위용은 더욱더 커질 수 있다.

둘째, 사회 인류의 평등주의

평등주의란 인종·민족이나 사회 계급·직업이나 언어·종교 등의 차이로 인간을 차별하지 않는 것이다.

인간의 평등은 여러 양상을 띠며 해결되는가 하면 간혹 한층 심각한 상황으로 빠져드는 경우도 있다. 이는 석존시대인 인도에서도 아리아 계의 바라문족[승족]·크샤트리아[왕족과 무사의 계급]·바이샤[서민]·수드라[노예] 의 네 계급을 기초로 하는 계급 문제를 들 수 있다.

인도에는 불교가 일어나기 훨씬 이전 바라문교에 의한 사회제도가 확립되어 있었다. 특히 정통 바라문교의 중심지인 서북인도 지방이나 갠지스 강 상류 지역에서는 인종이나 직업에 의한 네 계급이 제도화되어 있었다. 이를 카스트 제도라고 부르는데, 달리 사성四姓이라 일컫기도 한다.

제1 계급인 바라문은 제사나 학문 등을 맡는 승족으로, 그들은 인도에 침입한 아리아족 속에서도 한층 순수한 혈통을 지닌 지식 계급이다.

제2 계급인 크샤트리아는 군사나 정치를 담당하는 왕족과 무사 계급으로 지배층을 말한다. 그들은 바라문족의 정신적인 지도를 중심으로 인도 사회를 통치하는 사람들이다.

제3 계급인 바이샤는 농업 목축이나 상업 무역, 직물 · 도자기 · 철물 · 목수 · 석공 등의 공업에 종사하는 일반 서민 계급이다.

제4 계급인 수드라는 아리아인에 의해 정복되어, 노예화 된 노예족이다. 그들은 인종적으로도 앞의 3계급의 사람들과 다르게 드라비다족에 속한다.

순수한 아리아인은 서양인과 같이 피부 색깔도 희고 머리나 수염도 빨갛고, 이마가 넓고 코가 높으며 키도 큰 편이다. 인도의 왕족이나 서민은 유독 몽고 사람 등의 다른 인종과의 혼혈인 경우가 많다. 반면 드라비다인은 키가 작고 피부 색깔은 검고, 머리는 고수머리에 얼굴이 좁고, 코는 작아 외형적인 모습이 아리아인과는 대조적이다.

실제로 아리아인의 혈통을 지닌 인도 · 유럽 인종은 자신들이 제일 훌륭한 민족으로서 다른 민족은 모두 열등하다는 생각을 가지고 있다. 때문에 다른 민족과 자신들을 구별하며, 계급적 차별을 설정하곤 한다. 오늘날 미국이나 남아프리카에서 흑인 배척 문제가 심각한 것과 비슷한 맥락이다. 또한 베트남 문제 역시 이와 비슷한 맥락에서 생각해 볼 수 있다.

실제로 인도에서는 고대부터 오늘날까지 이런 식의 인종적·계급적 제도가 이어지고 있다. 특히 석존시대 이전에는 아리아인을 주축으로 한 정통 바라문교가 베다 문화를 최상이며 절대의 것으로 인식하였으므로 이에 의하면 바라문족은 지상의 신이었고, 그에 따라 사회적으로 절대적 권력을 소유했다. 심지어 자신들의 생명이 위협받을 때는 다른 계급의 사람이나 재산을 빼앗아도 관계없다는 생각마저 만연해 있어서, 어떠한 무례나 죄를 범해도 그들에 대해 어느 누구도 제재를 할 방법이 없었다. 마치 근세의 서양 사람들이 동양에서 갖가지 횡포를 저지르는 것과 같은 모습이다.

특히 최하층의 노예족인 경우, 바라문족은 그들을 인간이 아닌 마치 동물이나 물품처럼 취급했다. 결국 살고 죽는 것이 주인에게 달려 있는 수드라 계급은 교육을 받을 수도 없고, 바라문교를 믿는 것도 허용되지 않았고, 심지어 상류 계급은 그들과 결혼이나 식사도 함께 하는 것조차 금지가 되어 있었다.

이렇듯 석존 당시의 인도 사회는 이와 같이 엄밀한 계급 제도가 있었으며, 직업도 그에 따라 세습되었다. 그러므로 이러한 상황에서 인간의 인격 존중이나 평등이란 전혀 찾아볼 수 없었다.

석존은 인위적인 계급 차별이나 피부색에 의해 인간의 가치나 인격의 높낮이를 정하는 것은 도리에 맞지 않다며 계급제도에 극력 반대함은 물론 이러한 불합리한 제도에 공감할 수 없다고 말하였다.

불타인 석존은 "모든 인간은 계급이나 가정 환경이 달라도 진리나 정의를 이해하고 실천할 능력을 가진다. 어떠한 인간이라도 인격을 완성하고 깨침을 얻으면 고통으로부터 벗어날 수 있다. 따라서 모든 사람에게 종교 이상을 말하고, 불교의 가르침을 널리 퍼뜨려 평화로 행복한 이상 사회를 이룩하여야 한다"고 했다.

불교의 경우 계급이나 가정 환경에 의해 차별하는 것은 전혀 무익할 뿐만 아니라 불합리하다. 이것은 반드시 바라문 계급 출신이 아니고 왕족이었기 때문만은 아니다. 불교에 의하면 인간의 가치란 사성이나 계급이나 태어난 환경이나 직업에 의해 결정하는 것이 아니라 그 사람의 깨끗한 마음의 정도나 행위가 그 기준이 되어야 한다.

> 태어나면서 천민이 되는 것이 아니다.
> 태어나면서 바라문이 되는 것이 아니다.
> 행위에 의해서 천민이 되고
> 행위에 의해서 바라문이 된다. (『숫타니파타』)

라는 설은 경전의 곳곳마다 기록되어 있다. 또한 석존은 바라문 자신이 실력이 없는데도 태어난 환경에 의해 바라문이라고 과시하자 그들에게 바라문의 본질이 어디에 있느냐고 물은 적이 있다.

장부^{長部}의 『소나단다경』 기록을 예로 들어보자.

석존이 마가다국의 동방 안가지방을 5백 명의 제자를 거느리고 방문했을 때 찬바성 교외의 갓가라 연못 가까운 곳에 머물게 되었다. 그 도시는 꽤 번창하였으며, 소나단다를 위시한 많은 바라문들이 마가다국왕 빔비사라가 바친 땅에 살고 있었다.

그들은 젊고 유명한 고타마^{석존}가 갓가라 연못 가까운 곳에 머물고 있다는 말을 듣고, 어떠한 인물인가 떠보기 위해 떼를 지어 찬바에서부터 이곳까지 몰려왔다.

바라문들이 떼지어 가는 것을 본 소나단다가 시자에게 그 이유를 물으니 고타마를 방문하는 것이라 하자, 그 자신도 함께 가기를 청했다. 하지만 바라문 무리들은 당시 그 지방에서는 대바라문이고 높은 교양과 많은 지식을 갖춘 정신적 지도자인 소나단다가 일개 젊은 사문에 지나지 않는 고타마를 찾아간다는 것은 대바라문의 위신에도 문제가 있다고 여겼다. 고심 끝에 그들은 고타마 쪽에서 오히려 대바라문에게 찾아와 경의를 표해야 될 것이라 판단하고 소나단다에게 고타마를 찾아가지 말도록 청을 넣었다. 그러나 소나단다는 바라문들의 충고를 듣지 않고 그들과 함께 석존이 있는 곳으로 갔다.

점점 석존 가까이 다가가자 소나단다는 '고타마가 베다 성전에 대한 질문을 하게 된다면 그가 만족할 만한 답변을 할 수 있지만 만약 고타마로부터 대답하기 힘든 질문을 받아 대중의 면전에서 창피 당하는 일이 일어나면 이제껏 쌓아온 명성도 존경도 수입도 사라질 것이다'라는 생각이 들자 불안해지기 시작했다.

석존은 소나단다의 마음을 꿰뚫고 인사가 끝나자 베다에 관한 질문을 했다.

제1문 바라문이여, 바라문은 어떠한 조건을 갖추면 참 바라문이라고 말할 수 있는가?

답 고타마여, 바라문이 다섯 가지 조건을 갖추면 진정한 바라문이라 말하게 된다. 그 다섯 가지는 다음과 같다. ①아버지와 어머니의 7대 선조까지 혈통이 바르고, 순수한 가계家系일 것. ②베다나 그 보조학문에 실제로 통달해 있을 것. ③용모와 체격이 뛰어나고 위엄이 있을 것. ④덕이 높은 인격자일 것. ⑤지혜나 학문이 있는 현자일 것.

제2문　바라문이여, 이 다섯 가지 조건 속에 하나를 제하고, 다른 네 가지를 갖춘 자를 바라문이라고 할 수 있는가?

답　고타마여, 그것은 제3의 용모와 위엄의 조건은 없어도 다른 네 가지만 있으면 그것으로 족하다.

제3문　바라문이여, 이 네 가지 조건 속에 하나를 제하고, 다른 셋을 갖춘 자이면 바라문이라고 할 수 있는가?

답　고타마여, 제2의 베다 성전과 그 보조학문은 꼭 필요치는 않다. 이것을 제하고 세 가지 조건만 구비하면 바라문이라 할 수 있다.

제4문　바라문이여, 이 세 가지 조건 중에 하나를 제하고 다른 두 가지만 갖춘 자를 바라문이라고 할 수 있는가?

답　고타마여, 제1 계급의 태어난 혈통은 꼭 필요치는 않다. 그것을 제하고 제4의 높은 덕과 제5의 학식 두 가지 조건만 갖추면 그것으로 바라문이라고 할 수 있다.

　현대를 살아가는 불교적 인간

이 문답을 듣고 있던 바라문들은 소나단다의 대답에 수긍하지 않고 반대 의견을 제기해서 큰 소동이 일어났다. 석존은 그들에게 이렇게 말했다.

"바라문들이여, 그대들 가운데 누구든 소나단다가 학식도 덕도 없고, 문답할 자격이 없다 생각하는 자가 있다면, 누구든지 좋으니까 그를 대신해서 질문해도 좋다. 그러나 소나단다가 문답할 능력을 충분히 갖추고 있다고 인정하는 자는 가만히 문답을 듣는 것이 좋다."

소나단다도 바라문의 무리 속으로 가서 말했다.

"그대들은 내가 고타마에게 아첨하기 위해서 용모나 베다나 태어남을 무시하는 것이라 생각해서는 안 된다."

그런 후 그곳에 자신의 조카인 안가카가 앉아 있는 것을 보고 그를 가리키며 바라문들에게 말했다.

"바라문들이여, 이 안가카는 누구와도 비교할 수 없을 정도로 용모와 체격이 뛰어나고, 훌륭한 위엄을 갖추고 있다. 또한 그는 베다나 그 보조학문에도 통달해 있고, 그의 혈통은 7대의 부모에 이르기까지 순결하여 다른 사람으로부터 비난받을 것이 없다. 하지만 만약 이 청년이 도둑질·간음·망어 등의 악덕을 행하면 용모나 베다 성전, 혈통도 아무런 소용이 없게 된다. 따라서 학문이나 덕이야말로 참 바라문이 갖추어야 할 필수 조건인 것이다."

이와 같이 하여 인간이 갖춰야 할 참 가치는 계율^{도덕}과 지혜^{학문} 두 가지이고, 가정 환경이나 용모 등은 인간의 가치와는 관계없다는 것을 증명하게 된 것이다. 그리고 이렇듯

인간의 가치란 그 사람의 마음씀이나 행위의 옳고 그름에 의해

정해지는 것으로, 모든 사람은 인격의 존엄과 가치를 발휘할 수 있는 능력이 존재함을 알 수 있게 된 것이다. 따라서 계급이나 태어난 신분에 의해서 사람의 가치나 위대함·비열함이 정해지는 것은 잘못된 것임을 석존에 의해 강조되었다고 할 수 있다.

이를 보아도 당시의 계급 제도라든가, 계급으로 인간을 구별하는 것은 더없이 불합리한 것이고, 세상 사람들은 계급이 어떻게 정해지건 모두가 평등하다고 하는 사성평등설이 석존에 의해서 간파된 것임을 알 수 있을 것이다. 불교가 당시 정통파의 계급제도에 반대하고 있었음은 원시경전 곳곳에 설해져 있는데, 그 예로써 중부경^{中部經} 의 『앗사라아나경』을 소개한다.

석존이 코사라국의 수도 사위성 교외의 기원정사에 있을 때의 일이다. 석존은, 모든 인간은 불성을 갖추고 있어서 이상을 이해하고 이것을 달성할 수 있는 능력을 갖추고 있기 때문에 네 계급의 사람은 모두 청정하다는 사성청정설을 주장했다. 그런데 차별 계급을 주장하는 바라문들은 그 때문에 불교를 달가워하지 않고 있었다. 이에 그들은 어떻게 하든 고타마^{석존}의 설을 깨뜨리려고 벼르고 있었다. 이때 토론의 적임자로 아직 열여섯 살밖에 안 되는 영리한 앗사라야나가 뽑혔다. 이 청년은 바라문 출가자로 모든 베다 성전이나 그 보조 학문에 통달한 매우 유능한 실력자였다.

바라문들로부터 고타마와 토론할 것을 명령받은 앗사라야나는 "고타마는 법을 말하는 자─법을 법으로서 바르게 말하는 자─이다. 나는 법을 말하는 자와 차별 계급 문제를 토론할 수가 없다"며 거듭 사절하여 물러났다. 그러나 꼭 대면하고 의론하라고 함으로써 할 수 없이 석존이 있는 곳으로 가서 인사를 한 후 토론을 시작했다.

"고타마여, 바라문들은 이와 같이 말했다. '바라문이야말로 최고의 계급이고, 다른 계급은 비열하고 열등하다. 바라문만이 피부색이 희고 다른 계급의 사람은 검다. 바라문만이 청정하고 다른 사람은 그렇지 않다. 바라문은 범천의 실다운 자식으로서 그 입으로부터 태어나 범천의 후계자이다'라고. 이에 대해서 고타마는 어떻게 생각하는가?"

이에 석존은 다음과 같이 대답했다.

"앗사라야나여, 바라문의 아내도 다른 계급의 여인과 마찬가지로 월경·임신·출산을 하고 아기를 낳으면 젖을 먹인다. 이와 같이 바라문은 어머니의 태로부터 태어나면서도 '바라문은 최고 계급이고 다른 사람은 열등하고, 자신은 범천의 자식으로서 범천의 입으로부터 태어나 범천의 후계자이다'라고 말하는 것은 불합리하지 않은가?

더욱이 인도 이외의 서방 제국에는 귀족과 노예 두 계급이 있지만, 이들의 경우 노예도 귀족이 될 수 있다고 하는 말을 듣지 못했는가. 그런데 바라문들만이 '바라문만이 최고의 계급이고, 다른 사람은 비열하고 열등하다……' 하고 말하는 것은 비합리적이지 않은가.

또한 왕족이나 또는 서민이나 노예만이 나쁜 짓을 하면 죽은 후에 지옥의 고통스러운 세계에서 태어나고, 바라문만이 어떠한 나쁜 짓을 해도 지옥의 고통스러운 세계에 떨어지지 않는다고는 못할 것이다. 반면 좋은 행을 하면 바라문만이 사후에 범천계에 태어나고, 왕족이나 서민족 또는 노예족은 어떠한 좋은 행을 해도 사후에 범천계에 태어나는 일은 절대로 있을 수 없다고 하지는 못할 것이다.

바라문만이 범천계에 태어나기 위해서 자비행을 하고, 다른 계급의 사람은 범천계에 태어나기 위해서 자비행을 할 수 없다고 하는 것은 있을 수 없지 않느냐. 또는 강물에서 몸을 닦는다고 바라문만 깨끗이 되는 것이 아니지 않느냐. 모든 자가 똑같이 더러운 때를 닦아 내지 않느냐.

앗사라야나여, 바라문족이나 왕족들이 좋은 향수로 불을 지폈을 경우와 천한 직업을 가진 사람이 더럽혀져 악취가 나는 나무로 불을 지폈을 경우 불을 불로서 사용하는 점은 같다. 그런데도 바라문족만이 훌륭하고 다른 사람은 모두 열등하고 비열하다고 한다면 도리에 어긋나지 않는가.”

그 밖에 여러 가지 예를 들어 바라문들의 계급 차별이 얼마나 비합리적이며, 사성 계급 모두 평등하지 않으면 안 됨을 석존이 매우 간절히 말했기 때문에 앗사라야나는 이에 크게 감동하여 불교 신자가 되었다고 전한다.

석존의 인격 존중과 계급 평등은 전술한 바와 같아서 불교의 출가 교단이나 재가신자 중에서는, 어떠한 계급이나 직업에 대한 차별 없이 마음을 깨끗이 하면 누구나 귀의할 수 있었다. 출가 교단 중에는 실제로 왕족이나 바라문족의 출가자가 많았다. 하지만 서민족의 사람들도, 또는 도살자나 고기잡이 등을 업으로 하는 하층의 선다라족도, 창녀나 극악하고 흉악한 도적 등도 그 마음만 있다면 불문에 귀의할 수 있었다.

불교 교단에서는 사성 계급의 출신자를 차별하지 않고 평등하게 받아들여서 일단 교단원이 되면 이전 계급은 소멸되고 모두가 법의 맛 하나만을 즐기는 평등한 존재로 여겼다. 그것은 마치 인도의 네 개의 큰 강물이 흘러 큰 바다로 들어가는 것과 같아, 모두 같은 소금맛이라고 하는 한 가지 맛만 내는 바닷물과 같다고 하였다.

이와 같이 불교에는 바라문교와 같이 가르침도 상류층의 세 계급에게만 설하고 최하층의 노예족에게는 절대로 설해서는 안 된다는 것이 없다. 오히려 고통스러워하는 하층민에 대해서 구제의 손을 내밀어야 한다며 사회의 모든 계층 사람들을 가르쳐 사회 전체가 평등하여 평화롭고 행복한 나라를 만들고자 하는 것이 불교의 염원이었다. 이를 위해서 석존은 모든 계급의 사람들이 이해할 수 있도록 그 지방의 민중이 평소 사용하는 용어로 불교를 설하도록 제자들에게 엄명했다.

석존이 활동한 지역은 갠지스 강 중류였지만 석존은 이 지방 일대의 민중이었던 고대 마가다국의 속어로 설법했다.

전하는 바에 의하면, 바라문족으로부터 불교 교단에 출가한 두 사람의 형제가 있었다. 그들은 학자이며 바라문의 지식 계급이었다. 그런데 이들은 이와 같이 훌륭한 불교의 가르침을 마가다어와 같이 문법적으로 정리가 안 된 속어로 가르치는 것은 불교의 존엄함에 손상되는 것이므로 꼭 바라문 성전과 같이 문법에 맞는 고급스러운 베다어로 설해 주기를 석존에게 청하였다고 한다.

석존은 이를 한 마디로 배척했다. 그러면서 불교는 상층의 지식 계급만이 이해할 수 있는 베다어^{범어}로 말해서는 안 된다. 필히 그 지방의 민중이 일상적으로 쓰는 속어로 전해야 된다고 하면서 다른 제자들에게도 이 취지를 철저히 지키도록 했다. 석존이 멸한 후 불교가 인도의 각 지방에 전파될 때에도 불교 경전은 꼭 그 지역의 민중 용어로 옮긴 것은 그러한 취지였으리라 짐작케 한다.

오늘날 스리랑카 · 미얀마 · 타이 등의 남방 지역에 전한 남방 불교의 경전류는 팔리어라는 옛날 인도어로 쓰여져 있지만, 이 팔리어는 석존이 말한 고대 마가다어와는 다소 다르다. 마가다 지방으로부터 불교가 서인도 지방으로 전파되는 과정에서 경전을 그 지방의 민중어로 옮기면서 그것을 팔리어라는 명칭으로 부르게 된 것이다. 또한 다른 지방에 전해진 불교 경전은 그 지방어로 전했다. 이상에 의해 불교가 얼마나 평등주의였고, 계급 차별을 부정했는지 알 수 있을 것이다. 하지만 이 계급 부정은 정통 바라문교를 중심으로 하는 인도의 사회 제도인 계급주의를 반대하는 것이었으므로 한 집단으로서 덩어리가 뭉쳐 있었을 뿐 실질적으로는 인도 전통사회 전반에까지는 스며들지 못했다. 따라서 불교 세력이 쇠퇴해짐과 동시에 불교는 인도 사회로부터 소외되고 말았다. 인도 불교는 13세기 이후로는 인도 본토로부터 그 모습을 전혀 찾아볼 수 없다. 이에 대한 가장 큰 원인은 바로 불교가 끝까지 내세운 계급 철폐 등의 성격 때문이었다. 이 점으로 볼 때 최후까지 사성평등주의를 바꾸지 않은 불교는 인도에서 명예로운 멸망을 자처했다고도 볼 수 있다.

셋째, 서로의 의견을 존중하는 민주주의

평등주의는 민주주의와도 통하는 개념이다.

불교는 원래 민주주의적이었다. 석존의 출가 교단의 운영 등도 결코 독단적으로 이루어지지 않았다. 반드시 대중의 의견을 모아서 운영했다. 이것은 불교 교단의 규칙을 모은 율장을 보면 알 수 있다.

교단 운영이 모두 민주적인 합의제였다 함은, 콘마작법이라는 문제를 심의 결정하는 의식에서 확인해 볼 수 있다. 이 콘마작법은 크게 백일(白一)콘마, 백이(白二)콘마, 백사(白四)콘마 세 종류로 나눌 수 있는데, 어느 것이든 모든 사람의 합의에 의해서 민주적으로 운영되었다.

최초의 백일白一콘마란 단백單白콘마라고도 일컬어졌는데, 이것은 의결을 필요로 할 때에는 대중에게 보고를 해서 이해를 얻는 작법作法이다. 백일白一의 백白은 보고, 고백의 의미로서 백일白一을 문자 그대로 풀어보면 '보고만을 한 번 하는 것'이란 뜻인데, 이때에는 별다른 상담 합의를 필요로 하지 않는다. 따라서 대중에게 '보고만을 한 번 하는 작법'을 백일白一콘마라 칭하는 것이다.

백이白二콘마란 문자 그대로 풀어보면 '보고하는 것을 두 번 하는 작법'이란 뜻이다. 이것은 먼저 그 사정의 취지를 한 번 보고한 다음에 그것에 대해서 가부의 자문을 한 번 더 한 후 그 회답에 의해 의결하는 경우이다. 이것은 그다지 중대하지 않은 사항을 합의할 때에 쓰이는데, 보고 한 번, 자문 한 번으로 두 번이 된다. 따라서 '보고를 두 번 하는 작법'이라 말하는 것이다.

백사白四콘마란 문자 그대로 풀어보면 '보고하는 것을 네 번 하는 작법'이란 뜻으로 아주 중대한 사항을 합의 결의하는 경우의 방법이다. 여기에서는 먼저 그 취지를 교단 전원을 모집하여 한 번 보고하고 설명한 후 그에 대한 가부 자문을 세 번 되풀이하여 반복한 뒤에 그 회답을 구해 의결하는 신중한 방법이다. 여기서는 보고 한 번, 자문 세 번으로 네 번이 된다. 따라서 '보고를 네 번 하는 작법'이라 일컫는 것이다.

불가에서의 의견 제기는 모두 이와 같이 합의제에 의해 결정되기 때문에 자기 마음대로 하는 것은 허용되지 않았다. 이는 비단 교단 내에서만이 아니라 일반 사람들에 대해서도 이 민주적인 형태가 추천되었다. 그 예로는 7불쇠법七不衰法의 가르침을 들 수가 있다.

7불쇠법이란 국가의 번영과 쇠퇴하지 않는 방법으로 석존이 왕지국의 왕족들을 위해 설한 7가지 방법을 말한다.

첫째, 나라를 다스리는 왕족들은 자주 만나 국사를 의논하여 운영할 것.

둘째, 사람들은 모여서 협력 단결하고, 일치 단결하여 일어나는 문제에 직면할 것.

셋째, 정해진 국가 법률을 존중하며, 마음대로 이것을 무너뜨리지 말고 법에 따라 바르게 행동할 것.

넷째, 경험이 풍부한 노인을 존경하며, 그 말씀에 귀 기울일 것.

다섯째, 부인이나 소녀를 폭행하거나, 거시기에 손을 집어넣는 행위를 하지 말 것.

여섯째, 예부터 내려오는 사원이나 종묘를 잘 유지하며, 전통적인 바른 제사나 공양을 끊이지 않게 할 것.

일곱째, 훌륭한 종교가에게는 경의와 보호를 더하여 외부로부터 그를 초청하며, 그들을 영토 안에서 편안히 지내도록 할 것.

이것은 국가 위정자들의 바른 행과 방법에 대해 말한 것으로 오늘날에도 그대로 통할 수 있는 민주주의적인 방법이다. 석존은 이 7불쇠법을 설한 후부터는 교단 사람들에게도 이와 같은 방법으로 교단을 운영해야 되고, 그리한다면 그 교단은 절대 쇠퇴하지 않으며 꼭 번성할 것이라고 했다.

이와 같이 석존의 가르침은 일반 사회와 교단에 대해서도 모두 평등주의적·민주주의적인 것을 이상으로 삼았지만 중국이나 한국, 일본에서는 이것을 철저히 실천하지 못하고, 심지어 봉건시대에 접어들면서부터는 그 국가나 사회의 변질된 모습을 따를 뿐이었다. 따라서 이러한 봉건적 불교로 발족한 구불교는 오늘날에도 자존하는 봉건적 요소 때문에 민주화를 쉬이 이루지 못하고 있다.

하지만 계속해서 살아남는 종교가 되기 위해서는 각자의 종파 운영이나 교화 방법에서 탈피하며 개혁하여 민주적이 되지 않으면 안 된다. 즉 석존의 불교는 전술한 것처럼 원래 민주적이었으므로 한국 불교도 종래의 방법을 고쳐서 불교 본래의 민주적 입장으로 복귀하면 된다. 하지만 이 개혁이 일어나지 않는 한, 예의 한국 불교와 이후부터의 한국 불교에서 벗어날 수 없음은 물론 또한 외국으로 진출하여 발전할 수도 없을 것이다.

3. 평화주의적

삶의 최후 목적은 평화와 행복을 얻는 것이다.

그럼에도 불구하고 오늘날과 같이 세계 평화에 등 돌린 채 평화와는

정 반대 방향으로 나아가는 시대는 일찍이 없었을 것이다. 요컨대 표면적으로는 자유와 혁신을 표방하면서도 실질적으로는 각기 독자적인 태도로 일관하거나 그 주의에 의한 평화를 주장하므로, 즉 평화의 내용이 달라 서로 양보하지 않으므로 거기에는 평화라는 것이 존재할 리 없다. 이는 단순히 국가나 민족의 관계에서만의 문제가 아니다. 한국에서의 정치 단체나 노사 관계, 종교나 사상가 등의 사이에서도 모두 같은 양상이다. 이것이 국제적으로도 갖가지 혼란의 원인이 되기도 한다.

이것을 해결하기 위해서는 전술한 인문주의적 입장이 필요하다. 이는 다른 생명이나 인격을 존중하며 계급 차별을 없애고 평등주의적 입장에서 한층 상대 의견을 존중하며 대화하는 민주적인 태도를 취하기 때문이다. 물론 여기에는 바른 판단과 합리적인 정신도 존재해야 한다.

결국 비판적 태도로서 민주적으로 합의할 때에 상대의 입장을 존중할 수 있는 관용 정신이 생기는 것이다. 석존은 이 점에 대해 더할 나위 없이 관용적이었음을 알 수 있다.

원시경전인 장경부^{長部經}의 『법망경』에 다음과 같은 이야기가 실려 있다.

석존은 5백 명의 제자들과 마가다국의 수도 왕사성으로부터 나란다로 향하고 있었다. 그때 외교^{外敎}의 출가 사문 숫비야라가 제자 부라후마닷타와 함께 석존이 가는 길을 같이 가고 있었다. 이때 스승 숫비야라는 석존과 그의 교단에 대해 거세게 공격했지만 제자인 부라후마닷타는 이와는 반대로 석존의 위대함과 교단의 훌륭함을 대단히 좋아했다. 두 사람은 서로 자기 주장을 굽히지 않았다.

그날 저녁, 석존은 앙바랏티이카라는 국왕의 유원지에서 머물게 되었는데, 마침 두 사람의 외교 사문도 같은 장소에 머물게 되었다. 그들의 의논은 불제자들에게도 퍼져 불제자들은 다음날 아침부터 외교사문의 의논에 대해 말하게 되었다. 이때 석존이 제자들이 있는 곳으로 와 왜들 그러느냐고 묻자 불제자들이 자초지종을 이야기했다. 그러자 석존은

"비구들이여, 다른 종교가들이 불타나 그 가르침, 교단을 비방한다고 해도 너희들은 그 때문에 마음 상하거나 슬퍼하며 원한을 갖거나 분개해서 화를 내지 마라. 비방에 자기의 마음을 상하거나 슬퍼서 괴로워하거나 화내며 울거나 하면 너희들은 마음의 평정을 잃고 바른 판단을 할 수 없게 된다. 만약 다른 사람이 우리를 비방하더라도 마음의 평정을 잃지 않고 '이와 같은 이유로 비방하는 것은 바르지 않을 뿐만 아니라 우리들은 그와 같은 사실이 없으므로 그것은 바른 것을 말한 것이 아니다'

라고 하여 그 비방이 잘못된 것임을 냉철히 고찰할 수 있어야 한다. 또한

다른 종교가가 불타나 그 가르침, 교단을 칭찬하는 일이 있다고 해도 그로 인해 너희들은 무리를 지어 이에 대해 좋아하고 즐거워하며 자기를 잊어서는 안 된다. 너희들이 무리를 지어 좋아하고 즐거워하며 자기를 잊어버릴 정도라면 그것은 이미 너희들의 마음에 평정을 잃어 바른 판단을 할 수 없음을 의미하는 것이다. 그러므로 다른 사람이 우리를 칭찬해도 마음의 평정을 잃는 일 없이 '이와 같은 이유로 받는 그러한 칭찬은 바르고, 우리들은 그와 같은 사실이 있으므로 그것은 참다운 것을 말한 것뿐이다'라고 하며 그 칭찬을 바른 사실로 간주하여 그를 인정하기만 하면 되는 것이다. 그렇지만

다른 종교가가 불타를 그렇게 칭찬하는 것은 표면적인 것에 지나지
않는다."
라고 하여 외교^{外敎}의 비방에 대해 관용적이며 이성적인 태도이어야
한다는 교훈을 남겼다.

또한 원시경전인 『우파리경』에는 자이나교 신자인 우파리와 석존
과의 문답이 실려 있다.

석존이 마가다국 나란다의 망고림에 머물고 있을 때의 일이다.
그때 자이나교조 마하비라도 제자들과 함께 나란다 시에 머물고 있
었다. 이때 마하비라의 제자인 장고행자가 나란다 마을을 탁발하고
돌아가는 길에 석존이 있는 망고림에 들러 석존과 업에 대해서 문답
을 주고받게 되었다. 그런 후 그는 스승인 마하비라가 있는 곳으로
가서 문답 내용을 스승에게 보고했다. 마하비라는 장고행자가 자이
나교의 설을 주장했다고 칭찬하였다.
옆에서 이 말을 듣고 있던 재가신자인 우파리는 만약 고타마가
업에 대해서 그런 논쟁을 펼친다면 자신이 가서 그와 상대를 해 보겠
노라고 스승인 마하비라에게 말했다.
이에 스승인 마하비라는 몇 가지 충고와 함께 그에게 토론을 하고
오라 격려해 주었다. 석존과 문답을 한 장고행자는 석존이 얼마나
위대한 인물인지 알고 있기 때문에 그것은 안 하는 것이 좋다고 거듭
충고를 했지만 우파리는 듣지 않았다.
우파리가 석존을 방문하여 장고행자의 문답 내용을 자세히 이야
기하자 석존은 우파리를 위해서 업에 대한 자이나교의 학설이 잘못
된 점을 구체적으로 여러 가지 예를 들어 분명하게 말했다. 그러자

석존의 가르침이 합리적이며 올바른 논리임을 명쾌하게 이해하고, 감격한 우파리는 그 자리에서 불교 신자가 될 것을 간청했다.

그러자 석존은 이렇게 말했다.

"거사여, 그대는 지금까지 자이나교의 신자였는데, 갑자기 불교로 개종하겠다고 하는 것은 깊이 생각해 보아야 한다. 이는 특히 그대와 같이 인지도 높은 사람에게는 더욱 그렇다."

우파리는 "세존이시여, 세존께서 저에게 깊이 생각해 보라 하시는데, 저는 그 말에 더욱더 세존을 존경하게 되었습니다. 만약 다른 종교가가 나를 자신의 제자로 삼았다면, 그들은 깃발을 세우고 나란다 시를 빙빙 돌며 '우파리장자가 나의 제자가 되었다' 하고 알릴 것입니다. 그러나 세존은 저에게 '더욱 깊이 생각하라. 경솔하게 행동해서는 안 된다'고 충고하십니다. 이와 같이 거룩한 세존의 너그러운 마음에 더욱 감격했습니다. 저는 다시 세존과 법과 스님께 귀의합니다. 그러니 저를 재가 신자로 삼아 주십시오"라고 간청했다.

부처님은 말했다.

"거사여, 그대는 오랫동안 자이나교에 대한 공양의 공로가 컸으므로 자이나교도가 탁발하러 오면 앞으로도 지금까지 한 것과 똑같이 보시 공양을 계속 해야 된다."

우파리는 외교外教에 대해서도 석존의 사려 깊은 관용에 한층 더 감동했다. 그래서 다음과 같이 말했다.

"세존이시여, 저는 지금까지 '고타마^{붓타}는 자기에게 베풀고, 다른 사람에게 베풀면 안 된다. 나의 제자에게만 보시하고, 다른 제자에게 보시해서는 안 된다. 자신과 자신의 제자에게만 보시하면 좋은 과보가 있고, 다른 스승이나 제자들에게 보시하면 좋은 과보가 없다'라며 가르친다고 들었습니다. 그러나 그 말은 크게 잘못된 것입니다. 그래서 저는 거듭 세존과 법과 스님들께 귀의합니다. 어떻게든 저를 재가

신자로 삼아 주십시오.”

우파리는 불교 신자가 되었지만 석존의 충고에 따라 자이나교의 사람들에게도 종전과 같이 보시 공양을 계속했다.

전술한 이야기에만 귀 기울여도 석존이 얼마나 관용적이고 풍부한 정신세계를 가지고 있었는가를 충분히 가늠할 수 있을 것이다. 석존은 항상 “사회는 나와 싸움을 해도, 나는 절대로 사회와 싸우지 않는다. 법을 말하는 자는 사회의 어떠한 사람과도 싸워서는 안 된다”라고 했다. 이는 불교의 다툼 없는 삼매라 하는 것으로 불교의 무아·공·중도와 같으며, 비판적 관용주의를 이야기하는 것이다.

이러한 석존의 근본 취지가 후세의 불교에도 전승되어, 세계 인류사 중에서 불교와 같이 남과 다투지 않는 관용적인 입장을 취한 종교를 다른 종교에서는 결코 찾아볼 수 없다. 이렇듯 불교는 믿음 때문에 자기 스스로 전쟁을 일으킨 적은 2,500년의 역사 속에 단 한 번도 없다. 이에 반해 서양 종교와 이슬람교 교리는 자신들의 신앙에 대해서는 참으로 열심이고 충실하지만, 다른 종교 신앙에 대해서는 이교·사교·사탄이라 하면서 절대로 인정하지 않아 관용이 존재할 수 없다.

하지만 오늘날의 세계는 더욱더 가까워졌고, 세계 인류는 한 가족과 같이 좋은 사이가 될 때가 왔다. 그러려면 다른 신앙은 절대 인정할 수 없다는 편협된 태도는 버려야 할 것이다.

불교에서는 전 세계를 통일하는 왕으로서 전륜성왕을 이야기하는데, 그는 무기가 아닌 덕으로 세계를 정복하여 통치한다고 알려져 있다. 또한 아쇼카왕은 무기에 의한 살육의 전쟁이 얼마나 비참한

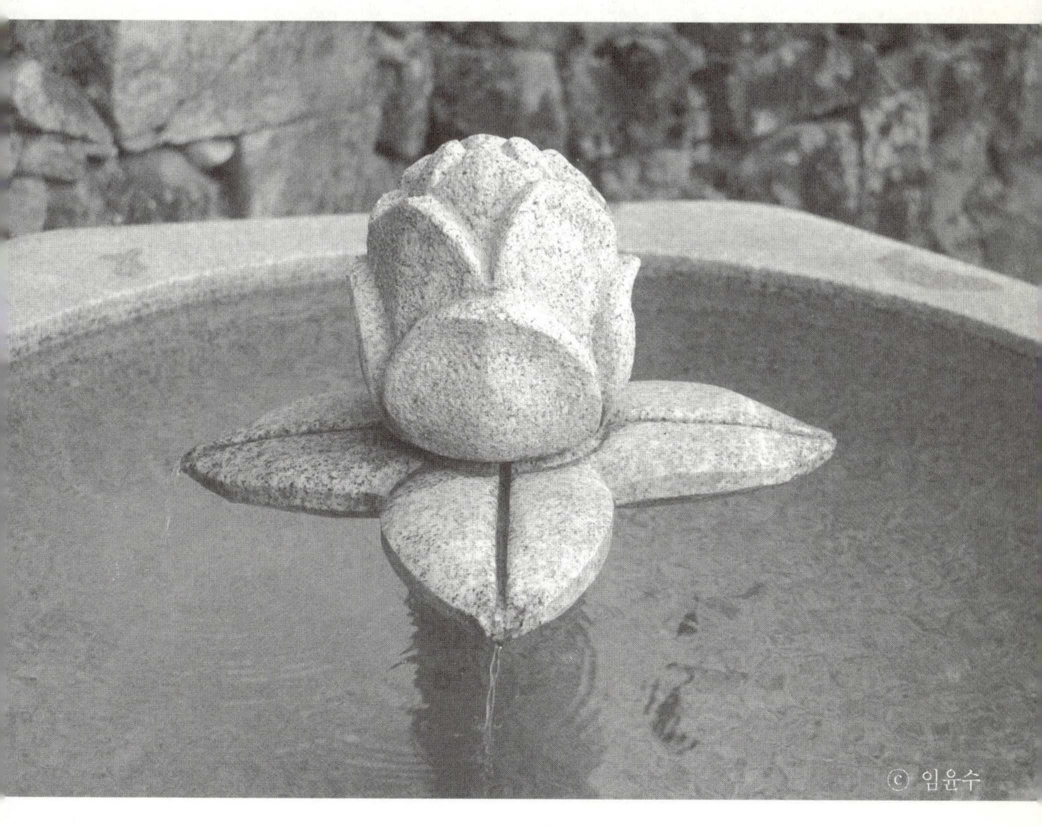

결과를 가져오는가를 경험하고 괴로워할 때 불교의 가르침을 듣고 그 신앙에 귀의함으로써 마음의 상처를 치료했다. 그래서 그는 치료에 있어서도 모든 정신적인 것은 법을 표준으로 삼아야 한다며, 일생을 법의 선전과 실천하는 데에 몸을 바쳤다.

그는 불교에서 말하는 전륜성왕을 이상으로 여겼으며, 무기에 의한 승리보다는 법에 의한 승리가 최상의 승리라고 했다. 그런 맥락에서 보면 간디의 무저항주의도 불타의 평화주의 정신에 따른 것이라 할 수 있다.

아쇼카왕의 법의 선포로 인해 그때까지 인도 일부분에 국한되어 있던 불교가 한때는 인도 국내는 물론 당시 불교를 알고 있는 전 세계로 전파되었다. 결국 인도의 불교가 세계의 불교로서 발전하는 기초가 되었다고 할 수 있다. 이는 불교가 보편 타당한 법을 가지고 있으며, 그것이 중심이 되므로 불교는 비판주의적·인문주의적·평화주의적인 세계 종교로서의 요소를 완전히 구비하고 있는 것이다.

따라서 오늘날 또는 이후에도 세계 인류의 이상적 종교로서 필요한 조건은, 전술한 바와 같이 비판주의·인문주의·평화주의가 들어 있어 실천할 수 있는 종교가 되어야만 한다.

제2장
불교는 인간학

오늘날의 물질 문화는 하루가 다르게 풍요로워짐과 동시에 인간에게 더욱 편리한 방향으로 변화하고 있다. 하지만 지나친 치우침은 고요한 마음을 가질 여유가 없음은 물론 문명의 이기에 휘말려 인간의 자주성을 상실하게 되는 위기에 놓이게 되었다.

이는 스스로 만족할 수 있는 자주성을 얻지 못하므로 오락이나 향락에 빠져 주위는 아랑곳하지 않게 되고, 가족주의적 레저를 즐기거나 개인주의에만 깊이 빠져 사회나 인생 문제에 대해서는 진지하게 생각하려 하지 않는다는 것과 같은 의미이다.

그렇다면
참다운 평화란 무엇인가? 이는 사람들이 나 자신을 성찰하고, 더불어 나와 사회, 인생 본래의 모습을 바로잡는 것인데, 이러한 부분이 여의치 않을 경우 이상 사회의 건설은 그야말로 요원한 일이 아닐 수 없다.

특히 현대 사회는 경쟁이나 투쟁이 극으로 치닫고 있어 늘 불안하다. 이러한 가운데 현대를 살아가는 불교적 인간에 대해 한번쯤 생각해 볼 필요가 있다.

불교는 인간학이다. 즉 종교 그 자체로 인간을 고양시키며, 그로 인해 사람들의 마음에 평화를 심어 주는 것이다. 여기서 마음의 평화란 종교는 아편이다라는 말과 같이 단순히 인간의 이성을 혼동시켜서 물질·경제 등 주위 환경은 아랑곳하지 않고 자신의 마음만을 만족시키는 것으로 끝나는 것이 아니다. 참된 행복은 개인의 정신이나 육체적인 만족만이 아니라 사회 환경, 즉 정치·경제 등도 원만히 이루어질 때 비로소 얻어지는 것이기 때문이다.

인간은 사회적 동물이다. 따라서 인간의 행복이란 개인의 정신·육체·물질 등의 만족만을 취하는 것이 아니다. 사회적 환경, 이를테면 좁게는 가정·직장·학교 등을 비롯하여 넓게는 국가로부터 국제 사회에 이르기까지 문화·예술·정치·경제 등의 모든 면에 있어서 조화나 협조를 이루지 못하면 진정한 평화는 바랄 수 없다.

인간이 애정·증오, 화합·투쟁 등으로 인해 즐거워하거나 괴로워하는 것은 이와 같이 복잡하면서도 구체적인 사회 환경 속에서 살기 때문이다. 이런 의미에서 인간학이란 개인적·사회적인 모든 작용에 의해 이루어지는 인간 형성에 있어서 '인간은 어떻게 존재할 것인가' 그래서 '인간은 어떻게 살아가야 하나'를 되새겨보고, 그에 따라서 행동하는 것이라고 할 수도 있다.

불교란 모든 인간의 삶을 기초로 '인간은 왜 존재하는가'를 바로 안 후 그로부터 '인간은 어떻게 살아가야 하나'라는 사회와 인생에 대한 이상을 찾은 후 그 이상을 향해 나아가는 것이다. 따라서 더 넓은 의미에서의 불교는 인간학이라고 할 수 있다.

인간학으로서의 불교는 좁은 의미의 종교만이 아니다. 인간인 이상 누구나 그렇게 되지 않으면 안 되는 것을 말하는 게 불교이다. 여기에 군이 종교나 불교라는 말을 사용하지 않아도 좋다. 동서 고금을 통해 인간이 인간으로서 지키지 않으면 안 될 규범을 불교에서는 예부터 법^{다르마}이라 일컫고 있다. 이런 의미의 규범으로서 불교와 역사상에 나타난 예를 들면 아쇼카왕을 꼽을 수 있다.

아쇼카왕은 기원전 3세기 중반 인도를 통치한 국왕으로, 인도의 5천 년 역사 중에 영국이 인도를 지배한 경우를 제외하면 가장 넓은 영토를 통일시킨 통치자이다.

아쇼카는 왕자 시절 포악한 아쇼카라고 불릴 정도로 더없이 거칠었다. 그는 아버지가 돌아가시자 형제들을 죽이고 왕위에 오른다. 하지만 그 포악한 왕이 돌연히 마음을 돌려 '정법의 아쇼카'라 불리게 된 계기가 있다. 그의 재위 8년, 카린가국 침략을 감행한 전쟁에서의 일이 그것이다. 카린가국 침략은 강한 저항 가운데 격심한 전투로 이어졌다. 실로 엄청난 규모의 전쟁이었다. 여러 사상자와 포로들의 모습에서 포악한 아쇼카왕은 전쟁의 잔인함에 강한 충격을 받는다. 또한 이 비극의 책임이 자신에게 있다는 죄책감으로 엄청난 고민에 휩싸인다. 아쇼카왕은 고민을 해결하기 위해 당시의 모든 종교, 예컨대 바라

문교나 자이나교를 비롯하여 여러 철학가들을 찾아가 가르침을 청하
였지만 고뇌를 해결할 수가 없었다. 그러던 중 마침내 불교의 한 고승
과 만나게 된 왕은 그에게서 불교의 가르침을 받은 후 처음으로 마음
의 평온을 찾게 된다. 비로소 불교의 가르침이 얼마나 참된 것인가를
알게 된 왕은 그 후 돈독한 불교 신자가 된다. 물론 아쇼카왕이 처음부
터 불교를 몰랐던 것은 아니다. 실제로 그는 젊었을 때부터 불교의
존재는 알고 있었지만, 구하는 마음이 없었기 때문에 그 참다움을
알지 못했던 것이다.

불교의 가르침에 매료된 아쇼카는, 처음에는 그냥 열심히 믿는 재가
신자로서 가르침에 다가갔지만 무엇이든 철저히 행하지 않으면 직성
이 풀리지 않는 성격 탓에 재가의 몸으로는 충분히 배우거나 수행이
되지 않는다는 이유로 절에 들어가 본격적으로 수행을 하게 된다.
아쇼카는 이렇게 1년 정도 철저한 수행 생활을 한 것으로 전해진다.
그리고 그로 인해 불교의 세계관이나 인생관을 바르게 알고, 불교의
깨침을 얻어 흔들림이 없는 신심을 확립하게 된다. 요컨대 불교란
어떤 것이라는 것을, 이론만이 아니라 실질적으로 실체를 체득한 것이
다. 그에서 얻은 것이 법^[다르마]이라 부르는 인간학으로서의 규범인
것이다.

아쇼카가 이해하고 체득한 것은, 사회·인생의 참 평화란 무기나
군대에 의한 통치로 인해서 얻어지는 것이 아니라 법에 의한 덕을
토대로 하는 정치에 의하지 않으면 안 되는 것이었다.

세계 평화를 위해서 법을 세계 속으로 전파하는 것이 자신의 삶의
최대 임무이자 책임이라고 생각한 아쇼카왕은, 먼저 자기 주변의 인물
인 왕비·왕자를 비롯한 대신 등에게 법을 설하였으며, 이것을 일반

인에게도 보급하도록 했다. 즉위 12년에는 지방 장관을 비롯한 세무관·사법관에게 명해 법의 취지를 일반인에게 철저하게 알리도록 했으며, 아쇼카는 전국을 5년에 한 번씩 직접 순회했다. 하지만 이것으로도 만족하지 못한 그는 법을 구체적으로 설해서 칙문으로 국내 각지의 바위에 새겨 반포하게 했다. 또한 법을 더욱 넓히기 위해 전문직인 법대신法大臣을 두고, 전국 각지 또는 왕과 교류하는 그 당시 전 세계에 그들을 파견하여 모든 인류가 법의 은혜를 입을 수 있도록 했다.

이와 같이 아쇼카왕은 모든 수단을 동원하여 많은 사람에게 법을 알림은 물론 법의 이치에 맞는 생활로 인해 전 세계가 행복하고 평화로운 이상 사회가 구현되도록 힘썼는데, 이를 위해 왕은 모든 노력과 재력을 아낌없이 쏟아 부었다. 이러한 과정은 그의 생애를 통해서 계속된다. 이때 아쇼카왕이 '법'이라고 한 것은, 불교 신자에게는 불교의 가르침이 되지만 더 넓은 의미에서의 이 법은 다른 종교의 신자도, 종교 신앙을 갖지 않은 자도, 싫어도 인간인 이상 누구나 지키지 않으면 안 되는, 말하자면 인간으로서 지켜야 할 규범이기도 한 것이다.

오늘날 인도 안팎의 여러 곳에서 발견되는 '아쇼카왕 법 칙문勅文'은 큰 바위나 수십 미터나 되는 석주에 곱게 다듬어 새겨져 있는데, 그곳에 새겨진 기록을 보면 다음과 같다.

바르고 깨끗한 생활을 하고, 그 마음은 부드럽고 선량하여 부모나 은사에 대해 유순하고, 친구·지기·친족·종교가 등에게는 봉사하며 협력을 아끼지 말고, 일반의 생명 있는 것에는 자비와 애호의 마음을 가지고 이를 살생하지 말며, 항상 진실을 말하고 거짓말을 하지 말라.

아쇼카왕에 의하면

국왕은 백성의 은덕으로 생활 자원을 얻고 있기 때문에 국왕은 백성에 대해서 큰 책임이 있다. 그런 백성에게 국왕은 부모와 같은 존재이므로 왕은 모든 백성을 부모가 자식 대하듯 자애로서 대하고, 항상 국민의 복리를 먼저 생각해야 한다. 만약 국가 정책에 대한 보고를 벼슬아치한테 받아야 할 일이 있으면 왕은 시간과 장소에 구애됨이 없이 그를 불러 보고 받을 수 있어야 한다.

불교 이전의 인도 사회는 복잡한 계급 제도가 있었는데 이 계급 제도에 의해 하층민이나 노예들은 인간적인 대우를 받지 못했다. 그들에게는 가장 높은 계급의 사람들과는 식사나 혼인도 허용되지 않았고, 상층 계급의 종교인 바라문교는 믿는 것조차 금지되었다. 실제로 이 풍습은 오늘날까지 이어지고 있는데, 이에 반해

불교에서는 이와 같은 계급 차별에 반대하며, 모든 사람을 평등하게 보고, 평등하게 믿을 수 있는 가르침을 펼치기도 하였다.

아쇼카왕도 불교의 법에 따라서 불교적 입장을 취하고 있다.

법은 모든 인도인, 모든 인류에게 선포하여 철저하게 하지 않으면 안 된다. 또한 인간뿐만 아니라 모든 동물, 모든 생명을 존중하고, 이것을 애호하지 않으면 안 된다.

이러한 법을 토대로 아쇼카왕은 길가에 나무를 심고, 사람이나 동물을 위해서 일정한 간격을 두어 쉴 곳을 만들고 우물을 팠는데, 이는 모든 인간이나 동물이 동등하게 자유롭게 놀면서 먹을 수 있도록 한 배려에서 행해진 일이었다.

또한 나라 안팎에 병원을 세워 환자를 수용하고, 약초를 재배한 후 그 씨앗을 얻어 국내는 물론 국외로까지 보내, 인간이나 동물의 병으로

인한 고통을 덜도록 노력했다. 아쇼카왕이 교류한 나라는 그리스령 모든 지방에까지 미쳤는데, 이는 당시로서는 전 세계를 의미하는 것이었다.

아쇼카왕은 불교에 대해서는 특별한 귀의 신앙을 보였다. 하지만 그렇다고 하여 다른 종교를 배척한 것은 아니다. 실제로 그는 다른 종교에 대해서도 평등하게 보호하여 믿음의 자유를 보장함이 그것이다. 왕의 법칙문 가운데에는 불교도에 대한 것과 일반인에 대한 것이 있다. 일반인에 대한 법칙문에는, 불교에 관해서는 전혀 삽입하지 않았지만 내용은 불교적으로 일반인도 생활 규범으로 실천할 수 있게 되어 있어, 이는 오늘날까지 통용될 수 있는 법이기도 한 것이다.

실제로 한 석주에는 아쇼카왕이 말한 것으로 전해지는 "법에 의한 승리야말로 최상의 승리이고, 법의 기원祈願이야말로 최상의 기원"이라는 글귀가 기록되어 있다.

아쇼카왕은 법과 함께 종교로서 불교도 국내외에 전파하기 위해 그때까지 인도라는 지역에 한정되었던 법의 사절을 외국에까지 전파하게 하여 인도 불교가 세계 불교로서 발전하는 기초가 되게 하였다. 이렇듯 불교가 동서 남북 모든 지방에 전파된 것은 아쇼카왕의 노력의 결과이기도 하다.

전술한 바와 같이 아쇼카왕의 법도 불교의 법을 나타낸 것이다. 하지만 그것은 부처님의 가르침에 한정되는 것이 아니라 널리 인간이 지켜야 할 규범을 총칭하는 것으로 결국 불교는 법으로서 인간학이라 할 수 있다.

제 3 장

불교에는 편견이 없다

불교는 법法을 중심으로 한다. 이 법은 종교로서 불교만이 아니라 종교와 관계없어도 또한 원치 않아도 인간인 이상 지켜야 하는 규범을 포함하는 의미이다.

불교에서의 법이란 왜 존재하는가, 어떻게 존재할 것인가라는 세계관·인생관을 말하는 것으로, 당연한 것을 당연하게 말하는 것에 지나지 않는다. 이는 마치 사람이 공기 속에 살고, 물고기가 물 속에 살면서 공기나 물을 특별히 의식하지 못하고 당연한 것으로 여기고 있다가 잠시나마 공기나 물에서 벗어나서야 그것의 소중함을 느끼게 되는 것과 같은 이치이다. 우리들의 생활 역시 법에 준해 순조롭게 생활할 때 비로소 그 사회·인생은 저항이나 반발을 받지 않으며, 투쟁이나 반목을 일으키는 일없이 평화롭게 지낼 수 있다. 만약 이 법이 행해질 수 없거나, 사람들이 이에 대해 부정적인 생각을 갖거나 반항적인 행동을 하게 되면, 곧 사회·인생은 혼란에 빠지게 될 것이다.

이와 비슷한 맥락에서 인간의 괴로움이란 우주의 이치에 어긋나는 개인 집착에서 오는 고통이다. 요컨대 불교에서 말하는 법이란 공기나 물과 같이 평소에는 특별히 느끼지 못하지만, 우리의 생활에 있어서 없어서는 안 되는 것을 말한다고 할 수 있다.

이 법은 불교라는 이름으로 불리지 않아도 법만 포함되어 있다면 그것이 설령 다른 종교이거나, 혹은 종교와 관계없는 것이라 해도 무방하다.

법은 이데올로기도, 어떤 주의도 아니다. 따라서 불교 역시 하나의 주의나 이데올로기를 세우지 않고도 중도주의라든가 비판주의로 부를 수 있다. 이는 하나의 입장만을 주장하는 게 아니라 어느 쪽의 입장에도 치우치지 않는다는 의미이기도 하다.

이에 대해 불교란 무원칙주의, 회의주의라고 비난할지 모르지만 이는 절대로 무원칙주의나 회의주의가 아니다. 불교에는 소극적인 표현이 많아 오해의 소지가 많다. 마찬가지로 소극적이라는 것의 의미 역시 법이란 개념이 원래 독단적인 생각에 대한 부정이나 비판에 의한 것이기도 하므로 그렇게 거론될 수 있는 말이다.

또한 불교의 주된 학설에 나오는 무상無相·무아無我·공空·무無 등의 부정적이며 소극적인 단어 역시 불교를 오해케 하는 요인 가운데 하나이다. 모든 것을 비판하고 부정하여 '이것도 아니다' '저것도 아니다' 하면서 최후에 존재하는 것, 그것은 당연히 법이다.

사실 법이란 분명한 것이다. 그러나 오직 깨친 자만이 그 분명함을 알 수 있기에 그 분명함을 알고 있는 자는 극히 드물다. 실제로 불타인 석존에 의해 법이 열리기 전까지 인도는 대부분의 철학이나 종교의 가르침이 모두 잘못되었거나 불완전한 상태였다. 그러던 것이 석존에 의해 하나 하나 검토되고 입증된 것이다. 요컨대 이전의 편견과 이데올로기에 사로잡혀 있던 철학이 석존에 의해 철저히 비판되고 검증된 것이 바로 불교의 법인 것이다.

불교에서는 잘못된 생각을 견見이라 일컫는다.

이 잘못된 생각은 간단히 말해 독단주의로서 악견惡見이나 선입견·편견을 지칭하는 말이기도 하다. 불교에서는 불타 당시의 철학자나 종교가들이 주장한 여러 가지 학설을 62종으로 모았으며, 이것들이 모두 악견에 속한다는 의미로서 62견이라 부르고 있다. 62견에 대해서는 원시경전인 『범망경』에 상세히 기록되어 있어 불타에 의해서 그 모든 것이 설해졌음을 증명한다. 하지만 그 말이 매우 복잡하기에 여기서는 간단히 정리해서 알아보도록 한다.

당시의 철학자나 종교 사이에서 문제화 됐던 이론·학설의 실천 방법은 다음과 같이 크게 셋으로 나눌 수 있는데, 첫째 본체론적 존재의 문제, 둘째 현상적 사상事象의 생멸 변화에 대한 움직임의 문제, 셋째 이상 달성을 위한 실천 수도의 문제가 그것이다.

1. 본체론적 존재의 문제

본체론적인 존재의 문제는 '현상 속에 존재한다고 하는 본체나 실체는 어떠한 것인가? 그것은 마음인 영혼인가, 물질인 육체인가?'를 다루는 문제이다. 이를 서양 철학적으로 말하면, 첫째 유심론, 둘째 유물론, 셋째 물심이원론 또는 다원론으로 설명할 수 있다. 그 뒤로 본체의 존재를 의심하거나 그것을 아는 것은 불가능하다는 회의론이나 가히 알 수 없다는 불가지론^{不可知論}도 대두하게 되었다.

유심일원론

바라문교는 인도의 정통파로 유심일원론^{唯心一元論}과 물심이원론^{物心二元論}을 주장한다. 유심일원론은 다시 이론적으로 유심을 최고의 원리로 한 것과 실천적 유심을 최고신으로 세우는 두 가지 종류로 나눌 수 있다.

학설에 의하면 우주·인생에는 우주를 지배하고, 우주에 가득한 정신적 최고 원리로 브라만^{〔梵〕}이 존재하고, 이것에 호응하여 개인에게도 주체적 원리가 되는 아트만^{〔我〕}이 존재하는데, 브라만과 아트만은 본질적으로 별개의 것이 아니라 같은 최고의 원리에 귀착하는 존재로 여겨 범아^{梵我}가 하나라는 것이다.

이는 초기 우파니샤드의 학설이다. 다음의 최고신인 실천적 유심론은, 예부터 오늘날에 이르기까지 일반 민중의 유신적^{有神的} 신앙을 보이고 있다. 이에 의하면 우주·인생을 창조하고 지배하는 유일의 최고신이 신앙의 대상이 된다. 불타 당시에는 최고신으로 범천^{梵天}을 내세웠지만 시대의 흐름과 함께 최고신의 이름 역시 변하게 되었다. 자재천^{自在天}이라 불리던 것이 오늘날 힌두교에서는 시바파에 의해 시바가 최고의 신이고, 비슈누파에 의하면 비슈누가 최고의 신으로 되어 있음이 그것이다.

물심이원론^{物心二元論}

  앞의 유심일원론에서 본체에 대해 설명했지만 '본체로부터 구체적인 현상이 어떻게 전개되었는가, 본체의 현상과의 관계는 어떻게 되어 있는가' 등에 대해서는 구체적으로 언급한 바가 없다. 따라서 이 결함을 보충하기 위해 중기 이후의 우파니샤드에서는 정신적·물질적 두 가지 원리를 본체로 인정하고, 물심이원론을 말하였는데, 이 이원론이 발달하여 다음시대의 상기야파^[수론파(數論派), 이론파(理論派)]나 요가파^[유가파(瑜伽派), 실천파(實踐派)]의 학설이 된 것이다.

  이 이원론에 의하면 우주에는 순수한 정신 원리로서의 퓨루샤^[我神]와 물체나 마음의 현상 세계를 전개하는 물질적 원리로서 푸라쿠리티^{自性 또는 제1 원인}에 근본적으로 두 가지 원리가 있다는 것이다. 이 가운데 퓨루샤는 순수 정신으로 관찰만을 행하므로, 능동적이며 적극적인 작용은 전혀 행하지 않는다. 반면 현상을 움직이는 능동적·적극적인 작용을 하는 것을 푸라쿠리티라 일컫는다. 이 푸라쿠리티와 세 개의 요소가 평형^{平衡}을 잃고 혼란스러워질 때 먼저 미세한 정신 현상을 일으키고, 차차 아욕^{我欲}·집착 등 거친 정신 작용을 전개하면, 그것이 더욱 지각·감각 등의 작용, 기관^{器官}으로부터 육체, 물질로 전개되는데, 여기서 모든 현상 세계가 나타나게 되는 것이다.

다원론^{多元論}

  이상의 일원론이나 이원론이 바라문교에서 총칭되는 정통파의 학설이라면, 다원론은 이 정통파에 대립하는 샤몽이라 칭하는 비정통파에서 주장하는 학설이다. 바라문교가 바라문교 계급의 사람들의 것이라면, 비정통파인 샤몽은 바라문교 이외의 왕족, 서민들에 의한 것이다. 불타 당시의 샤몽으로서 유명했던 것으로 육사六師가 있다.

육사는 푸라나카사파Purana Kassapa 마칼리고살라Makkhali Gosala, 산자야벨라지푸타Sanjaya Belattiputta, 아지타케사캄발라Ajita Kesakambalin, 파구타카자야나Pakudha Kaccayana 니간타나타푸타Nigantha Nataputta의 여섯 명으로, 제각각 여러 문인이나 신자를 옹호하고 가르치며 실천 수도하는 것을 지도했다.

이 육사의 끝이 바로 자이나교 교조 마하비라인데, 자이나교는 석존 당시 불교 다음으로 세력을 넓혔으며, 그런 탓에 계속 세력을 유지할 수 있어 오늘날에 이르고 있다. 지금도 이 종교는 불교와 같이 인도 본토에서 소멸되지 않고 폼페이를 중심으로 2백만 명 정도의 열렬 신자들을 가지고 있다. 그런데 석존도 자이나교 교조와 같이 왕족 출신이며, 비정통적 학설을 주장했기 때문에 불교 교단에서는 그를 샤몽이라 불렀고, 때문에 석존은 일반 사람들로부터 샤몽·고타마라고 불리기도 했다. 이때의 고타마란 석존의 성을 의미한다.

비정통 학설로서 다원론에는 유물적인 다원을 말하는 것과 물질과 마음 양자를 다원이라고 일컫는 것이 있지만, 이들 모두 물질이나 육체와 함께 정신도 물질적인 것에 비중을 두었기 때문에 이로부터 육사 등의 비정통파는 유물론적인 것으로 볼 수 있다.

순수 유물론을 주장한 이로 육사 중에 아지타케사캄발라를 꼽을 수 있다. 그는 물질적 4원소만을 실체로서 인정했다. 물질과 마음을 내세우는 다원론에는 파구타카자야나의 7요소설·마칼리고살라의 12요소설·니간타나타푸타자이나의 5실체설 등이 있다.

유물론

유물론은 후대까지 전승된 것으로 일반적으로 로카야타[順世派] 혹은 찰바카[主張者名]라는 이름으로 불리고 있다. 아지타케사캄발라에 의하면 우주·인생의 궁극적 존재는 물질로서 지·수·화·풍의 4원소뿐이다. 즉 우리의 육체는 지·수·화·풍의 네 가지 원소로 되어 있고, 마음이나 영혼도 이 육체 위에 나타나는 거짓된 존재에 지나지 않는다는 것이다. 따라서 영원 불멸의 실체로서의 존재는 지·수·화·풍의 물질적 요소뿐이다.

우리는 이들 네 가지 원소의 결합에 의해 이 세상에 육체를 가지고 태어나지만, 육체의 생명이 다하면, 그와 동시에 정신과 육체도 단절되고, 매장에 의해서 지·수·화·풍으로 분해되며, 각각의 요소로 환원되는 것이다. 이는 시체를 화장하는 경우도 마찬가지이다. 이 입장에서 보면 정신은 육체 이외에는 존재하지 않으며, 인간은 육체의 죽음과 함께 단절되어 사후 세계는 전혀 존재하지 않는 것이 된다. 이를 단멸론斷滅論이나 단견설斷見說이라 일컫기도 한다.

이 단견설에 반해 앞의 정통파에서 말하는 태어남도 없고 멸함도

없이 영원하다는 영혼설을 **상주론**常住論이나 **상견설**常見說이라고 하는 데, 이때 상견설이란 정신이나 영혼의 실체를 시작도 없고 끝도 없이 영원히 존재하는 것으로 보는 것이다.

7요소설七要素說

다음으로 파구타카자야나의 7요소설이란 우주·인생을 구성하고 있는 것은 지·수·화·풍·낙樂·고苦·영혼靈魂이라는 일곱 가지로 태어남도 없고 멸함도 없는 영원한 실체라고 보는 것이다. 이에 의하면 만약 사람이 칼에 베어 죽었다고 해도, 그것은 칼이 육체의 모든 요소 사이에 끼어 있는 것뿐으로, 7요소에는 어떠한 변화도 일어나지 않는 것이 된다. 즉 정신적으로 보는 것도 낙·고·영혼도 물질적으로 생각하는 것이다.

12요소설十二要素說

마칼리고살라의 12요소설은 앞의 7요소설에 공空간·생·사·득·실의 다섯 가지 요소를 더한 것이다. 이 중에서 공이란 물질을 넣는 공간이고, 생이란 생물·무생물 등의 모든 현상이 생生하게 하는 힘으로서의 원리이며, 멸이란 모든 현상을 멸하게 하는 힘으로서의 원리이다. 또한 7요소에서도 말한 바와 같이 낙이나 고는 마음을 즐겁게 하거나 괴롭게 하는 원리이다.

낙·고·생·사·득·실이 실체화되는 까닭은 정통파의 바라문교에서는 정신적 생명적 실체로서 브라만〔梵〕이 모든 현상의 생멸 변화의 원인이 되어 모든 현상은 브라만의 지배에 의해서 목적적·유기적으로 움직인다고 본다. 반면 비정통파인 샤몽의 학설에서는 실체로서의 물질이나 마음은 그 자체에서 유기적으로 움직이지 않는데, 거기에는 목적적 생명이 없기 때문이라는 것이다. 요컨대 물질이나 마음을 움직이며 현상으로서 변화를 일으키는 것은 물질이나 마음 이외의 낙·고, 생·사, 득·실이라는 원리적 힘이 있는데, 이들의 원리가 실체로서 독립하는 존재인 것이다. 따라서 모든 현상의 움직임은 이와 같이 낙·고, 생·사, 득·실 등의 원리에 의해 기계적으로 일어나는 것으로 설명될 수 있다.

전변설轉變說과 적집설積集說

정통파에서는 현상의 움직임을 정신적으로 최고 원리 또는 최고 신이 일으킨 주체적·유기적인 생활 활동이라고 보는 반면 비정통파에서는 현상의 움직임을 타율적·비생명적인 기계적 생활에 지나지 않는 것으로 본다. 전자를 전변설生命展開說이나 인중유과론因中有果論 : 원인 속에, 그것으로부터 전개해야 할 결과가 포함되어 있다고 하는 자율적 유기설이라 부르는 것에 반해, 후자를 적집설生命이 없는 것의 多元의 集合說이라든가 인중무과론원인 속에, 그것으로부터 전개해야 할 결과는 포함되어 있지 않는 타율적 유기설으로 부르는 까닭은 바로 이러한 이유 때문이다.

결국 브라만의 정통파에서는 원인의 실체로 인해 브라흐만이나 자성 속에 스스로 전개하면서 현상을 만들어 내는 작용이 원천적으로 포함되어 있다고 보는 반면, 비정통파에서는 물질이나 마음의 본체 자신에는 현상 전개의 원인은 포함되어 있지 않고, 낙·고·생·사·득·실 등이 서로 연결된 원리적 작용에 의해 모든 요소가 모이고 흩어지면서 기계적으로 행해져, 이것에 의해 현상의 생멸 변화가 일어난다고 보는 것이다.

5실체설五實體說

최후의 니간타나타푸타, 즉 자이나교의 5실체설도 7요소설이나

12요소설과 같은 경향이다. 5실체란 우주의 근본 원리로서, 영혼·물질^{지·수·화·풍}·공간·운동 원리·정지 원리의 다섯 가지를 말한다. 비정통파의 학설로는 불교 이외에는 자이나교의 교리에서 가장 상세히 전하고 있다.

6구의설六句義說

후세에 들어서면서 정통파 중에서도 자이나교 등의 영향을 받아서 적집설積集說을 채용하는 파가 나타났다. 6파 철학 중에서도 바이세시카파〔승론파(勝論派)〕가 그것이며, 또한 니야야파〔정리파(正理派)〕도 그에 따랐다. 승론파는 근본 원리로서 실〔실체(實體)〕·덕실의 속성·업실의 작용·동〔同 : 상위개념(上位概念)〕·이〔異 : 하위개념(下位概念)〕·화합〔실덕업(實德業)의 화합된 원리〕의 6구의실체에 지地·수水·화火·풍風·공空·시時·방方·의意·영혼의 9종을 더하고, 제2의 덕구의德句義에는 17종의 속성 원리를 세운 것과 같이 더없이 상세한 학설을 수립했다.

회의설懷疑說

이상이 일원론·이원론·다원론 등에 관한 설명이라면, 그 밖에 당시 여타의 비정통파 중에는 전술한 모든 설을 부정하며 그러한 단정적 판단은 성립될 수 없다는 회의론이나 불가지론不可知論을 주장하는 이도 있었는데, 6사 가운데 산자야벨라지푸타가 그에 속한다. 하지만 이들은 진리의 존재는 의심할 수밖에 없으며, 진리는 알 수 없는 것이라는 식으로 말하는 등 그들 스스로가 자신들의 주장에 빠지는 모순에 빠지고 만다.

불타의 입장, 무기無記

불교 이외의 인도 종교나 철학은 모두 태어남도 없고 죽음도 없는 문제에 대해 여러 가지 학설을 내세웠지만, 불타는 이러한 것을 넘어서 본체는 '있다' '없다'의 인식적 판단으로는 불가능하다고 보아 그것에 대해 문제 삼는 것 자체를 금하였다.

그에 의하면 태어나지도 않고 죽지도 않아 영원히 존재하는 본체는, 시간을 초월한 것이고, 시간·공간 속에서 생멸 변화하며 존재하는 현상 세계와는 별개의 존재이기 때문이다.

우리들의 세계나 존재가 모두 현상 세계에서 우리의 감각이나 지각에 의해서 인식되고 판단되는 것은 모두 현상 세계뿐이기 때문이다. 이는 마치 오늘날의 자연과학·사회 과학의 연구 대상 모두가 자연·인문·사회 등의 현상 세계에 한정되어 있는 것과 같다.

이런 의미에서 우리가 그 존재를 인식하고, 그에 의해서 연구 고찰되는 것은 모든 시간과 공간을 초월한 본체의 세계로서 지각·감각 등만으로는 판단할 수가 없다. 만약 이것을 문제 삼으면 실증할 수 없는 것을 가지고 논의하는 것이므로 독단에 빠질 수밖에 없다.

실 예로 인도에서도 인식 불가능한 본체에 대해 그것이 한정이 있다^[단견론(斷見論)]든가 한정이 없다^[상견론(常見論)]는 식의 제멋대로의 독단론이 형성된 바가 있었다. 하지만 그에 반하여 불교에서는 설사 본체가 존재한다고 해도 우리의 경험에 의해서 '있다' '없다', '한정이 있다' '한정이 없다'는 것은 결정적으로 판단할 수 없는 것이므로, 이를 무기^{無記}라 칭하고 이에 대하여 더 이상 문제화하지 않았다.

또한 불타에 의하면 설령 본체의 세계가 인식되어 본질이 확실히 밝혀졌다 해도 본체의 세계에서는 생멸 변화도 없고, 괴로움과 즐거움, 어리석음과 깨침, 범부와 성인도, 세간적 운영도 일체 존재하지 않기 때문에 고통이나 괴로움에서 벗어나 행복한 이상 세계에 도달하는 교육·도덕·종교 등은 본체 세계와는 무관한 것이다. 결국 본체의 세계가 해결되었다고 해도 그것은 고뇌의 해결을 문제화하는 종교나 교육 등에 어떠한 도움도 되지 않기 때문에 본체의 문제는 취급하지 않는다는 것이다.

이에 대한 취지는 『전유경箭喩經』에도 기록되어 있다.

코사라국 재무관의 아들인 마룬구야붓다라는 청년이 있었다. 그는 철학에 흥미를 가져 당시의 종교가나 철학자들이 문제화하고 있던 본체론을 불교로 해결하고자 노력했다. 그에 의하면 본체론의 핵심은 어느 것이든 경험 불가능한 것뿐이다. 이를테면

(가) 세계를 시간적으로 보아서 ① 유한한 것인가 ② 무한한 것인가 ③ 일부는 유한하고 일부는 무한한 것인가 ④ 유한하다고도 또는 무한하다고도 말할 수 없는 것인가[회의적 불가지(懷疑的不可知)]

(나) 세계를 공간적으로 보아서 ① 유한한 것인가 ② 무한한 것인가 ③ 일부는 유한하고 일부는 무한한 것인가 ④ 유한하다고도 또는 무한하다고도 말할 수 없는 것인가

(다) 영혼과 육체는 ① 같은가[유물론(唯物論)] ② 다른가[영혼불멸론(靈魂不滅論), 상견론(常見論)] ③ 일부는 같고 일부는 다른가 ④ 같기도 하고 다르기도 한가[회의설(懷疑說), 불가지설(不可知說)]

(라) 생사를 초월한 참사람(여래)은 죽은 후에 ① 존재하는가 ② 존재하지 않는가 ③ 존재하기도 하고 존재하지 않기도 하는가 ④ 존재하는 것도 아니고 존재하지 않는 것도 아닌가
하는 질문이 그것이다.

그는 당시의 종교가나 철학자들에게 이 문제에 대해 질문을 했지만, 어느 누구에게서도 만족할 만한 답을 들을 수가 없었다. 이에 마룬구야붓다는 불타로서 평판이 대단한 석존에게서라면 바른 답을 들을 수 있을 거라 생각하여 불교 교단에 출가했다. 하지만 불교 교단에서는 수행에만 전념할 뿐 본체론에 대해서는 논함이 없었다. 그도 그럴 것이 전술한 본체론은 무기無記라고 하여 석존에 의해서 논하는 것 자체가 금해졌기 때문이다.

마룬구야붓다는 만약 석존이 전술한 본체론에 대해 만족할 만한 이야기를 하지 못하면 자신은 교단을 떠나 세속 생활로 돌아가리라 생각하며, 어느 날 저녁 석존이 계신 곳으로 가서 답을 청했다. 석존은 그에게 "나는 그대에게 '이와 같은 본체론을 해결하기 위해 출가하라'고 약속한 적이 있던가?" 하고 물었다. 마룬구야붓다는 "그렇지 않습니다"라고 대답했다.

그때 석존은 그에게 독 묻은 화살의 비유를 말씀하셨다.

"독 묻은 화살에 맞은 사람이 있었다. 그의 친족이나 친구들은 걱정이 되어 병원으로 데려가 치료를 하려고 하였다. 하지만 그는 '자기에게 독화살을 쏜 사람의 인물, 집안 내력, 성명 등 또는 활이나 화살의 종류, 독의 성질 등 일체를 알지 않는 한 독 묻은 화살을 뽑지 않겠다고 하였다. 하지만 독이 묻은 화살을 쏜 사람의 신장이나 크고 작음, 피부 색깔, 출신지를 알지 못하면 화살을 뽑을 수 없다고 하거나, 자기에게 쏜 활의 종류, 활의 줄, 활대의 종류, 화살 날개의 종류, 활에 매인 실의 종류, 활통의 종류 등 모든 것이 자세히 판명되지 않는 한 독이 묻은 화살을 뽑지 않겠다고 버틴다면, 결국 해결이 되기 전에 그 자신은 독이 온몸에 퍼져 죽고 만다."

"그대가 본체론에 대해 답을 주기 전까지는, 불도 수행에 들어가지 않겠다고 하는 것은, 독이 묻은 화살에 맞은 자가 의문점을 해결할 때까지는 독 묻은 화살을 뽑아 치료하지 않겠다고 하는 것과 같으므로, 그로 말미암아 그대 역시 영원히 윤회의 고통으로부터 벗어나지 못할 것이다.”

이 말에 감동한 마룬구야붓다는 자기의 잘못을 깨닫고 고뇌 해결을 위해 4제의 가르침을 따르게 된다.

석존이 형이상학적인 본체를 문제화하지 않은 것은, 근세 서양 철학의 시조라 할 수 있는 칸트가 그의 철학 이전의 주류를 이루었던 유물론·유심론·물심이원론 등의 모든 것에 대해 우리가 감성·오성의 인식에 의해서 직접 경험할 수 없는 본체를 문제 삼은 것에 대해 이는 논리상으로는 전혀 가능하지 않은 독단론으로, 이와 같은 형이상학을 배제한 것과 같은 입장이다.

2. 현상론의 문제

불교에서는 본체론을 취급해서는 안 되는 이유를 유명한 ‘화살 비유경’을 통해 언급하고 있다. 결국 본체적 존재에 관한 ‘무엇이 존재하는가’ ‘무엇인가’는 어느 것이든 절대로 해결할 수 없는 것이다. 또한 그것을 해결한다고 해도 그것은 우리들의 일상 생활에서도, 그리고 고통이나 고뇌를 해결하는 도덕이나 종교에 있어서도 전혀 관계없는 것이고, 사회·인생에 있어서 어떠한 역할도 할 수 없으므로, 이를 문제화해서는 안 된다고 되어 있다.

다만 우리가 문제화해야 할 것은 우리들이 그 속에 살며 항상 경험할 수 있는 현상 세계뿐이다. 현상 세계만이 우리에게 세계가 되며 모든 존재이다.

불교에서는 현상^{現象}으로서의 경험 세계를 상식적으로 인정하고 그것이 존재하는가, 존재하지 않는가는 문제시하지 않는다. 현상의 존재는 감각이나 지각에 의해 누구든지 일상에서 경험하고 있기 때문이다.

이처럼 불교에서는 '경험적 존재로서의 세계·인생은 어떠한 상태에 있는가, 어떻게 움직이는가'와 같은 '어떻게 존재할 것인가'라는 부분을 문제화한다. 요컨대 사회·인생의 현실을 바르게 관찰해야 한다. 그 실상을 아는 것이 그에 대해 정확히 대처해 나가기 위한 전제 조건이기 때문이다. 바르게 대처하여 실천하기 위한 전제로 현상에 대한 바른 파악은 불가피한 요소이다.

석존시대에는 현상의 움직임에 관한 여러 학설이 있었는데, 우리의 행복이나 불행은 어떠한 원인으로 일어날까에 대해 당시의 종교가나 철학자가 주장한 3종 또는 5종설이 원시불교 경전에 기록되어 있다.

이때의 3종이란 ① 숙작론^{宿作論} ② 존우론^{尊祐論} ③ 무인무연론^{無因無緣論}이며, 5종이란 ① 숙작인설^{宿作因說} ② 자재화작인설^{自在化作因說} ③ 결합인설^{結合因說} ④ 계급인설^{階級因說} ⑤우연기회인설^{偶然機會因說}을 말한다.

이때의 3종과 5종은 거의 같은 내용으로 3종설의 (1) 숙작론이란 5종설의 ① 숙작인설에 ③ 결합인설과 ④ 계급인설을 합쳐 숙명론을 피력한 것이다. 그리고 3종설의 (2) 존우론이란 5종설의 ② 자재화작인설과 같고, 3종설의 (3) 무인무인론이란 5종설의 ⑤ 우연기회인설과 같다. 잠시 이들 학설에 귀 기울여 보자.

숙작인설^{宿作因說}

현세에 받는 우리들의 즐거움은 모두 숙세에서 인연을 지은 것으로

〔宿作因〕, 말하자면 우리가 전세에 행한 선과 악의 행위로부터 일어난다는 것이다. 요컨대 금세의 운명은 모두 우리가 이 세상에 태어날 때 이미 정해진 것으로 일종의 숙명론으로 볼 수 있다. 이는 인과응보인 업보론業報論을 토대로 세운 것으로, 삶의 움직임을 모두 결정론적인 업보라고 규정하는 극단설이다. 하지만 실지로 업보란 절대 변하지 않는 것이 아니라 우리의 생각이나 노력에 의해 변하는 것으로, 이에 의하면 운명도 충분히 개척할 수 있는 것이 된다.

불교 경전을 살펴보면 자이나교에서는 숙명적 업보설에 대해 말하고 있음을 알 수 있는데, 기록에 의하면 실제로는 이 자이나교 역시 현세의 노력에 의해 전세의 업을 멸할 수 있다고 여긴 것으로 전해진다. 만약 전세의 업에 의해 태어나고 운명도 결정된다고 단정지을 경우 우리가 이 세상에서 행하는 어떠한 노력이나 또는 게으름, 선이나 악을 행한다 해도, 설령 그것이 내세에 영향을 끼친다고 해도 현세의 운명과는 무관한 것이 되고 만다. 만일 이것이 사실이라면 우리의 운명을 개척하기 위한 교육·윤리·종교 등의 어떠한 역할도 필요 없게 된다. 따라서 숙작인설은 현상의 행위에 대해 바르게 설명했다고 볼 수 없다.

자재화작인설自在化作因說

이는 자재천이나 범천의 경우와 같이 우주와 인생을 창조하여 지배하는 최고신이 우리의 행복이나 불행의 원인이 된다. 결국 창조신의 뜻에 의해 우리의 운명이 결정되는 것으로, 신의 뜻에 의한 설이라고도 할 수 있다. 존우론 역시 위대한 최고신이 그의 뜻에 의해 우리를 구해 주고 은혜를 베풀어 주는 것이므로 신의 뜻에 의한 설이 된다.

신이 만족하면 인간에게 은혜를 베풀고, 반면 화가 나면 시기하여 인간을 불행하게 만든다. 이에 따라 행복을 원하면 신을 기쁘게 해야 하는데, 이때 그의 뜻을 받들기 위해 돈을 바치며 기원을 빌지 않으면 안 된다는 것이 예로부터 전해 오는 바라문 학설이다. 그러므로 큰 원을 세우기 위해서는 살아 있는 양이나 말 등을 제물로써 신에게 바치고, 더욱 큰 제에는 살아 있는 인간도 죽여서 바치지 않으면 안 된다.

이 경우 모든 것이 신의 뜻에 달려 있으므로 인간의 자율적인 의사 는 전혀 개입될 수가 없다. 다시 말해 이는 우리의 의사나 노력으로 운명을 개척하는 것은 허용되지 않는다는 의미와 같다.

우파니샤드의 철인들은 뜻이나 노력을 중시하여 업보설을 주장하 고, 범아일여^{梵我一如}의 체험적 지혜를 중시했는데, 이는 신의 뜻에 의해 서 이루어진다는 불합리한 점을 인식한 결과이다. 하지만 일반인이 신에게 기도를 드리는 것은 예나 지금이나 인도 정통파^{바라문교, 힌두교}의 주축을 이룬다.

결합인설^{結合因說}, 계급인설^{階級因說}

이 둘은 첫 번째의 숙작인설과 같이 일종의 숙명론이라 할 수 있다. 세 번째의 결합인설이란 우리가 이 세상에 태어났을 때 육체를 구성하 는 지·수·화·풍의 4원소의 결합 상태의 좋고 나쁨이 우리의 운명 을 결정함을 말한다. 이는 오늘날의 혈액형설과 비슷한데, 다시 말해 혈액형에 의해 그 사람의 성격이나 체질이 다를 수 있다는 것이다. 그러나 누구나 알고 있듯 혈액형이 운명을 결정하는 것은 아니다. 같은 혈액형을 가진 사람도 환경이나 교육, 수양이나 노력 여하에 따라 운명이 다르게 나타나기 때문이다. 이와 마찬가지로 육체를 이루는 요소의 결합 상태가 그 사람의 운명에 영향을 미친다고 해도 그것만으로 운명이 결정되는 것은 아니다. 생각과 노력 여하에 의해서 운명은 얼마든지 변화할 수 있다. 즉 단순히 결합 요인만이 결정적이며 만능이라 하는 것에 결합인설의 단점이 있다.

계급인설도 마찬가지이다. 이는 어떠한 계급에서 태어나는가가 그 사람의 운명을 결정하는 중요한 요인이 된다는 일종의 숙명론이라 할 수 있다. 이 설은 이를테면 착취당하는 노동자의 입장에서 볼 때 제아무리 일을 많이 하고 열심히 해도 밑바닥 삶이므로 그로부터 절대로 벗어날 수 없다는 마르크스주의의 학설과도 통한다.

계급 제도가 엄격히 존재하고 있는 사회의 경우 태어나면서부터 계급이 결정되면 숙명적으로 느끼는 것도 사실이다. 하지만 이 계급이 절대적인 것도 아니고, 뜻과 노력 여하에 따라 운명을 개척하는 것이 결코 불가능하지 않다.

만일 이러한 숙명론처럼 그것에 자유롭게 생각할 수 있는 여지가 전혀 인정되지 않아서 노력을 하건 게으르건, 어떠한 선과 악을 행해도 정해진 운명은 변함 없이 예정된 대로 진행된다 생각해 보자. 이러한 생각 밑에 결국 교육, 논리, 도덕, 종교적인 실천과 수행 등은 모두 무의미한 것이 되고 만다. 사실 석존시대의 종교가나 철학자 가운데는 선악을 인정하지 않고 선악의 인과를 부정하는 자도 꽤 있었다. 하지만 그럼에도 그들은 몸뚱이를 괴롭히는 고행에 전념하며 고로부터 벗어나려 했다. 이는 그들 스스로가 자신들이 주장하는 이론과 실천에 모순이 있음을 보여주는 것이기도 하다.

우연인설 偶然因說

우연인설이란 인간의 행복이나 불행은 우연이 그 원인이라는 학설이다. 따라서 이 설에 의해 운명이 숙업·결합·계급 등에 의해서 결정된다든가, 신의 뜻에 의한다든가 하는 학설은 부정된다. 요컨대 세상에는 인因이나 연緣도 없이 오직 우연한 기회에 모든 것이 결정된다는 요지로, 이를 '인이나 연도 없는 설'이라고도 일컫는다. 또한 이 설은 당시의 모든 주장이나 학설을 의심했으므로, 괴롭거나 즐거움을 느끼는 결정적인 원인을 알 수 없다는 일종의 회의론 또는 불가지론으로 보는 견해도 있다.

사실 석존시대는 정치나 경제면 또는 종교나 철학 등의 사상과 문화면에서도 군웅할거·적자생존 등의 혼란스러운 시대였다. 때문에 선인善人은 더욱 행복해지고 악인惡人은 아주 빠르게 멸망하는, 선인선과 악인악과라는 인과법칙이 그대로 적용될 수 없는 단점을 지니고 있었다. 때문에 나쁜 짓을 전혀 하지 않아도 불행이나 재난이 닥쳐오는 반면 나쁜 짓만 하는 데도 부귀와 영화를 누리는 불합리함이 있었기 때문에, 때론 신이나 부처도 없는 것이 아닌가 하고 여겨질 정도였다. 이와 같은 현상 때문에 삶은 결코 법칙대로 움직이지 않을 뿐만 아니라 일정한 흐름도 없이 모든 것은 무원칙이라는 설이 등장했다. 이에 의하면 행운이란 그것이 찾아왔을 때 그 찰나에 행복이나 쾌락을 맛보는 것 외에 방법이 없다는, 찰나적 향락주의에 기울게 되는 것이다.

이처럼 석존 당시에는 행위나 인생의 길흉 화복의 원인에 관한 여러 가지 설이 등장하게 되었다. 하지만 석존의 경우 우연설과는 다른 태도를 취한다. 말하자면 그 모든 설이 실제를 제대로 관찰하고 파악한 것이 아니므로 배척해야 함은 물론 우파니샤드 시대부터 전해지는 것으로, 당시 온건 타당한 설로 인정되었던 선인선과 악인악과의 인과업보설을 받아들인 후 이를 한층 개선하여 불교 독자의 연기설을 제창함이 그것이다.

연기설에 대해서는 다음에 상세히 설명하겠다.

3. 실천 수도의 문제

이상이 당시의 종교나 철학자들이 주장한 여러 가지 현상론에 관해 불교의 입장을 소개한 것이다. 다음으로 이야기할 것은 당시의 사상계에서 회자되며 그들이 실천한 수행 방법에 대한 불교의 입장이다.

당시의 실천수행론이란 철학적 이론을 근거로 하여 주장한 것으로, 크게 두 가지로 나눌 수 있다. 바로 선정과 고행의 방법이 그것이다. 먼저 정통파의 민간 신앙의 대표적인 것으로 신들에게 드리는 제사나 기도 의식 전 신성한 강물에서의 목욕을 들 수 있다. 반면 비정통파의 민간 신앙으로는 천국에서 태어나기 위해 개나 코끼리 흉내를 내기도 하며, 몸에 진흙이나 재를 바르는 행위를 들 수 있으며, 이외에 일반적으로 유행한 것으로 날짜나 시간, 방향으로 길흉을 정하여 여러 가지 주술을 행하는 것도 들 수 있다. 석존은 이러한 실천 방법에 대해 효과의 여부를 체험한 후 비판했다.

석존은 이상 달성을 위한 수행법에 대해 다음과 같이 피력했다.

개인적으로는 고통 없이 편안해야 함은 물론 인격을 완성해야

하며, 나아가 사회를 정화하고 평화로운 나라를 만들기 위해 필요
한 역할을 해야 한다.

　요컨대 당시의 실천 수행법은 주로 개인의 고뇌에서 벗어나 해탈만
을 꾀하는 것이어서 사회 전반의 복지는 고려되지 않았다. 또한 개인
의 해탈을 위한 방법도 대개는 미신이나 삿된 가르침에 속하였다.

선정과 고행

　석존은 당시의 출가 수행자들이 일반적으로 실천하고 있던 선정과
고행을 실제로 경험했다.

　선정이란 좌선으로 정신을 통일하고 잡념을 물리침으로써 바른 지
혜를 얻는 방법으로, 이에 의해 악덕惡德〔번뇌〕인 장애를 소멸할 수 있는
데, 정통파에서 목적으로 하는 범아일여梵我一如의 최고 이상에 도달하
려는 것을 말한다. 이는 주로 우파니샤드 철학을 신봉하는 바라문

출가자들이 행한 것이다.

반면 고행이란 정신이 분망하게 뛰어 노는 것을 억제하기 위해 절식이나 단식 등의 육체적인 고통을 가하는 방법으로, 이에 의해 걸림 없는 최고의 이상 세계에 도달하고자 하는 행위를 말한다. 이는 주로 비정통파의 사문이 최상의 수행법으로 채용한 것이다.

석존 역시 이러한 이상을 찾아 인생 문제를 해결하고자 스물아홉 살에 처자와 왕궁을 버리고 사문의 출가 생활을 시작한 후 최초에 시도한 것도 선정이었다.

석존 당시 선정의 제일인자로는 아라라 카라마와 웃다카 라마붓타로 석존 역시 이 두 사람의 선인仙人한테 선정을 배웠다.

석존은 왕궁의 어린 태자시절부터 명상을 자주 하여 어느 정도 선정을 경험한 까닭에 이 두 선인한테 강도 높은 선정을 지도 받은 지 얼마 안 되어 스승과 같은 경지에 도달하게 된다. 반면 이 두 선인은 자신들의 선정이 인생의 궁극적인 이상의 경지라 말함에도 불구하고 석존은 결코 그것을 최고의 이상으로 여기지 않았다.

선정에 든 상태는 어떠한 고뇌도 없는 이상 상태와 같지만, 이로부터 벗어나 보통의 정신 상태로 돌아오면 일반 사람과 그다지 다름이 없어 여전히 고뇌는 남아 있다. 따라서 참으로 이상 경지에 도달하고자 한다면 선정에 들어 있을 때만이 아니라 평소에도 고뇌가 없는 상태이어야만 한다. 두 사람의 선인도 참 이상에는 이르지 못하였기 때문에 석존은 그들 곁을 떠나 더욱더 도道를 구하게 된 것이다.

결국 선정이 이상적인 실천수행이 아니라는 것을 몸소 체득한 석존은 지금과는 다른 방법으로 고행을 시작하게 된다. 그렇게 6년 간,

이제껏 다른 사람이 체험해 보지 못한 극심하면서도 철저한 방법으로 고행을 하는데, 이는 태자가 죽었다는 소문이 떠돌 정도로 혹독한 것이었다. 이때 석존은 오히려 극한적인 고행에 더하는 육체적인 고통으로 결코 정신적인 편안함을 얻을 수 없음을 깊이 깨닫게 된다.

그 당시 고행을 제일 중요시 여긴 것은 자이나교였다. 실제로 그들의 가르침을 따르자면 고행을 철저히 하기 위해 단식으로 생명을 끊을 수 있을 정도의 그 무언가가 필요했다. 이는 살아 있는 동안에는 육체로부터의 장애가 있어 정신은 절대로 자유롭지 못해 참 자유는 죽은 후에 가능하다고 생각하였기 때문이다. 이는 자이나교의 훌륭한 수행자들이 거의 절식으로 생명을 끊었다고 하는 것에서 쉽게 그 예를 찾아볼 수 있다.

그러나 석존에 의하면 우리의 이상은 이 세상에 살아 있는 동안에 얻지 않으면 안 되는 것이었다. 선정설^{禪定說}이든 고행설^{苦行說}이든 죽고 난 다음에 정신이 자유롭게 활동하여 참 이상에 도달한다고 한다면, 이는 육체^{물질}와 정신^{마음}이 대립하는 2원적 요소인 형이상학적인 본체론이 되기 때문이다.

불교에 의하면 육체와 정신은 결코 본체적 존재도 아니며 이원적으로 대립하지도 않는, 말하자면 서로 의존하는 상관 관계에 놓여 있다. 몸과 마음이 둘이 아니라든가 몸과 마음이 일여^{一如}라고 하는 것은, 몸과 마음이 일체가 되어서 이상을 향하여 나아가지 않으면 절대 안심의 경지에 도달할 수 없는 것이기도 하다. 또한 이것은 몸과 마음을 갖추어 현세에서 달성해야 되는 것이며, 나아가 종교의 목적이 아니면 안 된다.

더욱이 선정이든 고행이든 결국 그 당시 종교가가 찾고 있는 이상 역시 그 사람만의 자유로서 개인주의적인 것이기도 했다. 하지만 인생의 진정한 행복이란 개인만이 얻는 것이 아니다. 개인은 주변 사람이나 사회에 밀접한 관련이 있어서 사회 전체가 평화롭고 행복하지 않으면, 개인의 평화나 행복도 보장받을 수 없다. 이러한 점으로 미루어 보면 선정설이나 고행설은 불완전한 것이다.

따라서 당시의 출가 수행자가 이상 실현을 위해 최고의 방법이라 여겼던 것도 결코 최선이라 할 수 없다. 석존도 수행 당시 선정과 고행을 철저히 체험함으로써 그 결함을 알았고, 이것을 버림으로써 비로소 불교 독자의 수행 방법을 처음으로 찾아낸 후 실천하여 최고의 이상 경지에 도달할 수 있었던 것이다.

그 밖의 방법

민간 신앙, 제사, 기도가 불합리하다는 것은 다름 아닌 앞에서 언급한 그 여타의 방법, 이를테면 강물에서 목욕을 하는 것, 개나 코끼리 흉내를 내는 것, 재나 진흙을 바르는 것, 날짜나 방향으로 길흉을 정하는 것, 여러 가지 주술 등에서 찾아볼 수 있다. 무엇보다 확실한 것은 이것들이 이상 경지에 도달하기 위한 올바른 방법이 아니라는 것이다. 이는 이상 경지에 이르기 위한 인과 관계를 바르게 관찰함으로써 쉽게 알 수 있는 부분이다.

석존은 만일 강물에서 목욕을 하여 하늘 나라에서 다시 태어날 수 있다고 한다면, 강물에서 살고 있는 고기나 거북이 인간보다도 먼저 하늘에 올라갔을 것이라고, 그 불합리한 점을 지적했다. 요컨대 불교는 전술한 바와 같이 당시의 본체론·현상론·실천론을 하나하나 비판, 검토한 후 체험함으로써 이들 학설이나 행법이 모두 불합리하며 불완전한 것임을 알고, 이러한 독단론을 배제하여 불교 독자의 합리적이며 완전한 가르침을 수립한 것이다. 이것이 이데올로기나 독단적인 주장에서 벗어난 불교의 가르침, 말하자면 중도인 것이다.

5견^{五見}

후세의 불교에서는 외교의 독단적인 견해를 다음의 5종류로 분류해서 정리했다. (1) 신견^{身見} (2) 변견^{邊見} (3) 사견^{邪見} (4) 견취^{見取} (5) 계금취^{戒禁取}의 5견이 그것이다.

(1) 신견^{身見}

낳지도 죽지도 않는 영원한 실체로서의 자아나 영혼의 존재를 인정하는 형이상학적 본체론을 의미한다.

(2) 변견^{邊見}

가장자리란 양극의 극단적인 의미로서 존재에 대해 그것이 실제로 있다는 유견^{有見}, 없다는 무견^{無見}의 극단설이다. 또한 존재는 영원히 멸하지 않는다는 상견^{常見}, 단절되어 멸해서 없음으로 돌아가는 단견^{斷見}의 극단설을 가리키기도 한다. 이것은 주로 본체에 관한 것이지만 변견^{邊見}에는 여타의 현상에 대해 말한 고견^{苦見(염세관)}과 낙견^{樂見(쾌락관)} 등의 극단설도 있다.

(3) 사견^{邪見}

생멸 변화하는 현상 세계에서 선과 악을 인정하지 않으며, 또한 선과 악의 행위에는 그에 응하는 과보를 부정하고 3세에 걸쳐 받는 인과 관계를 인정하지 않는 것으로써, 선과 악의 인과 관계에 관한 법칙을 부정하는 허무설^{虛無說} · 무인무연설^{無因無緣說} · 우연설^{偶然說} 등은 모두 사견이다. 사견이 있으면 불교의 가르침에 들어가는 것은 절대 무리이다. 그런 탓에 불교 신앙에 입문하기 위해서는 사견을 제거하는 것이 첫째 조건이 된다.

(4) 견취見取

이상적이지 않은 것을 이상적이라고 생각하는 잘못이다. 요컨대 자각함이 없는 현실 세계를 그대로 이상적인 세계로 생각하는 것, 어리석은 범부가 행하는 선정이 깨침의 상태라고 생각하는 것이다. 결국 인생의 올바른 이상·목적을 제대로 파악하지 못하고 잘못을 최고의 이상으로 착각하는 것을 의미하는 것이다.

(5) 계금취戒禁取

앞의 견취가 사라지고 올바른 이상을 성취했다 해도 그 이상에 도달하기 위한 방법이 잘못되어선 안 된다. 금하고 지키는 것은 서원을 세워서 계율을 지키는 것으로, 이를테면 죽은 후에 천국에서 태어나 행복한 생활을 영위하려 해도 개나 코끼리와 같은 계율을 지킨다면 결국 이는 개나 코끼리 흉내를 내는 것에 지나지 않는다. 개나 코끼리 흉내로는 천국에 태어나기 위한 원인도 될 수 없을 뿐더러 바른 행법도 될 수 없다. 고행이나 선정으로 이상 경지에 도달하려 하거나, 목욕으로 천국에서 태어나기를 원하는 것도 계금취에 속한다. 따라서 계금취는 불합리한 미신적 수행법이라 할 수 있다.

이상에 의해 5견은 모두 잘못된 것으로, 불교에서는 이를 배제한다.

제 4 장

불교의 기본사상은 공·무아^{空·無我}이다

 ## 1. 이데올로기의 배제

　전술한 바와 같이 석존시대의 외교설^{外敎說}은 본체론으로서 현상론이든 실천론이든 모두 이데올로기에 속한다. 이는 불교의 입장에서 보면 모두 불합리한 학설에 해당되며, 이론과 실천면에서도 서로 모순되며 또한 실천수행을 하는 데도 모두 불완전한 것뿐이다.

　석존은 그러한 것 모두를 사견이나 악견에 속한다고 보았으며, 이를 62견이라 부르는 것이다. 이때 잘못된 견해를 오늘날의 언어로 표현하면 이데올로기이다. 62사견^{邪見}을 간략히 말하면 앞의 5견과 같다. 5견이란 불교의 입장에서 보면 어느 것이든 그릇된 학설로, 이에서 벗어나지 않으면 불교의 참다운 가르침을 알 수가 없다.

　5견 중의 제4의 견취^{見取}는 대체로 일반적인 이데올로기를 가리키는 이론이다. 이는 62견이나 5견 모두 제각각 바른 것이라는 견해이기 때문이다. 다시 말해 이는 자기의 학설이나 의견만이 절대적으로 옳고, 다른 의견이나 학설은 어느 것이든 그릇되고 불완전한 것이라는 주장이기도 하다. 석존시대의 종교나 철학에서도 이와 같은 주장으로 다툼이 적지 않았음을 알 수 있는데, 이는 원시경전인 『숫타니파타』의 곳곳에서 찾을 수 있다.

> 잘못된 법을
> 독단적으로 나만이 좋게 정해 놓고
> 나만이 좋은 공덕이 있을 것이라고 하며
> 크나큰 착각의 망견妄見 속에 사는 사람이 있다. (784)

> 모든 법에 굳은 집착이 있으면
> 사견에 머물러 벗어나기 쉽지 않다.
> 그래서 사람들은 좁은 소견의 집을 짓고
> 바른 법에 나가지 못하며
> 잘못된 법을 취하게 된다. (785)

> 잘못된 견해를 제거한 자는
> 언제나 삿된 분별심에 빠지지 않아
> 집착함이 없으므로
> 허위나 자만심도 없거늘
> 어찌 윤회에 떨어질까 걱정하겠는가. (786)

대부분의 사람들은 이데올로기에 의해 나의 학설만이 최선이며 최상이라 여기고 나의 말만 고집하는 동시에 다른 학설은 모두 잘못된 것이라고 배척하곤 한다. 이에 상대도 자기를 받아들이지 않으므로 이론적 논쟁은 끊일 수가 없다. 『숫타니파타』에서는 다음과 같이 말하기도 한다.

사람들은
자신이 주장하는 학설만이 최상이라 하며
자신에게 집착하며
자신만을 드높이려 한다.
그래서 자신의 말 이외는 형편없다고 하여
논쟁을 초월한 자신의 모습은 보지 않는다. (796)

어떤 사람은 '진리다'라고 말하고
어떤 사람은 '진리가 아니다'라고 말한다.
사람들은 이와 같은 것을 가지고 싸운다.
왜 수행자들까지도 바른 견해를 갖지 못하나. (883)

진리는 하나요 둘이 될 수 없다.
지혜를 얻은 자는 싸움이 없다.
그 하나란 전체이기에
수행자는 어느 하나만을 주장하지 않는다. (884)

다른 사람을 어리석다고 볼 때,
자신은 틀림이 없어 훌륭하다 말한다.
이로 인해 다른 사람을 경멸하며
자신과 다른 의견을 어리석다 한다.

또한 자신은 진리를 터득한 완성자로 착각하며
다른 사람을 경멸하게 된다.
진정한 완성자는 경멸함이 없다. (888)

만약 다른 사람의 말에 의해서
내가 천하고 어리석게 된다면
참으로 나는 천하고 어리석은 자다.
이 세상에 어리석은 자는
단 한 명도 없기 때문이다. (890)

나만의 견해를 고집하면서
다른 사람은 어리석다고 보는 자,
그 견해 자체가 어리석음이다. (893)

자신의 생각을 깊이 통찰하고
편견에서 벗어나
논쟁을 하게 되면
그 누구도 그와 싸워 이길 수는 없으리라. (894)

세상의 불화나 투쟁은 모두 이데올로기로부터 나오는 것이므로,
평화를 바란다면 이데올로기를 버려 싸움을 하지 말아야 한다.

2. 무쟁無爭은 공空
- 싸움이 없는 공 사상 -

이는 불교경전에서 흔히 눈에 띄는 단어로, 석존은 자신이 본 모든 사상이나 이데올로기 대신 공의 입장을 취하여 세상 사람들과 이론적 논쟁을 하지 않았다.

상응부 경전에서 석존은 "나는 세상과 싸우지 않는데 세상이 나와 싸운다"라고 설했다는 기록을 찾아볼 수 있는데, 이는 당시 종교가를 선두로 이데올로기를 주장하는 사람들이 부처님 설법에 대해 의논을 펴고 이론적 논쟁을 했지만, 석존은 그러한 이데올로기 대신 공의 입장을 취하여 그들과 다투지 않았다.

불제자 중에 수보리를 다툼이 없는 제일인자로 일컫는 것은, 그가 공의 도리에 제일로 통달했기 때문이다. 실제로 공을 설하는 『반야경』에서 우리는 수보리의 활약을 확인할 수 있는데, 이는 그가 다툼 없는 제일, 곧 공을 아는 제일인자로 여러 불제자 중에서 공의 의미를 최고로 잘 이해했기 때문이다. 여기서 공의 의미는 대승불교의 형성과 함께 사용되기 시작했는데, 이를테면 『반야심경』에 오온개공이라든가 색즉시공, 공즉시색이라는 용어가 대표적인 예이다.

원시경전에서는 공이라는 용어보다 '무아無我(非我)'라는 단어가 눈에 많이 띈다. 사실 공·무아는 동의어로 볼 수 있는데, 중국의 선종에서는 무無라는 말을 공·무아의 의미로 사용하는 것이 그 예라 할 수 있다. 이렇듯 무아나 공이라는 언어나 개념은 불교의 기본적인 입장을 나타내는 것으로서, 어떠한 이데올로기로도 대적할 수 없음을 의미한다. "불교는 내가 없다고 하는 것이다"라는 말처럼, 불교에서는 고정된 이데올로기를 주장하지 않으므로 어떠한 주의도 없다. 굳이 말한다면 주장이 없는 것이 주장인 것이다.

근대 사상 가운데 사회주의·공산주의라든가 자본주의·자유주의라고 하는 것은 모두 이데올로기에 속하는 것이므로, 불교에서는 이들 이데올로기 중 어느 것에도 부정, 또는 긍정하지 않는다. 이는 공·무아의 입장에서 비판하고, 옳고 그름을 말하는 것이 불교의 방식이기 때문이다. 사회주의·공산주의와 같은 좌익사상 속에도 장점이 있는가 하면 단점도 있고, 자본주의·자유주의의 우익 사상 속에도 결점과 좋은 점이 공존하기 마련이다. 요컨대 불교의 핵심은 좌우의 극단을 벗어나 중도를 세우고, 양자 모두에서 장점을 취하고 단점을 배제하는 옳고 그름의 입장에 서는 것에 있다.

여기서 중도란 공空이나 무아無我와 같은 의미로 보는 것이 옳다. 이때 불교를 잘 모르는 사람에게 중도란 양극단의 중간으로 이해될 수 있다. 하지만 여기서의 불교의 중도란 중용中庸이나 평균가가 아니라 극단적으로 판단하는 것을 본질로 전환하는 것을 의미한다. 예를 들어 사구백비四句百非를 끊고 극단을 벗어나는 것이라는 것이 바로 그것이다.

사구四句를 끊는다는 것은 긍정肯定(有)·부정否定(無)·절충折衷(有無)·회의懷疑(非有非無)의 네 가지 분별로서, 어느 것이든 부정하며 이것에서 벗어나는 것이다. 그 방법으로는 오로지 유有·무無 등의 고정된 생각을 초월한 공空·무아無我의 입장에 서는 것뿐이다.

'백비를 끊는다'는 말은 아니다否定를 수없이 반복하면서 그것을 한층 초월한다는 의미이다. 불교에서는 사구를 끊는다와 같이 유有·무無 등 사구분별의 어느 것이든 부정하여 공空의 입장을 취한다.

하지만 공에도 집착하여 고정시킬 때에는 '공에서 또한 공으로'라
고 말하며 그 공 또한 부정하여, 그것이 고정화·형식화되어 생명
을 잃는 것을 타파한 후 생명감이 있는 유동적인 공이 되도록 하는
것이 백비를 끊는 본래 목적이다.

주지하다시피 공이란 어느 것에도 집착하지 않는 것을 말한다.
집착하여 생각이 멈출 때 생명의 흐름은 단절되어 죽은 사람처럼
되고 만다. 다시 말해 형식화·형해화形骸化가 되는 것이다. 하지만
생성하여 발전하는 이상은 비어서 걸림 없는 활동에 의하지 않으
면 안 된다. 공이란 덧없다든가 비어서 없고 허무하다는 의미가
아니라 한쪽으로 기운 자기만의 집착이나 편견에서 벗어나 사물을
볼 때 고정된 시각으로 바라보지 않는다면 걸림 없이 자유롭게
되어 생명력이 넘치는 것을 이르는 것이다.

이는 어떠한 입장을 취하지도 않을 뿐만 아니라 이데올로기에도
치우치지 않는 것을 말한다. 이때 혹자는 불교의 공·무아는 공허
하여 내용이 없는 것이 아닐까 하는 의문을 가질지도 모르지만
여기서 공·무아란 내용이 없는 것을 뜻하는 것이 아니라 모든
사상이나 물체로부터 자유롭게 되는 것을 의미한다.

불교에서 말하는 법이란 간단히 말하면 불교의 규범으로서의
진眞·선善·성聖 등의 이념이면서 이 이념을 활용하는 공의 입장도
같이 하는 것이다. 그러나 이상이나 이념으로서의 법이란 이것에
집착하면 곧 고정화되어 장애가 생기므로, 이것도 버리지 않으면
안 된다.

3. 뗏목의 비유

이에 대한 유명한 이야기로 뗏목의 비유가 있는데, 원시경전인『중부경』의 다음 기록을 보자.

"비구들이여, 나는 중생들이 생사의 고해에서 벗어나게 하기 위하여, 또한 집착으로부터 벗어나게 하기 위하여 뗏목을 비유로 한 가르침의 법을 말할 것이다. 너희들은 이것을 잘 듣고 깊이 생각하거라."
비구들은 "세존이시여, 잘 알았습니다"라고 대답했다.
세존은 다음과 같이 말하였다.
"비구들이여, 길을 가던 한 사람이 큰 강을 만났다 하자. 이쪽 언덕은 험하고 무서운 반면, 저쪽 언덕은 안전하고 무서움이 없다. 마침 이때 이쪽 언덕에서 저쪽 언덕까지 가려고 하는데, 배도 다리도 없었다. 그는 '이것은 큰 강이다. 이쪽 언덕은 험하고 무섭다. 저쪽 언덕은 안전하고 무섭지 않다. 그러나 이쪽에서 저쪽으로 가려는 데 배도 다리도 없다. 그렇다면 갈대와 나무, 나뭇가지를 모아 뗏목을 만든 후 그 뗏목으로 안전한 저 언덕에 가면 어떠할까'라고 생각하였다.
비구들이여, 그때 그 남자가 갈대와 나무, 나뭇가지를 모아 뗏목을 만든 후 그 뗏목으로 안전한 저 언덕에 이르렀다고 하자. 이때 그는 다음과 같이 생각할지 모른다.
'이 뗏목은 나에게 큰 은인이다. 나는 이 뗏목으로 안전한 언덕^{피안}으로 건널 수 있었다. 나는 이 뗏목을 머리에 이거나 또는 어깨에 짊어지고 내가 가고자 하는 곳으로 가면 어떠할까?'
그렇다면 비구들이여, 너희들은 이것에 대해 어찌 생각하느냐? 그 남자의 그러한 생각이 과연 올바른 행동이라고 생각하는가?"
"아닙니다. 세존이시여, 그렇지 않습니다."

"그러면 비구들이여, 어떻게 해야만 그 남자는 뗏목을 바르게 취급할 수 있는가. 비구들이여, 저 언덕을 건너간 그 남자는 '이 뗏목은 나에게는 큰 은인이다. 나는 이 뗏목 덕분에 나 스스로 노력해서 안전한 언덕으로 건너왔다. 나는 이 뗏목을 뭍에 버리거나, 또는 물에 띄워서 내가 가고자 하는 곳으로 출발하면 어떨까'라고 생각했을지 모른다.

비구들이여, 오히려 그 남자가 그렇게 생각하는 것은 뗏목에 대한 바른 판단을 했다고 할 수 있다. 이처럼 비구들이여, 중생을 생사의 고해로부터 벗어나게 하기 위해, 또는 집착으로부터 벗어나게 하기 위해 나는 그대들에게 뗏목을 비유로 한 가르침을 설했다. 비구들이여, 뗏목과 같이 가르친 법을 요달해 알았다면 너희들은 가르친 법도 버려야 한다. 그런데 어떻게 법이 아닌 것을 버리지 못하는고?"

이 뗏목의 비유는 『금강반야경』에도 채용되어 다음과 같이 기록하고 있다.

"만약 법의 모양을 취하면 곧 아·인·중생·수자에 집착하는 것이 되고, 만약 법이 아닌 모양을 취하면 곧 아·인·중생·수자에 집착하게 된다. 그렇기 때문에 법을 취하지도 말고 법 아닌 것도 취하지 말라. 이러한 이유로 여래는 항상 '비구들이여, 내가 설하는 법을 뗏목의 비유와 같이 아는 자는 법^{진리}이라도 버려야 하는데 하물며 법 아닌 것이야 어떻겠는가'라고 전한 것이다."

결국 공·무아의 입장에서는 선^善이든 악^惡이든 법이든 법 아닌 것이든, 그러한 모든 것에 대해서 집착하면 안 된다. 만약 집착하게 되면 그로 인해 좋은 법도 곧 나쁜 법으로 전락하게 된다. 그렇기에 여기에 공·무아를 기본으로 하는 입장이 있는 것이다.

4. 공空 : 얻을 것이 없는 공

– 무소득無所得 : 없는 것에서 얻는 공의 사상 _

공·무아에 대해서는 이미 설명했기에 다음의 3법인, 4법인 속의 '모든 법은 내가 없는 것이다'라는 인印에서 다시 무아로 고찰하기로 하자. 하지만 무소득無所得과 무집착無執着에 대해 조금 해설을 덧붙일 필요가 있다. 불교인에게 있어서는 공의 입장이란 매우 중요하기 때문이다.

모든 것을 공이라고 표현하는『반야경』에서는 모든 것이 비어 있는 원리의 모양을 강조하고 있는데,『반야심경』의 '색즉시공'의 공도 그 이외의 별다른 뜻이 아니다. 먼저 색즉시공色卽是空의 뜻을 생각해 보자.

색色은 육체나 물질로 표현할 수 있는데, 이렇듯 육체나 물질로 표현하는 것은 상대를 분별하는 입장이 상식적·통속적인 데서 비롯된다. 공이란 그와 같은 분별에서 벗어난 것으로 제일의적인 것을 말한다.

우리는 사물을 관찰한 후 그것에 대처하는 경우 대상의 분별을 색이라 하여 유有의 입장과 분별을 벗어난 공의 입장, 이 두 입장을 취하게 되는데 이러한 경우 상식적·통속적으로는 옳고·그름, 선·악 등의 상대적인 분별 판단이 없으면 안 된다. 다시 말해 이것이 없으면 사물을 판단하거나 고찰하는 것이 될 수 없다. 이는 모든 현상을 생멸 변화하는 인과 관계나 선악 역순의 업보 사상 등에 의해 정확하게 판단하거나 고찰하는 것을 의미하기 때문이다.

결국 인과 관계의 도리만을 중심으로 하는 것은 인과업보의 도리에 따라 움직이는 것으로, 결과를 예상한 후 그에 대한 기대를 갖고 행동하는 것이 된다. 이는 이해 득실을 헤아려 움직이는 공리주의에 편입될 위험이 있다. 인과응보의 도리를 알지 못하면 안 되고, 이에 따라서 계획을 세우지 않으면 안 된다.

하지만 실제 행동에 있어서는 계획에 따라 움직일 뿐 이해 득실을 생각지 않고 그것에만 열중해야 한다. 이것이 인과업보에 집착하지 않는 공의 입장임은 물론이고, 색즉시공도 바로 이러한 부분을 말하는 것이다.

또 하나의 예를 들어보자.

아무리 악을 멈추고 선을 행한다 해도 그 결과를 계산하여 움직인다면 진정으로 악을 멈추고 선을 행하는 것으로 볼 수 없다. 불교의 유명한 게^시에 7불통성게^{七佛通聖偈}라는 것이 있는데 한역으로는

諸惡莫作^{제악막작} 衆善奉行^{중선봉행}
自淨其意^{자정기의} 是諸佛敎^{시제불교}

인데, 불교를 잘 아는 사람이라 할지라도 이 게를

모든 악 짓지 말고, 모든 선을 봉행하라.

자기 스스로 그 뜻을 깨끗이 하면, 이것이 모든 부처님의 가르침이다

라고 읽는 경우가 있다. 이와 같이 명령문으로 음역하는 경우는 인도어 원문 어디에서도 결코 찾아볼 수 없다. 분명 이는 이 게의 본뜻으로 보아도 잘못된 것이다. 왜냐하면 이것을 명령문으로 음역하면 이해 득실이 계산된 타율적^{他律的}인 의미로 해석되기 때문에 불교 본래의 자율적^{自律的}인 높은 이상을 상실하게 된다. 그래서 이 게를 인도어 원문인 『법구경』 183을 빌려 옮기자면 다음과 같다.

　　일체의 악은 행하지 않고 선을 갖추어 실천하며,
　　자기의 마음을 정화하는 것이 모든 부처님의 가르침이 된다.

　보다시피 이는 결코 명령문으로 되어 있지 않다. 그것은 자율적이며 자주적으로 악함을 그치고 선善을 행해서 깨끗한 믿음을 가질 것을 말하고 있다. 그래서 이 게를 타율적으로 보느냐 아니면 자율적으로 보느냐에 따라 하늘과 땅만큼의 차이가 난다.

　만일 이것을 타율적인 명령으로 음역하게 되면 이 게의 취지를 바로 보지 못하는 것이 된다. 다른 존재로부터 명령을 받게 되면 결국 그 명령에 따라 행하게 되고, 오히려 명령이 없는 경우 행하지 않게 되는 경향이 있다. 또한 명령을 해도 이것에 반대하거나 반항할 여지도 있다. 상과 벌이 두려워서 명령에 따른다고 한다면 그 선을 행하고 악을 그치는 것은 확실성도 없고 꼭 실천한다는 보장도 없다.

　하지만 자율적으로 선을 행하고 악을 그친다면 이는 자신의 자각에 의해 자발적인 것이 된다. 요컨대 그것은 자기 스스로 그 뜻을 맑게 하는 절대적인 깨끗한 믿음이므로 나쁜 일은 절대로 행하지 않게 되는 반면 선은 반드시 행하게 된다. 이를테면 나쁘고, 교활하고, 다른 사람을 곤혹스럽게 하는 행동은, 그렇게 하라고 해도 하지 못하는 사람이 된다. 또한 자기 자각에 의한 신념에서 비롯된 행위이므로 다른 사람이 명령을 하거나 타인으로부터 감시를 당하거나 혹은 상벌의 유무에 관계없이 악을 그치고 선을 행하는 것은 자기 스스로 반드시 하게 된다. 그것은 틀림없는 사실이다. 이것을 도원선사는 『정법안장』의 「제악막작諸惡莫作」에서 강조하고 있다. 여기에는 7불통성게에 대한 해석이 있는데 다음과 같다.

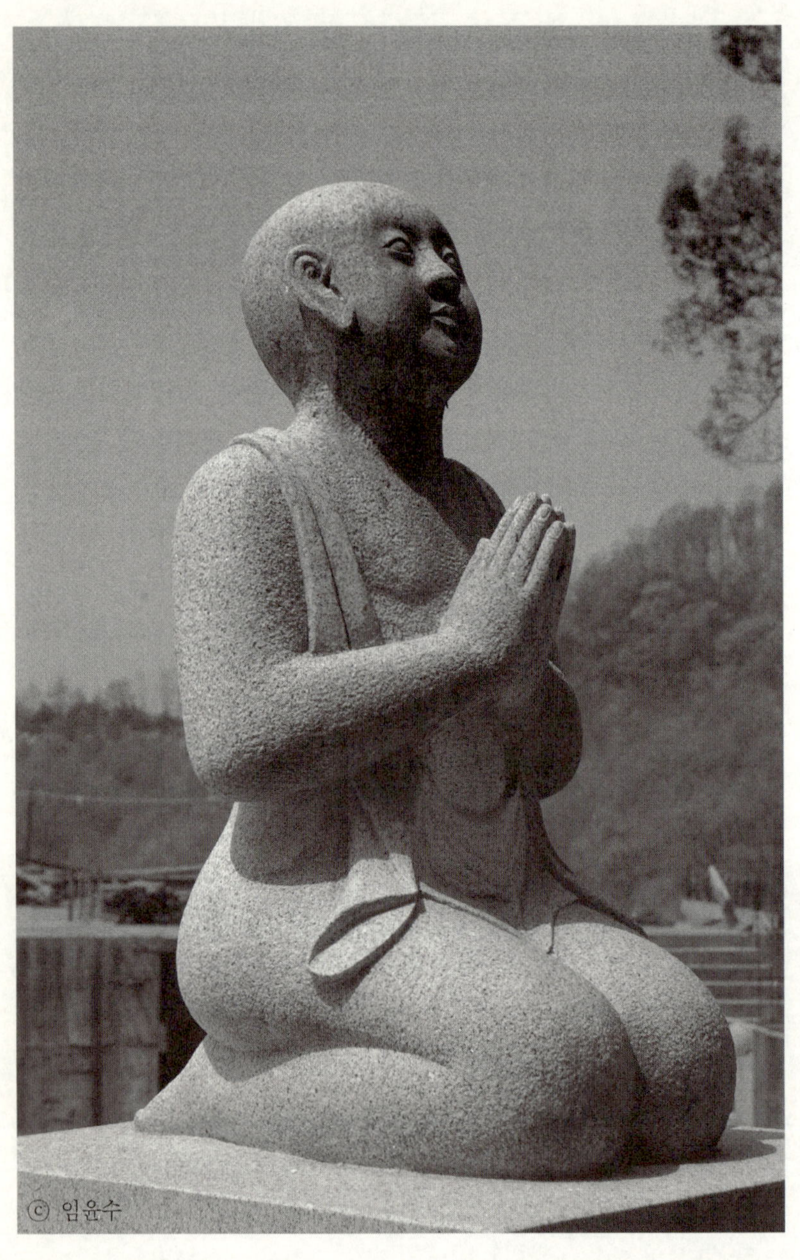

154 현대를 살아가는 불교적 인간

제악막작諸惡莫作에서 모든 악 짓지 않게 되기를 원하고, 모든 악 지음이 일어나지 않도록 하여 모든 악 짓지 않고 나아가는 곳에 수행력이 순식간에 나타나 이룬다. ……. 모든 악 짓지 않는 곳에 살며 오가고, 모든 악 짓지 않는 곳에 인연이 되고, 모든 악 짓게 되는 상황에 처하더라도 모든 악에 물들지 않게 된다.

배우는 사람은 먼저 서원을 세워 나쁜 일 그치기를 원하고, 나쁜 일 하지 않도록 주의하는 것이지만, 수행이나 신앙이 성숙되어 감에 따라 자연히 모든 악한 일을 하려고 해도 할 수 없게 된다. 그래서 수행이나 신앙이 철저하면 이미 악한 일을 해야 될 상황이나 그런 곳에 살거나 왕래를 해도, 또한 악한 일을 할 만한 환경이나 대상에 접하게 되고 악한 일을 하는 친구와 사귀더라도 악한 일 하는 경우가 절대 없고, 그리고 그렇게 하려고 해도 절대로 되지 않는다. 7불통성게의 '모든 악한 일은 짓지 않는다'고 함은 바로 이것을 가리키는 말이다. '모든 좋은 일을 받들어 행하며 스스로 그 뜻을 깨끗이 한다'는 구절을 이와 같이 해석하지 않으면 안 된다.

결국 매사에 이해 득실만을 생각하며 계산적으로 행동하는 사람은 주위 사람들이 그를 경계하여 마음과 마음으로 통할 수 있는 신뢰성을 상실하게 된다. 이는 부부나 친구 사이에서도 마찬가지이다. 득실의 계산을 떠나 선善과 정의만을 위하고 이상만을 향해 나아가는 곳에는 언제나 완전한 행위가 있기 마련이다. 따라서 결과적으로 이 방법이 최고 최선의 이로움과 성과를 올리게 된다.

선생도 회사원도 오직 봉급만을 생각하여 보수만큼 일하면 된다는 태도로 임하면 교육이나 사업에 대한 흥미나 열의도 사라질 것이다.

주어진 직무에 희망과 흥미를 가지고 열심히 종사하면 봉급은 생각지 않아도 교육의 성과나 실적이 쌓여 그만큼 대우도 자연히 좋아질 것이다. 이는 오직 대가만을 염두에 둔 채 일하는 것보다 기분이나 실리면으로도 얼마나 멋진가. 기대하지 않아도 이것이야말로 최선의 결과를 가져오게 될 것이다. 이것이 공·무아의 태도이다.

5. 공空·무아無我의 내용은 법이다

공·무아란 고정적인 관념에 의해서 생각하거나 행동하지 않는 것을 의미한다.

고정하여 집착하는 것은 한쪽으로 기울어진 것이므로 거기에는 융통성이 결여되어 있다. 또한 그것에는 진보도 발전도 없다. 요컨대 변하면서 자유자재하게 움직일 때 진보하고 발전하는 것이다. 고정된 생각이란 자신의 편견에 집착하는 것이다. 이는 부분만을 볼 뿐 전체를 보지 못하기 때문에 상대의 입장을 이해하려고 하지 않으므로 다른 사람과 융화되지 못한다. 또한 그로 인해 증오와 투쟁이 일어나게 된다. 일반적으로 이데올로기라 하는 것은 대개 일방적으로 자기 생각만이 절대 진리라고 주장하며 다른 이의 생각은 모두 잘못된 것이라고 배척하며, 다른 사람의 입장을 인정하지 않으려 하는 성향이 있다. 결국 이로 인해 공·무아의 입장에 서지 못하고 자신의 편견에 빠진 이데올로기가 된다.

이데올로기가 있는 한 다른 이와는 융화하지 못하는데, 여기에는 필연적으로 대립과 항쟁이 수반되기 마련이다. 이데올로기 밑에서는 사회와 국가의 협조 융화도 세계 인류의 진정한 평화도 기대할 수 없다. 불교에서 공·무아를 근본 입장으로 표방하는 것은 바로 이것이 사회와 국가의 협조 융화를 염원하여 세계 인류가 참 평화를 누릴 수 있는 최후의 이상을 목표로 하기 때문이다.

공·무아는 한곳으로 치우침도 없고 자기만의 주장도 없는 곳에서 주장을 세우는 것이므로 어떠한 주의라 할지라도 그것이 바르면 그것에 협력하고 융화된다.

불교에서 융통무애라고 이르는 것도 바로 이러한 뜻을 지니고 있다. 그런데 불교의 이러한 면을 못 보고 바른 불교를 모르는 경우 불교를 적당주의라고 비난하는 자도 있다. 하지만 이것은 불교를 잘못 이해한 것으로, 불교의 바른 교리나 신앙을 모르는 자의 비난이다. 불교를 바르게 이해하고 깊이 체험한 자는 공·무아를 오해하는 일이 절대로 없다.

전술한 바와 같이 공·무아의 기본에는 법이 있다. 이 법을 얻지 못하면 공·무아의 완성된 작용을 볼 수 없다. 법이 자유자재로 구사됨에 의해 처음으로 참 공·무아가 나타나는 것이다. 이러한 의미에서 말하면 먼저 법을 이해하고 법을 실현하는 것이 선결 문제이다. 법에 대해서는 다음 장에서 말하지만 **법이 법으로서 이상적으로 작용하는 것에 공·무아의 역할이 있다.** 석존이 법을 더욱 중요시한 것은 무아를 강조하기 위해서였다.

반면 무아를 설하는 불교 역시 나를 중요시한다. 자등명自燈明·법등명法燈明(自州·法州) 사상이 그것이다.

무아사상에서는 내가 부정되지만 자등명自燈明**·법등명**法燈明**에서**

는 바로 이 내가 의지할 곳이 된다.

조금은 모순적인 이야기같이 들릴지도 모르는 이 양자의 모순을 어떻게 풀어야 할까.

무아설에서는 내가 고정화되어 집착이 되는 자아이고, 자기 중심적이기 때문에 이것이 배제되지 않으면 안 된다. 그러나 자등명·법등명에서의 자아란 그 원어는 앞의 경우와 같아도, 그 내용은 집착에서 벗어난 것이므로 무아無我·무집착無執着의 진실한 내가 된다.

『법구경』 160의

나의 스승은 나 자신이다.
나 자신 이외
누가 나 자신의 스승이 될 수 있겠는가.
나 자신을 잘 다스리면
만나기 어려운 스승을 만난 것과 같다

라는 글도 진실한 나를 나타내는 것이다. 이와 같이 나 자신이 주체가 되어야 할 진실한 나는 법을 기준으로 하여 보이기 때문에 석존에 의해서 자등명·법등명의 설법이 항상 이루어진 것이다. 특히 임종시에 아난을 위해서 재삼 설한 것뿐이다.

아난이여, 자신의 등불을 밝히고 자신을 스승으로 하되 타를 스승으로 하지 마라. 자신의 법을 밝게 밝히고 타를 스승으로 하지 마라.

이 경우의 자신은 법을 밝게 비추어 법에 의지하여 법을 체득한 자신이므로 불교에 있어서 중심은 법이라고 할 수 있다. 그러므로 이 법은 종교로서 불교만이 아니라 종교와 관계없어도 또한 원치 않아도 인간인 이상 지켜야 하는 규범을 포함하는 의미이다.

제 5 장

불교는 법法을 말한다

법은 다르마 또는 담마로 음역하는데, 이는 인도에서는 불교 이외에도 일반적으로 진리·법칙·법률·정의·종교 등의 의미로 사용되고 있다. 불교에서도 이것을 차용하여 불타가 가르친 법을 법이라 일컫는 것이다.

전술한 아쇼카왕의 법도 불교의 법을 나타낸 것이다. 하지만 그것은 부처님의 가르침에 한정되는 것이 아니라 널리 인간이 지켜야 할 규범을 총칭하는 것이다.

1. 법의 의미와 내용

불교경전의 주석서에는 법에 대한 정의를 4가지 의미로 분류하고 있다. 제1은 법의 가르침의 의미, 제2는 인^因의 의미, 제3은 덕의 의미, 제4는 비유정비영혼성^{유정도 아니고 영혼도 아닌 성품 : 무아적인 현상}의 의미라 되어 있음이 그것이다. 이 4가지에 대해 살펴보자.

교법^{敎法}

제1의 법의 가르침이란 불타가 설한 가르침의 법이다. 곧 부처님이 삶을 통해 사람들에게 설한 법이 가르침의 법이다. 원시경전에는 부처님은 법과 율 둘이 있다고 했는데, 그 속의 법이 가르침이다. 이 법을 훗날 경이라고 하여 정리하게 된 것이다.

또한 율이란 출가 교단의 일상 생활을 규정지은 규율인데, 이것이 율법^{律法}이라 칭하는 것이다. 법과 율은 후세에 경장과 율장이 되는데, 이것이 불교 성전 중의 중요한 전적^{典籍}이 된다. 넓은 의미로 율이란 법 속에 포함되어 있다고 할 수도 있지만, 좁은 의미의 법이란 부처님의 설법으로서 경전을 의미한다.

주지하다시피 불교에는 불보 · 법보 · 승보의 3보가 있는데, 이 가운데 법보란 법의 가르침을 의미하는 것으로 지금의 법을 가리킨다. 이 법이란 좁은 의미로는 부처님의 설법으로서의 경전^{경장}만을 가리키지만, 넓은 의미로는 경장만이 아니라 경률과 후대에 이르러서는 불교의 교리를 더욱 철학적으로 정립한 철학서, 이를테면 논장까지도 법보 속에 포함하기에 이르렀다. 하지만 한번쯤은 단순하게 **부처님이 설한 교법만을 제1의 법으로 정의하고 싶다.** 그것은 불타가 우리들의 불안이나 고뇌를 제거하여 사람들을 고통 없는 안온한 이상의 경지로 이끌기 위한 불타의 설법이자 교훈이기 때문에 거기에는 불교라는 종교성을 띠고 있다고 볼 수 있다. 따라서 이런 의미로 볼 때 법의 제1의 내용은 종교성이며 성스러움이라고 할 수 있는 것이다.

인因

제2의 인이란 현상에서 생멸 변화하는 것의 원인을 말하는데, 이를테면 인과 관계의 '인'이 바로 그것이다. 인을 설하고 과를 설하는 것은 곧 법이 된다. 요컨대 모든 현상의 사이를 바른 인과관계로 나타내는 것이 법인 것이다. 이런 의미의 법이란 인과관계를 정리하여 모은 합리성, 곧 진리를 의미하는 것이기도 하다. 그러므로 인과관계를 부정하든지, 잘못된 인과관계를 말하는 것과 같은 미신적으로 불합리한 법은 이에 해당하지 않는다.

불교에서 말하는 가르침이란 미신이나 불합리가 아닌 바른 인과관계에 맞는 합리적인 진리를 말한다. 이 점은 전술한 바와 같이 불타의 비판적 태도에도 잘 나타나 있다. 불타 당시 모든 종교와 철학이 진리나 합리성이라는 표준에 맞나 검증 받은 후 시대나 지역에 관계없이 적합하고 보편 타당한 진리로서 불타의 가르침이 수립된 것이다.

원래 종교나 합리성은 필연적인 관계는 아니다. 합리성은 진리가 아니어도 종교와 신앙은 존재하기 때문이다. 하지만 종교를 모든 사람에게 거부감 없이 받아들이게 하기 위해서는 적어도 그 시대의 사람들이 이에 대해 합리적으로 생각할 수 있어야 한다. 말하자면 가능한 한 어떠한 시대나 장소에서도 불합리하거나 모순적이지 않은 가르침이 바람직하다.

서양의 종교에서는 종교와 과학은 별개의 영역이라고 간주하여 양자를 엄격히 분리하고 있다. 그러나 같은 사람이 종교를 믿으며 과학을 연구하는 부분을 생각해 보면 생각이나 태도를 달리 하는 것은 인격의 통일에 있어서 바람직하지 못하다. 종교도 충분히 과학적인 합리성과 동등해야 한다. 오늘날까지 여러 종교 중에서 불교가 제일 합리주의라고 일컬어짐에는 불교에 이 합리성으로서 법이 포함되어 있기 때문이다.

덕^德

제3의 덕이란 윤리 도덕을 뜻한다. 말하자면 사회와 인류의 도에 맞는 정의나 선^善이 덕인 것이다. 신앙이 단순히 스스로 만족하기 위한 주관적인 개인 심리의 작용이라면 거기에는 신앙의 진리성이나 윤리성을 꼭 필요로 하지 않을 것이다. 하지만 신자도 혼자만 생활하는 것이 아니라 주위의 사회 환경과 어울려 공동 생활을 하는 것이므로 그 사회와 조화를 이루지 못하면 개인의 참 행복은 얻을 수 없다. 이러한 이유로 합리성도 필요하고, 인류의 도로서 윤리 도덕성도 빠져서는 안 되는 것이다.

윤리 도덕에 대해서는 서양 종교에서 더할 나위 없이 엄격히 말하고 있는데, 불교 역시 도덕이나 수양의 가르침을 강조하여 여러 경전에서 쉽게 찾아볼 수 있다. 그래서 '불교의 큰 뜻이 무엇이냐'고 물으면 '모든 악 짓지 않고 모든 선을 행한다'^{모든 악 짓지 않고 큰 선을 행하는 것을 갖춘다}라고 부처님의 가르침으로 답할 수 있다. 때문에 아무리 열심히 신앙 생활을 해도 인류의 도에서 벗어나는 행위를 하게 되면 참 신자라고 할 수 없다. 불교는 신앙과 동시에 인격의 완성을 중시하기 때문에 신앙 가운데에도 이것을 위한 수양이 반드시 포함되어 있다.

원시경전에서는 도덕이나 수양에 대한 많은 기록을 찾아볼 수 있다. 그런데 그것에서는 예배의 대상으로 신을 섬기는 것이 아니기 때문에 때로 불교를 종교가 아니고 윤리 도덕을 가르치는, 즉 개인적인 수양을 쌓는 것에 지나지 않는다는 비판을 서양 철학자들이 하기도 한다.

그러나 불교의 법을 설한 원시경전에는 제1의 '교'로서 신앙이나 종교성이 곳곳에 잘 설해져 있다. 만약 이것이 없었다고 하면 불타를 2,500년 동안 동양의 수많은 사람들이 신봉할 이유가 없었을는지도 모른다. 더욱 중요한 것은 불·법·승 삼보에 귀의하는 것으로, 이것이야말로 종교성을 나타내는 좋은 예이다. 이 삼보 귀의에 대해서는 원시경전의 여러 곳에서 말하고 있다.

따라서 원시불교가 종교가 아니라 오직 윤리 도덕적인 가르침에 지나지 않는다는 서양 학자의 비판은 잘못된 것이다.

법의 세 가지 의미, 성聖·진眞·선善

전술한 바에 의하면 불교의 법이란 제1은 종교 신앙으로서의 교敎, 제2는 인과의 도리에 맞는 합리적인 인因, 제3은 인류 사회의 도에 맞는 윤리적인 덕德을 합한 것임을 알 수 있다. 결국 불교의 법이란 제1로 종교 신앙의 이상으로서 성聖 또는 영성靈性이고, 제2는 합리적 이상으로서 진眞 또는 도리道理이고, 제3은 윤리적 이상으로서 선善 또는 정의正義라고 할 수도 있다. 따라서 불교의 법이란 인간의 이상으로서 규범規範이 된다.

비유정비영혼성 非有情非靈魂性 : 유정도 아니고 영혼도 아닌 성품

전술한 바에 의해서 안 것과 같이 법의 정의로서 세 가지 의미란 인간의 이상으로서 규범이 되는 것으로 서양 철학에서도 이것에 관해 언급할 정도로 일반인들 역시 친숙한 의미일 것이다. 그렇지만 법의 제4의 정의로서 말하는 '유정도 아니고 영혼도 아닌 성품'이란 불교만의 독특한 것으로 일반인들은 들어보지 못하였을 것이다. 여기서 '유정도 아니고 영혼도 아닌 성품'이란 쉽게 말하자면 무아 無我이다. 이 무아는 불교의 근본 특징을 나타내는 중요한 것이다.

유정도 아니고 영혼도 아닌 성품이란 '무아 無我가 되는 것'이라고 할 수 있다. 여기서 '것'이란 '존재하는 것'을 가리키는데, 불교에서 말하는 '존재하는 것'이란 시간과 공간 속에 있기 때문에 우리가 감각이나 지각에 의해 경험하고 인식하는 현상적 존재만을 의미한다. 따라서 시간·공간을 초월한 불생 불멸의 실체라고 할 수 있는 형이상적 존재는 '것' 속에 포함되어 있지 않다.

이것을 나타내는 것이 '유정도 아니고 영혼도 아닌 성품'으로, 여기서 비유정 非有情이란 유정 有情 : 인간의 실체로서의 아트만에 해당되고, 비영혼 非靈魂이란 영혼 마음의 실체로서 불생불멸의 존재에 해당되어 함께 실체가 없는 무아, 이를테면 생멸 변화 生滅變化하는 현상으로서의 존재를 나타낸다.

법을 '유정도 아니고 영혼도 아닌 성품'이라고 정의하는 것은, 법이 무아성 無我性으로 현상적 존재, 곧 불교의 '것'을 의미하기 때문이다. 불교에서 일체법 一切法이라든가 제법 諸法이라고 말하는 경우의 법이 이에 해당되는데, 이 법은 물질이나 마음 등의 현상적 존재를 의미한다. 이 네 번째의 정의의 법이란 앞의 세 가지 정의의 경우와 같은 규범으로서의 법이 아니고, 그것에는 선도 악도, 어리석음도 깨침도, 속俗도 성聖도 현상 세계의 일체 존재가 함께 포함되어 있음을 뜻한다.

이 법이 실체가 없다고 하는 것에 관해서는 이를테면 대승의『반야경』등으로서, 아我·인人·중생衆生(有情)·수자壽者라고 하는 실체의 존재를 부정한다. 또한 이를 '일체의 유위〔有爲(現象)〕의 법은 꿈〔夢〕·환각〔幻〕·물거품〔泡〕·그림자〔影〕와 같고, 이슬과 같고 또는 빛과 같아서'라고 비유하여 말하고, 모든 현상의 법이 실체가 없는 것은 마치 꿈이나 환각이나 물거품이나 그림자 같고, 또는 아침의 아지랑이나 순간 사라지는 섬광과 같다고 기록하고 있다.

그러나 실제로 이러한 생각을 한 사람은 불타를 전후로 한 그 시대의 종교가나 철학자 중에는 전혀 없다. 그리고 불교 독자의 것이었다는 것은 모두 본체론에서 비판하며 소개한 도리이다. 또한 이와 같은 불교의 무아설은 다음의 대승에서 무아를 공空이라 설하는 것으로 알 수 있다.

『반야심경』에서 일체개공이라든가 색즉시공이라 하는 것도 일체의 존재는 모두 실체가 없는 공·무아이므로 결국 색色 : 물질이나 육체은 공·무아의 현상적 존재를 나타낸다.

여기서 무아·공으로서의 현상적 존재란 실체가 없는 존재, 고정될 수 없는 유동적이며 변화하는 존재, 절대적이 아닌 상대적인 존재, 고립되어 독립한 존재가 아니라 서로 관련되고 합해진 상관적인 존재라는 의미이다.

이 의미의 무아·공은 이론적인 면을 가리킨다. 그러나 무아·공을 말하게 된 최후의 목적은 이론적인 면보다 무아·공의 마음의 확립이고 실천적 태도이다. 실천적인 면에 있어서 불교에서는 어떻게

행하는가를 간단히 말하면 그것은 **무아적 삶의 실천**이라고 할 수 있다. 실천적 무아·공은 모든 것에 대해 고정적인 생각을 가지지 않고, 그것에 집착하지 않아야 된다.

이론적으로 보아서

무아無我 · 무실체無實體의 것을 실체적인 내 것이 있는 것으로 착각하면 이것을 불변의 실체로 고집하게 되므로, 그것이 변화 쇠멸하거나 변함이 없는 것에의 기대가 어긋날 때, 즉 불변의 것으로서의 기대가 어긋나므로 고뇌가 일어나는 것이다.

결국 현상적 존재를 불변의 실체로 착각하는 것이 우리들의 생각이기 때문에, 이 생각이 변함에 따라 무아 · 무집착無執着이 되는 것이 무아나 공의 실천이다.

무아의 상태란 우리들의 마음에 선입견에 의한 편견이 전혀 없어서 순수한 공의 입장에서 바른 판단이나 행동을 하는 것을 말한다.

따라서 편견 · 아집 등이 없는 바른 생각이나 행동을 하기 위해서는 무아의 마음이 되는 것이 필요하다. 『반야심경』에서 일체개공이나 색즉시공이라 하는 경우의 공도 전술한 이론적인 공으로서의 설명 이외에 차라리 이것을 실천적인 공으로서 '일체에 집착 없이 이것을 자유자재로 구사하는 것'일체개공, '육체에 고집함이 없어 집착심이 사라지고 법에 따라 꾸임 없이 살아가는 자연적'색즉시공인 것으로 해석하는 것이 그 궁극의 의미가 된다. 법의 네 번째의 정의로서 '유정도 아니고 영혼도 아닌 성품'이라 설하게 된 것은 이와 같은 무아나 공의 실천적 의미도 포함되어 있다고 봐야 한다. 그렇다면 이와 같은 무아의 실천과 관계된 네 번째의 정의의 법이란 앞의 세 가지 정의에 의한 법과 어떠한 관계에 있을까. 서양 철학에서 언급한 바와 같이 법에 대한 최초의 세 가지 정의는 인간의 이상적 규범이다. 그러나 네 번째의 정의는 서양 철학에서도 인도의 불교 이외의 철학이나 종교에서도 전혀 말하지 않은 불교만의 독특한 것이다.

만약 이 네 번째의 정의인 '무아의 실천'을 앞의 세 가지 정의로서의 법에 응용하면 어떻게 될까. 전술한 법의 정의로서 세 가지 규범은 네 번째의 정의인 '무아의 실천'을 더할 때에는 세 가지 규범은 자동적으로 무아적 규범이 되는데, 그것은 다른 종교나 철학의 가르침에서는 볼 수 없는 멋있는 특징이 창출된다. 이것이 바로 불교의 법의 멋으로 거듭나게 되는 것이다. 여기서 이 점을 구체적으로 설명하겠다.

먼저 법의 정의인 세 번째의 덕, 곧 그 정의인 선^善에 대해서 고찰해 보자. '선이란 무엇인가' '왜 선을 행해야 하나'라고 하는 것이 오늘날까지 도덕이나 종교의 가르침 속에서 끊임없이 대두되고 있는 문제이다.

인도 철학 가운데에는 선악 그 자체를 인정하지도 않거니와 이것을 의심하는 학설도 있었다고 전해지지만 지금은 이를 제외하겠다. 선악에 관한 이러한 주장 가운데 하나는 인도의 정통 바라문교에서는, 통속적인 해석에 의하면 신을 즐겁게 하거나 만족하게 하기 위해서 행하는 제사나 기도가 선이 되고, 이 선행에 의해서 신은 우리에게 은혜를 베풀어 행복을 준다는 것이다. 또는 신을 화나게 하는 행위가 악이 되고, 이에 의해서 재난이 신으로부터 내려진다는 것이다. 이 경우의 선악은 신의 의사에 맞는가, 맞지 않는가에 의해서 정해지므로 그 중심은 신이다.

다음으로 바라문교의 우파니샤드 철인들이 말한 인과업보설에 의하면, 선인선과 악인악과[좋은 행위가 원인이 되어 좋은 결과를 얻고, 반대로 나쁜 행위는 필히 불행한 결과가 따른다]가 진리라는 주장이다. 이 업보설^{業報說}은 일찍이 불교에서 채용했는데, 후세에 이르기까지 인도 철학을 비롯한 많은 종교에서도 채용하고 있다. 이러한 업보설은 불교를 통해서 예부터 동양에 널리 보급되어 오늘날에 이르고 있다.

업보설에 의하면 이익이나 행복을 얻기 위해서는 좋은 일을 행하지 않으면 안 되기 때문에 이것은 손익계산이나 이해득실을 중시한 일종의 공리주의와도 같다고 할 수 있다. 복리福利를 자신의 계산에 넣고, 그것을 얻기 위해 선행을 하는 것은 자기 중심적인 집착에서 비롯된 행위로 봐야 한다. 이는 그것이 양심적인 행위여도 결과가 없으면 행하지 않고, 설령 양심에 어긋나는 행위여도 결과를 얻을 수 있으면 행하게 된다. 바로 여기에 공리주의의 결함이 있다.

업보설은 유치하게 행동하는 사람들에게 권선징악勸善懲惡 : 좋은 일은 권하고 나쁜 일은 벌한다적인 의미를 일깨워 줌에 있어서는 더없이 효과가 있다. 실제로 오늘날에는 선악을 인정하지 않고, 또는 무엇이 좋고 나쁜가를 모르고, 선과 악에는 꼭 과보가 있는 것을 모르고, 또는 이러한 것을 인정하려고 하지 않는, 헛된 이기주의에 빠진 자가 적지 않다. 이는 특히 청소년들한테서 많이 볼 수 있긴 하지만, 어른들의 세계에도 없는 것이 아니다. 이와 같은 잘못된 생각을 행하는 자에게 선악의 도리를 알게 해 그들을 바른길로 인도하기 위해서는 좋은 것은 좋은 결과를 얻고 나쁜 것은 나쁜 결과를 얻을 수 있다는 식의 인과업보설은 신 중심의 선악설과 함께 없어서는 안 되는 것으로, 더없이 중요한 것이다. 그러나 이러한 설에 의한 좋은 일도 반드시 참으로의 자율에 의한 좋은 행이라고 할 수가 없다.

따라서 무아의 실천에 의한 무애자재의 선善이란 이와 같은 짜깁기와는 거리가 멀다. 이는 꾸밈없이 자연적으로 행하는 선으로, 선이라고 하는 의식 자체도 없음을 뜻한다.

전술한 불교의 근본인 '제악막작諸惡莫作하며 중선봉행衆善奉行한다'도 이와 같아서, 이를 '악을 짓지 마라. 선을 봉행하라'는 명령으로 이해할 것이 아니라

'악은 짓지 않으며 선을 행한다'라고 옮기는 것이 좋다. 이것은 명령하는 것도 아니고, 의무 관념도 아닌 꾸밈이 없는 자연적인 행이므로 멈출래야 멈출 수 없는, 말하자면 그렇게 하지 않으면 안 되는 것이다.

명령에 의해 강제성을 띠면, 그것에 반항하고, 등 돌리고, 게으르고, 꾀부리게 되어 감독의 눈이 미치지 않으면 속이게 된다. 더욱이 형벌이나 제재를 가하면 이는 더더욱 어쩔 수 없이 행하는 것이 된다. 이익을 얻거나 상을 받을 목적으로 행위하는 경우 역시 행위 그 자체에 목적이 있는 것이 아니라, 행위가 곧 일종의 수단에 지나지 않는다. 따라서 참 정신이 들어가 있지 않은 행위가 완전하다고 말할 수는 없다. 타율적 행위의 결함이 있기 때문이다.

따라서 완전한 선행이란 그 선이 저항이나 갈등 없이 자연히 행해지고, 오히려 행하지 않으면 참을 수 없어 자발적으로 행하게 됨을 말한다. 이때는 감독이 있든 없든, 또한 신이나 부처가 보고 있든 말든 그에 관계없이 행해야 할 것은 꼭 행하고 행하지 않고는 참을 수 없기 때문에 그것을 반드시 행하게 되어 완전한 선행이 된다. 무아의 실천에 의한 선善은 참으로 이와 같아서, 윤리 도덕의 극치도 이렇지 않으면 안 된다.

도원선사는 '제악막작諸惡莫作 중선봉행衆善奉行'을 해석하여 『정법안장 제악막작諸惡莫作』을 펴냈는데, 여기에 전술한 무아의 실천에 대해서

언급하고 있다. 그것에는 '제악막작諸惡莫作하기를 원하고, 제악막작諸惡莫作도 일어나지 않도록 지어가고, 모든 악 짓지 않는 곳에 수행력이 곧 나타나 이룬다'라고 기록되어 있다.

즉 처음에는 '제악막작諸惡莫作하기를 원하고' 악한 것이 그쳐 마음의 원이 굳어지면, 다음에는 '제악막작諸惡莫作도 일어나지 않도록 지어가고' 악한 일은 하지 않도록 마음 쓰며 정진하면, 최후에는 '모든 악은 이미 짓지 않게 된다'라고 기록되어 있어서 나쁜 일은 하려고 해도 할 수 없게 된다. 그곳에 무아의 실천수행력이 현성現成(완성)되는 것이다.

요컨대 '제악諸惡을 짓지 않는 곳에 머물며 왕래하고, 제악을 짓지 않는 인연과 상대하고, 제악을 짓는 친구와 사귀어도 제악은 더욱 짓지 않게 된다'라는 말처럼, 나쁜 일이 벌어지는 장소에 머물거나 그곳을 드나들어도, 또한 악한 일을 저지르기 쉬운 대상과 만나거나 악한 일을 행하고 있는 친구와 함께 있어도 그 사람은 결코 악한 일을 하지도 않고, 악한 짓 또한 하지 않는다.

이상에 의해서 법의 세 번째의 정의로 선善이란 이것에 네 번째의 정의로 무아성無我性을 첨가함에 따라 '무아無我의 선善'으로써 최고이자 최상의 선이 됨을 알 수 있다. 같은 맥락으로 법의 두 번째의 정의도 '진眞도 이것에 무아성을 첨가함에 따라 무아無我의 진眞이 되어 절대 최상의 진이 된다.

말하자면 바른 진리를 발견하고 또는 이것을 추구하여 시험해 보는 경우에도, 이 진리를 실제로 적용하는 경우에도 모두 무아의 상태가 되어야만 한다. 모든 편견이나 선입관을 버리고, 나를 다비워버린 무아의 상태가 되지 않으면 진리를 있는 그대로의 바른 모습으로 발견할 수 없다.

또한 이 진리를 응용하는 경우 사물의 형태에 대한 정확한 판단 없이 그 장소에 따라서 적절한 조치를 취하기 위해서도 무아의 상태가 되지 않으면 안 된다.

법의 제1의 정의로서 성^聖이란 종교와 신앙을 이미 나타내고 있지만 이 역시 무아성이 아니면 최고의 믿음이라 할 수 없다.

신앙의 발전

부처님이나 신을 향한 신앙에는 '그 정도의 돈을 바쳤으니 그만큼의 소원쯤은 들어주어야 한다'라는 상거래식의 믿음도 따르기 마련이다. 은혜를 입으므로 존경하고 예배하는 것은 은혜를 받지 못하거나 소원하는 일이 소용없게 되어 예배할 필요가 없다면, 이는 곧 이해득실에 의한 공리적 신앙이 된다. 현세 이익적 신앙에는 이러한 종류가 적지 않다. 하지만 이와 같은 공리적 신앙은 저속하여 고등 종교라 할 수 없다. 그러나 그렇다고 하여 이러한 신앙을 무조건 배척해서도 안 된다. 그에 의해 병이 낫는가 하면 가난이 사라지기도 하기 때문이다.

결국 신앙심을 갖게 되는 동기는 현세 이익적인 측면이 없지 않다. 처음엔 이러한 현실적인 부분에서 시작하여 한 차원 높은 신앙으로 나아가게 되어 일시적 신앙이던 것이 영속적이 되면서 소망이 있고 없고에 관계없이 신앙 생활을 계속하게 되는 것이다. 또한 입신 동기도 병이나 가난 해소 같은 소망으로 시작하지만, 이 건강이 영원히 이어지고 번영이 지속되기를 원하면 그것은 일시적이 아니라 언제나 필요로 하는 기원이 되어 신앙도 영속적이 되는 것이다.

　문제는 신앙의 영속성에 따라 건강해지거나 살림살이가 넉넉해짐을 어떻게 해석해야 좋은가 이다. 이는 육체나 물질 이외 어떤 마음을 갖고 어떻게 노력하느냐에 따라 신앙으로서 정신 수양이나 수행이 요구된다. 또한 육체와 정신을 합해 인격이 향상되도록 하지 않으면 안 되게끔 되어 있다. 그것에 신앙의 발전이 있고, 신앙은 이상을 추구하는 모든 사람에게 인격 완성을 위해서 절대로 없어서는 안 되는 것이 된다.

　이상은 제2단계의 신앙이라고 할 수 있지만 거기에는 나 자신의 관심이 중심이 된다. 하지만 보다 중요한 것은 세상은 나 혼자서 살아갈 수 없다는 것이다. 우리는 모두 태어나면 부모의 사랑과 양육에 의해서 크고, 가족들로부터 감화를 받고, 또는 유치원·초등학교·중학교 등의 학교 교육으로부터 학문도 배우고 친구로부터의 영향, 졸업 후에는 사회에 나아가 직장이나 또는 신문·잡지·라디오·텔레비전 등으로부터 여러 가지 관습이나 세계관·인생관을 배우며 그것이 습성이 되면서 자연히 한 사람의 인간으로서 성장하며 발달해 가게 되는 것이다. 결국 우리의 일상 생활, 이를테면 문화·정신·경제 등의 모든 것을 사회로부터 은혜를 받고 있는 것이다. 따라서 우리의 행복이나 평화도 나 혼자서 완성하는 것이 아니라 주위 환경과 조화를 이루어가면서 만들어지는 것이다.

　주변 사람이 못살고 사회가 혼란스러운데 나만 잘 산다고 해서 평화가 이루어지는 것은 절대 아니다. 참 행복은 주변과의 공존 가운데 이루어진다. 이런 의미에서 우리의 존재는 우리가 살고 있는 사회와 운명을 같이 해야 함은 물론, 사회와 항상 연대책임을 지며, 이 사회에 대한 선과 악도 함께 책임을 져야 하는 것이다.

신앙에 있어서도 최후 단계의 신앙 역시 나만의 인격 완성이나 행복보다는 오히려 주변 사람의 행복을 위해서 활동하고 자비를 베풀며 사회 전체의 행복과 평화를 원하는 것이 되지 않으면 안 된다.

불가에서 보살이라고 일컫는 대승의 수행자란 이와 같아 사회 전체의 복지를 위해서 활약하는 사람을 의미하며, 이것이 종교와 신앙의 최고이자 최선의 단계이다. 여기에는 나를 비우고 나를 버려서 무아의 실천이 최고로 발휘되어 법의 제1의 정의로서 성^{聖}은 제4의 정의로서 무아성^{無我性}을 첨가함으로써 최고의 신앙임을 나타내는 것이 된다.

이상에 의해서 불교의 법이 성^{聖}·진^{眞}·선^{善}의 규범적 이상을 의미하고, 더욱이 무아성^{無我性}이라고 하는 불교 독자의 의의를 더함으로써 그 이상은 참으로 궁극의 것이 된다. 따라서 불교가 이러한 궁극의 이상을 목적으로 함에 있어서 넓은 뜻의 인간학임을 다시 한번 확인할 수 있을 것이다.

제 3부

불교 사상 기초

제1장
불교 학설의 구조

석존 시대 이후 2,500년 사이의 불교는 아시아 모든 지역에 전파되면서 여러 가지 변화를 수용한 끝에 오늘날에 이른다. 인도에서는 석존시대부터 불멸 후 100년까지를 원시불교시대라 일컫는데, 이때의 불교는 원시적인 모습으로 불교 출가 교단도 전체가 하나로써 일치 단결하고 있었다.

하지만 자연히 경전이나 교리를 보는 방법에 말까지도 차이가 있었고, 심지어 교단의 생활 규정으로서 계율에 대해서도 보수와 혁신이 나타나 대립하게 되면서 불멸 후 100년 경부터는 교단도 보수적인 상좌부와 혁신적인 대중부로 나뉘기 시작한다. 이것을 일러 근본 분열이라 칭하는 것이다.

근본으로부터 한번 분열이 되고 난 후 불교는 더욱 세분화되면서 2, 300년 사이에 18부 또는 20부라는 부파로 나뉜다. 이와 같은 부파

분열은 교리 학설이나 생활 양식은, 교단 내의 다른 설에 기인해 일어난 것이 아니라 불교가 인도 전역으로 확대되는 과정에서 각기 다른 지방의 불교도들끼리 연락이 단절된 것이 주된 원인이다. 이때 기원 전후로 하여 부파로 분열하기 시작하여 부파가 형성될 때까지를 부파불교시대라 일컫는다.

부파불교는 원시불교를 이은 것이지만, 원시불교와 부파불교 사이에는 불교의 교리나 학설, 종교적인 면에서 변화가 있다. 또한 18부, 20부라고 하는 여러 부파 사이에도 제각기 다른 학설이나 생활 규정을 가지고 독자의 성전을 갖게 된다. 더욱이 그 성전들은 원시불교로부터 전해진 것으로 동일한 원천에서부터 유래된 것이지만 모든 부파의 성전은 의도적은 아니었지만 조금씩 변화되며 각 지방의 언어에 따라 전해졌기 때문에 대개의 부파 경전은 서로 비슷하면서도, 세부적인 것에 있어서는 서로 다르게 나타나는 점도 있었다. 결국 같은 석존으로부터 흘러나온 경전이 시대나 지역의 변모에 따라 다소 변화를 보이게 된 것이다.

부파불교의 공통점은 불교가 학문화하고 형식화되고 전문화됨에 따라 출가 불교가 되어 일반 민중을 지도하고 교화하는 신앙의 실천이 희박해졌다는 것이다. 이로 인해 석존시대와 같이 모든 민중과 접촉하며 그들을 가르치는 적극적인 활동도 펼치지 않게 된다.

그 결과 불교는 점차 형식만 남아 침체의 늪으로 빠지게 된다. 이와 같은 부파불교의 결함을 시정하고, 불교 본래의 모습으로 복귀시키려는 운동이 뜻 있는 불자들 사이에서 대개 서기 1세기경부터 일기 시작하였는데, 이것이 바로 대승불교이다.

이 새로운 불교 개혁은 형식적인 부파불교를 독선적인 소승불교라고 폄하하는 한편 개혁불교야말로 석존의 참정신을 전하는 불교라 자처했다.

요컨대 소승이란 조그만 수레라는 의미로서 자기 자신만의 수행이나 완성을 목표로 하고, 대승이란 큰 수레라는 의미로서 많은 사람을 구제하는 데 목적을 두었다. 또한 소승이 출가 전문적인데 비해, 대승은 재가를 중심으로 한 일반 민중적이었다. 따라서 그 가르침에 있어서도 오히려 소승이 두 번째로 떨어지는데 반해, 대승은 첫 번째로 최고의 가르침이자 불교의 참뜻이라고 했다. 대승은 신앙 실천 위주로 한 대중적인 가르침이었기 때문에 짧은 시간 안에 인도 각지로 보급될 수 있었다. 하지만 이후 이것에 자극을 받은 소승불교에서도 스스로 반성하며 개선을 하여, 그 이후는 대승과 소승이 서로 나란히 번영하게 된다.

대승에서는 독자의 대승경전을 제작했는데, 이는 초기·중기·후기로 구분된다.

초기의 대승불교에는 보다 순수함이 있을 뿐만 아니라 그 경전에도 유명한 것이 많이 포함되어 있다. 중기의 대승은 다소 형식화되고 철학적 이론이 많이 포함되어 있기 때문에 경전이라기보다는 철학서로 보기도 한다. 후기의 대승경전은 이 철학을 실천하기 위해서 상징적 용어를 써서 간략화하고 일반화했다. 말하자면 진언밀교^{眞言密敎}가 그것이다.

그러나 이 상징주의적 불교도 인도의 통속 신앙과 융합하면서 점차 타락해 마침내 13세기에 들어서면서부터 1,700여 년 계속된 인도 불교가 인도 본토에서 그 모습을 감추고 만다. 그것은 불교의 내부적인

타락은 물론 인도 정통파인 힌두교의 발흥 육성과 이슬람의 침략 공격
이라는 외부적인 피해에 기인하기도 했다.

그 대신 불교는 먼저 아쇼카왕 때 남쪽은 스리랑카 섬에 전파되어
흥성하면서 스리랑카의 국교가 된다. 그 후 12, 13세기경에는 미얀
마 · 타이 · 캄보디아 · 라오스 등에 전파되어 오늘날의 남방불교를
형성하게 된다. 이 불교는 상좌부에 속하기 때문에 상좌부불교라고도
일컫는다. 그리고 이 불교 성전은 팔리어라고 하는 고대 인도어로
전해졌기 때문에 달리 파리불교라 칭하기도 한다.

또한 아쇼카왕 시대에 서북 인도에 전한 불교는 설일체유부說一切有部
라는 부파가 중심이 된다. 이 부파는 중인도로부터 서북 인도에 걸쳐
크게 발달하였으며, 소승부파불교의 대표적인 존재가 된다. 중국이나
한국, 일본에서 소승불교라고 칭하는 것은 대개 이 설일체유부를 가리
킨다. 현존하는 부파불교의 문헌을 보아도 남방불교를 대표하는 팔리
어 성전과 북방불교를 대표하는 범어나 한역 등도 설일체유부의 성전
이다.

서북 인도에서는 설일체유부 이외의 부파도 번영하여 대승불교도
행해지고 있었다. 이러한 여러 불교는 인도 국경을 넘어서 이란을
비롯한 중앙아시아의 모든 지방에도 전해지며, 1세기경에는 실크로드
를 통해서 중국에도 전해진다.

중국 불교는 주로 중앙아시아의 육로를 통해서 전해지나, 3세기
이후의 주된 불교의 교역로는 남방의 해로다. 그러나 경전 등이 조직
적으로 수입된 것이 아니고, 기회가 있을 때마다 대승 · 소승의 여러
경전을 가져와 한문으로 옮겨진다. 그것이 1,000년이 넘는 시간에 걸
쳐서 이루어졌기 때문에 한역 경전은 수량으로도, 또 대승 · 소승의

종류별 성격으로 봐도 현재 세계에 존재하는 불교 성전 중에는 최고이자 최대의 것이 된다. 이에 반해 남방불교의 팔리어 성전은 그 순수성과 오랜 역사에 비추어 볼 때 더욱더 가치가 크다.

또한 7세기경부터 티벳에서는 인도로부터 직접 불교를 수입해 그 후 5,6백 년에 걸쳐 인도어 원전의 경전을 가져와 직접 티벳어로 옮겨 오늘날에 이르는데, 그 양은 한역 불전 다음으로 많다. 특히 그 중에는 한역 불전에는 없는 중기나 후기의 대승 경전류가 많아 중기 이후의 인도 불교를 연구하는 데는 더할 나위 없이 중요한 자료가 된다. 중국에서는 기원 후 1세기경 이후부터 불교를 수용하면서 자연히 융성해져서 남북조로부터 당송시대에 걸쳐 대단히 발전했다. 그것은 또 한국과 일본에도 전해진다. 이로써 중국이나 한국, 일본 불교는 거의 대승 불교이지만, 일본은 종파 불교로 각각의 특색을 나타낸다.

이와 같이 불교는 2,500년 동안 아시아 모든 지역에 전파되고 변화하면서 많은 부파·학파·종파 등으로 나뉘어 제각각 독자의 교리와 학설, 신앙의 실천을 전개하고 있다. 따라서 불교의 가르침은 실제로 서로 모순되는 부분이 많고 그 차이가 커 전체를 하나로 정리하기가 무척 힘들다.

하지만 제아무리 복잡하고 많은 갈래로 나뉘어져 있어도 그것이 모두 불교라는 이름으로 불리고 있는 이상 다른 종교와는 달리 불교로서의 공통된 특질을 찾아내야 할 것이다. 만약 서로간에 공통된 불교 독자의 특징이 존재하지 않는다면 그것은 이미 불교라 할 수 없다. 따라서 2,500년에 걸쳐 모든 지역에서 행해진 불교에 틀림없이 최대 공약수로 작용할 수 있는 불교 공통의 특질이 있어야만 한다.

이 특질은 한마디로 앞장에서 법으로 설명해 놓은 것으로, 법이라는 특질을 알기만 하면 표면적으로는 서로 다르고 모순인 것같이 보여도 실질적으로는 모두 이것을 불교라 불러도 된다. 그래서 불교에는 영원히 변함 없는 본질로서 법이 그 시대나 지역, 환경에 맞추어 또는 이것을 수용하는 사람들의 능력·교양·성격 등에 따라서 좀더 이해하고 실천하기 쉽도록 표현되어 있다. 이와 같이 법이 시대나 지역의 환경에 따라서 표현되는 것을 가르침이라고 한다. 소전所詮: 경문의 의의와 뜻을 나타냄의 도리道理라 하고, 가르침을 능전能詮: 경문의 언교言教라 하는 것이 그것이다.

변화하지 않는 법法을 불교의 근본 취지라 하여 종宗이라고 부르기도 한다. 이에 반해 변화, 발전하는 것을 말하고 가르치는 것을 언교言教=말과 가르침라 한다. 본질로서의 종宗이란 시대나 지역, 인종이나 신분의 높낮이를 불문하고 항상 변함 없는 영원한 이법理法이고, 법의 네 가지 특질을 갖추어 인간의 이상적인 규범이 되는 것이지만, 교教는 시대나 지역에 따라서 변화하고 발전해야 한다.

만약 언교言教에 변화가 없다면 그 불교는 고인 물이 썩는 것과 같아서 위축되고 침체하여 생기를 잃고, 끝내는 사라지고 말 것이다. 따라서 불교가 지속적으로 발전하기 위해서는 항상 새로운 언교言教의 거듭남이 없으면 안 된다. 불교가 인도, 중국, 한국, 일본을 통해 2,500년 동안 여러 가지 학설을 전개하며 올 수 있었던 것도 불교의 언교가 발전하고 변화해 왔다는 것을 잘 말해 주는 또 하나의 증거이기도 하다.

시대와 함께 변화해 온 각각의 교학을 지금에 와서 하나씩 살펴본다는 것은 사실상 무의미할 수도 있으므로 이는 언급하지 않겠다. 다만 이들 대승·소승 교학의 근원이 된 법法을 중심으로 하여 살펴보려

한다. 실제로 근원적인 법이라고 하는 것이 언교로 표현될 때에는 그것은 이미 법이 아니다. 그렇지만 지금은 이것을 법으로 하여 한번 이해해 보겠다. 만약 이런 의미로서 법이 근본적으로 바르게 파악되어 있다면 여러 가지로 거론되고 있는 후세의 교학으로서의 언교도 쉽게 이해할 수 있기 때문이다.

이런 의미에서 먼저 근본이 되는 근원의 법을 배워야 한다. 이 법은 원시경전에 구체적으로 기록되어 있는데, 여기에 명시되어 있지 않은 법은 대승경전의 것으로 보충함으로써 법을 구체적으로 총망라한 내용이 될 것이다. 따라서 본장^{本章} 이하에서는 이 법에 대해 구체적인 해설을 시도하겠다.

185

원시불교에서 법을 나타내는 것으로는 ① 법인 ② 12연기 ③ 4제 8정도 ④ 3학 등의 중요 교의^{敎義}가 있으며, 대승불교가 열리면서 새로 명시된 것으로 ⑤ 바라밀 ⑥ 불성·여래장 등이 있다. 이러한 것은 모두 불교 독자의 학설이다. 하지만 불교 속에는 불교 이전부터 존재한 인도 사상을 채용하였으며, 그것이 불교의 학설 속에서 중요한 역할을 차지하고 있기 때문에 이에 대해서도 고찰해 볼 만한 가치가 있다. 그것은 불교의 독자적인 학설이 성립되기 이전의 준비 단계로 볼 수 있는데, 불교 학설은 그 기초 위에 세워졌으므로 무시할 수 없다. 바로 이것이 인과업보설이다.

업보설^{業報說}이란

불교는 2,500년 전에 석존에 의해 독자적인 종교 사상을 수립했다. 하지만 어떠한 사상이든 시대나 환경에 관계없이 갑자기 나타나는 것은 절대로 없다. 천재나 위인도 시대를 개혁하고 지도하는 부분이 있긴 하지만 그들 천재와 위인은 필히 그 시대에 의해 길러지고 환경에 의해서 만들어진 존재이다. 이러한 면에서 생각해 볼 때, 석존이 인류가 만들어진 이래 매우 위대한 인물이라고 해도 그 사상이나 학설의 형성시 당시의 종교나 철학으로부터 직접적·간접적으로 또는 적극적·소극적으로 밀접하게 영향을 받았음을 인정하지 않을 수 없다.

실제로 교리 학설이나 실천수행 방법을 보아도 그것에는 당시의 이론이나 실천을 그대로 수용한 것도 있고, 또는 이것을 비판한 후 수용한 경우도 있고 나아가 그것들과는 전혀 다른 불교 독자의 것도 있다.

　인도학이나 불교학을 연구하는 서양이나 인도의 학자 중에는 불교의 내용은 모두 불타 이전 인도의 일반 사상이나 실천 방법을 그대로 수용해 취한 것으로, 그것에는 불교 독자의 학설은 하나도 없다고 주장하는 경우도 있다. 이는 인도의 바라문교^{힌두교}에서 불타를 성자 중의 한 명으로 꼽으며, 불교가 인도 고유의 종교나 철학 속에 포함되어 있기 때문이다. 그런 탓에 오늘날 인도의 힌두교에서는 불교에 대해 친근감을 가지고 있으며 이것을 배척하지는 않는다. 이것이 서양 종교 대 유대교 또는 이슬람교 대 다른 종교처럼 어떤 관계식과는 전혀 다른 점이기도 하다.

　아무튼 불타 이전의 인도 사상 속에는 불합리하고 비윤리적인 점이 많았기에 불교에서는 이 모든 것을 철저히 배제했다. 다만 매우 합리적이고 윤리적인 것은 불교 이전의 것이라도 채용하고 개선했다. 이 의미에서 당시의 사상 중 불교가 채용해 계승한 것은 인과업보 사상이다. 또 수행 해탈의 실천론과 그 근본에 대해서 불교는 이것을 채용했지만 구체적으로는 이것을 배척하거나 개선하기도 했다.

　인도에서 업보설이 나타난 것은 불교보다 2,3백 년 전의 우파니샤드 시대이다. 그 이전 시대에는 사회·인생의 모든 움직임이나 인간의 행복이나 불행은 우주를 지배하는 창조신에 의해 결정된다는 설이 지배적이었는데, 이는 신을 모시는 태도의 정결함이나 부정한 행위의 정도에 의해 그 운명이 좌우된다는 것이다. 이를테면 신들에게 올바른 제사를 행하면 그에 의해 은총이나 공덕을 얻어서 악운을 좋은 운으로 바꿀 수 있다고 믿었던 것이다.

　그러던 것이 우파니샤드 시대에 이르러서는 바라문들 사이에서도 자아에 대해 자각하는 분위기가 일기 시작했다. 이는 인간의 운명에 대해 합리적으로 생각하기 시작했음을 의미하는 것이다. 모든 의식이 규정대로 행하여졌는가 혹은 아닌가에 의해서 인간의 운명이 결정된다는 옛 주장을 깨어 있는 사람들은 더 이상 믿지 않게 되었던 것이다. 요컨대 이때부터

인간의 운명이란 개개인의 행위와 노력에 의해 개척하지 않으면 안 된다는 사상이 일기 시작한 것이다.

말하자면 예전과 같이 인생 문제를 신이나 제사에 의존하는 대신 있는 그대로 고찰하려는 시도가 우파니샤드 시대에 일어나기 시작한 것이 인과업보의 사상이 되었던 것이다.

인과업보란 선인선과善因善果 악인악과惡因惡果와 같이 좋은 업行爲에는 꼭 좋은 과보를 얻고, 나쁜 업에는 꼭 나쁜 결과가 온다는 자업자득의 설이다. 이는 사람들의 자유 의사를 인정해 자신의 의사에 의해 운명을 개척해 나간다는 설로 자율설自律說이 그것이다.

하지만 불타 전후의 시대와 같이 정치적으로나 경제적으로 사회 질서가 혼란스러울 때에는 착한 일을 하면 복을 받고 나쁜 일을 하면 벌을 받는다는 사상이 더 이상 통하지 않았다. 오히려 악한 일을 거듭하며 힘을 모으는 자는 성공하고 벌레 한 마리 죽이지 않는 좋은 사람은 비참한 처지에 놓이게 되는 경우가 있는 것처럼 합리적이지 못한 일이 비일비재하였다. 이것을 합리적으로 설명하기 위해 인과에 얽힌 논리로서 현세뿐만 아니라 전세로부터 내세에까지 미치는 삼세인과의 업보설이 제창되었던 것이다.

결국 선악의 업은 절대로 그대로 사라지지 않고 과보를 받기까지는 3세에 걸치고, 진리를 깨쳐 해탈하기 전까지는 선악에 의한 과보로

6도^{지옥·아귀·축생·수라·인간·천상}를 윤회하며, 그 과보에 따라 고통을 받든가 즐거움을 받는다는 것이다. 이를테면 참 지혜에 의해 무명 번뇌가 사라지기까지는 업보에 따라 윤회하면서 생을 전전한다는 것이 인도의 일반 대중들이 믿고 있는 업보설이다.

불교에서도 이 상식화된 업보설을 채용했다. 이 업보설을 받아들이지 않으면 불교 독자의 4제나 연기도 받아들여지지 않기 때문에 불교 독자의 학설에 입문하기 전의 준비 과정으로서 업보설을 이용한 것이다. 3세인과의 업보설을 의심하고 부정하는 것을 불교에서는 사견^{邪見}이라고 한다. 이는 불교에서 진정 허용할 수 없는 것으로 이것이 있는 한 결코 불교 신앙에 들어갈 수 없다고 한다. 사견은 선과 악을 부정하고 선악의 과보도 인정하지 않기 때문이다.

업보설은 불교를 통해서 인도 이외의 동아시아 모든 지역에도 전파되어 불교를 받아들인 곳 대부분에서 믿어 받들었다. 그러나 이것은 전술한 바와 같이 불교에서는 초보적인 통속설로, 아주 얕은 가르침에 불과하다. 그렇기 때문에 이 업보설로부터 한 걸음 더 나아가 불교 독자의 4제나 연기설로 향해야 한다. 그렇긴 하지만 이 업보설에도 여러 가지 좋은 점이 있다.

먼저, 선악에 대한 바른 의식을 갖고, 선악에는 꼭 그 과보가 있음을 알게 해 준다.

오늘날 우리 사회를 보면 청소년의 비행이 날로 늘고 있다. 또한 어른들의 범죄도 매일 보도 매체를 꽉 채우고 있다. 이것은 청소년뿐만 아니라 어른들도 선악에 대한 확실한 인식의 결여로 나쁜 짓을 하면 자신이나 주위 사람들에게 얼마나 나쁜 영향을 미치는가를 모르기 때문에 빚어지는 현상이다.

한편 나쁜 짓을 나쁜 짓인 줄 모르고 범하는 청소년이 있는가 하면, 다른 사람들이 나쁜 짓을 하기에 자신도 한다든가, 다른 사람이 보지 않으니까 한다든가, 조그마한 것이니까 괜찮다든가 하는 생각을 가지고 있는 사람도 많을 것이다. 이는 선악에 대한 도덕 의식이 없음을 나타내는 것으로 가정이나 학교에서의 어렸을 때 교육이 잘못된 것을 보여주는 단적인 예이다. 따라서 만약 업보설에 철저해지면 도덕의식도 빛나게 되고 범죄나 비행도 사라질 것이다. 결국 이것이 불교 신앙에 입문하기 이전의 다분히 종교적인 업보설일지라도, 이는 종교 이외의 다른 부분에서도 오늘날과 같은 사회에서는 상당히 필요함을 알 수 있다.

더욱이 업보설에 따르면, 현세에 나쁜 짓을 하지 않았는데 질병이나 가난 등 불행에 처함을 비관하거나 세상을 원망할 것이 아니라 현재의 고통은 과거세에 자신이 지은 나쁜 업을 지은 결과이므로 당연한 것임을 자기 스스로 인정하여 받을 것을 받는다며 마음의 평정을 찾아야 할 것이다. 또는 현세에 선한 일을 했음에도 불구하고 그 과보를 얻지 못할 경우에도 내세에 대한 공덕을 쌓는 것이므로 불평불만을 하지 않고, 선악에는 반드시 과보가 있음을 알아 악을 버리고 선을 쌓는 방향으로 사람들의 마음이 향하도록 해야 할 것이다.

그리고 육도윤회六道輪廻란 문자 그대로 풀어보면 생명이 있는 것은 여섯 가지의 세상에 번갈아 태어나고 죽어간다는 사상이다. 따라서 살아 있는 모든 것은 세세생생 윤회 전생을 계속하며 이어온 것으로, 우리들 역시 언젠가의 전생에 새·짐승·곤충·물고기 등의 동물로 태어난 적이 있었을 것이고, 이러한 동물들도 일찍이 인간이었을 때가 틀림없이 있었을 것이다.

　결국 긴 세월을 윤회 전생하면서 모든 생물은 서로 부모도 되었고 자식도 되었으며, 남편·부인도 되어 밀접한 친척의 인연 관계를 틀림없이 가지고 있었을 것이기 때문에 다른 생물을 죽이거나 괴롭히는 것은 일찍이 자기의 부모 형제였던 것을 죽이고 괴롭히는 것과 같다. 따라서 바로 여기서 모든 생물에 대해서 친밀히 사랑하는 마음과 자비·동정의 생각을 일으켜서 일체 생명을 살생하지 않는 사상이 일어나게 된 것이다. 지금은 비록 미물일지언정 이들 역시 전세에는 우리 인간과 같이 업보 윤회하는 어리석은 중생으로 우리들과 같은 동포였고, 미래세에도 우리들의 친유가 된다. 이러한 이유로 일체 생명에 대해서 자비로 애호하지 않으면 안 된다. 바로 이것이 업보 윤회설의 장점이다.

　이상에서 살펴본 것과 같은 여러 가지 장점에 의해 업보 윤회설은 그를 주장하는 인도만이 아니라 동양에 널리 보급되게 된 것이다. 그렇다고 하여 이러한 업보설에 결함이 없는 것은 아니다. 이를테면 어떠한 불행에 처하였을 때 이것은 전세의 악업에 의한 자업자득으로 벗어날 수 없는 숙명이기에 체념하여 운명을 개척하여 정진하는 기백을 떨어뜨리는 단점이 그것이다. 그런데 이 결함은 업보 윤회설을 절대적 숙명론이나 결정론으로 생각하는 오해로부터 나온 것이다. 따라서
불교에서는 해석하는 것과 같이 그것에는 자유 의사의 존재를 인정해 업보란 결정된 것이 아니라 노력 여하에 따라 새로운 좋은 업이 형성됨을 일깨워 주어야 한다. 그래서 인과업보설은 불교의

연기설로 한 단계 높이 올라가야 한다.

업보설業報說과 무아설無我說

업보윤회설業報輪廻說에서는 전세부터 금세, 금세부터 내세의 3세에 걸쳐 살아 있는 것이 윤회 전생한다고 한다. 하지만

다른 면의 불교 본래의 학설에서는 무아라고 하는 것이 있어서 주체적인 자아를 부정한다. 이때 내가 없다무아고 하면 윤회의 주체는 무엇인가 하는 의문이 든다.

주체적인 자아를 말하는 외교에서는 이 자아가 업보윤회의 주체가 된다고 한다. 그렇다면 만일 내가 없다무아고 하면 윤회의 주체는 무엇인가. 또한 주체적인 자아를 부정하는 불교에서는 무엇이 윤회의 주체가 되는 것일까.

여기서 주의해야 할 것은 불교에서 부정하는 주체적인 자아는 불생불멸의 영원한 실체로서, 또한 형이상학적 본체인 생멸 변화하는 현상적 주체로서 이것을 인정한다는 것이다. 이 현상적 주체에 영혼이라든가 인격이라는 이름을 붙이면 이는 그로써 족하다. 이런 의미로 불교에서는 윤회의 주체로서 영혼을 인정하는 것이다. 그렇지만 그 영혼은 불생불멸의 실체가 아니라 끊어지지 않고 변화하는 현상적 존재이다.

윤회의 주체로서 영혼은 업보에 얽혀서 업과 과보에 이끌린다. 그렇다면 업이란 무엇인가? 이에 대해 근대적인 해석을 해 보자.

업이란 인도어로 까르마라 하여 선악 등의 행위를 가리킨다. 그런데 업을 그 요소에 의해서 분석하면 ① 선악의 의사意思 ② 의사

뒤에 일어나는 실제 행동 ③ 의사나 행동의 습관적 잠재 여력이라는 세 가지로 나누어 볼 수 있다.

이 가운데 먼저 ① 선악의 의사란 행위의 동기 목적이 되는 것이다. 어떠한 행위이든 그것이 책임 있는 행위가 되기 위해서는 필히 의사가 동반되지 않으면 안 된다. 이를테면 살인을 할 의사나 목적이 없었는데 실수하여 사람을 죽였다든가 자기의 자유 의사가 아닌 어떠한 강제적인 억압으로 살인을 하게 된 경우, 이것은 선악의 의사가 결여된 행동이므로 그 살인은 완전한 살인죄가 성립될 수 없다.

ⓒ 임윤수

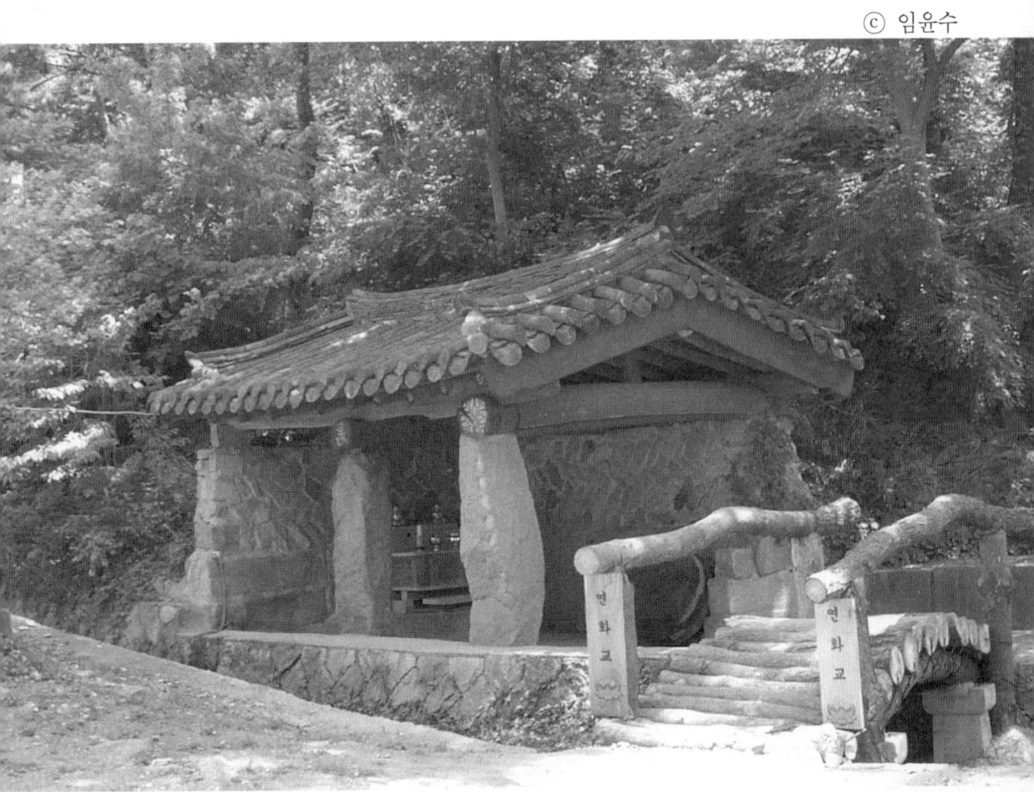

193

하지만 사람을 죽이는 것이 습관화되어 무의식적으로 범한 살인은 습관화되기 이전의 선악의 의사가 거듭된 것이므로, 재범 또는 중범으로 무겁게 벌을 주어야 한다.

②의 실제 행동이란 선악의 의사에 의해서 실제로 신체나 언어로서 행하는 선악의 행동을 말한다. 살인·도둑질·거짓말·사기 등이 그것이다. 선악의 의사만으로는 실제 행동으로 옮기지 않기도 하고, 실제 행동에 실패하여 미수에 그치든가 하면 그것은 행위가 완성했다고 볼 수 없다. 행위에는 동기와 목적으로서의 의사를 중요시하는 목적론, 결과로서 실제 행동을 중요시하는 결과론의 두 가지가 있다. 그러나 이러한 분류에도 불구하고 목적과 결과 양쪽이 구비되지 않으면 그 행위는 완성될 수 없기 때문에 양쪽 중 하나만으로는 참 행위라고 볼 수 없다. 마찬가지로 업의 경우에도 의사와 실제 행동이 같지 않으면 업은 완성되지 않는다. 이러한 가운데 선악의 의사를 불교에서는 의업意業이라 부르고, 실제 행동을 신업身業·언업言業(口業)이라고 칭한다. 그렇지만

의업意業이나 신어업身語業에 의해 지난 업이 그대로 사라지는 것은 아니다. 오히려 그것들은 매번 습관화되어서 어떠한 형태로든 그 사람에게 남게 된다.

바로 이것이 ③ 습관적 잠재 여력이다. 이를테면 도둑질을 하는 경우 처음에는 양심의 가책이나 두려움과 미숙함 때문에 잘 하지 못한다. 하지만 그것이 한번 성공하면 두 번째에는 양심도 마비되어 점차 대담해지고 그 방법도 숙달되어 요령도 생긴다. 더욱이 서너 번 거듭됨에 따라 도둑질은 자연히 교묘해진다. 결국 자기 생각이

아니어도 손 따라 움직이다보면 성공하게 되는 것이다. 이는 그때마다 도둑질이 습관적으로 길들여진 경험으로 인해 그 사람의 몸에 배어 있기 때문이다.

이는 악한 경우에만 해당하는 이야기가 아니다. 선한 행위도 마찬가지이다. 더욱이 선악에 관계없는 행동도 그 행동이 습관화되어 남는다. 연습이나 훈련 등은 모두 이러한 의미의 습관력을 기르는 과정 가운데 하나이다. 결국 선이나 악뿐만 아니라 그 여타의 일상 행동도, 즉 그것이 아주 사소한 것일지라도 우리들의 행위는 결코 그대로 소멸됨이 없이 필히 습관화되어 우리들의 어디인가에 잠재화된다.

항상 악의 길에서 악한 일만 생각하며 행동하는 사람에게는 악한 일이 그 사람에게 가득 채워져 있으므로 그 사람의 마음뿐만 아니라 얼굴에서부터 눈과 말, 태도 등에 이르기까지 모두 야비하고 비열하여 친근감보다는 두려움이 느껴진다. 이에 반해 다른 사람에게 항상 선의와 호감을 가지고 좋은 일만 생각하고 좋은 일만 행하는 사람에게는 좋은 습관만 충만해 있으므로 자연히 그 사람의 얼굴이나 눈, 말이나 태도 등이 모두 온화하고 고상하여 친절함이 솟아나며 의지하고 싶은 감정이 일어난다.

이러한 습관력은 다른 사람이 자기의 행위를 보고 있든 보고 있지 않든, 부처나 신이 보든 보지 않든 언제나 축적되어 있어서 결코 속일 수 없는 것임을 알지 않으면 안 된다. 선과 악의 업이나 그 여타의 경험에 있어서도 매우 중요한 것은 습관적 잠재 여력이다.

그 습관력인 지적 경험은 기억으로 남아 있고, 그것이 더욱 굳어진 것이 지능^{지적 능력}으로서 존재하는 것이다. 이는 감정·의사^{意思} 등의 경험에 있어서도 여러 가지 성격이나 습관으로 남게 된다.

육체적인 것은 일상의 영양·운동·수면·휴양 등을 통한 건강함이나 건강하지 못함에 의해 그 사람의 체질이 형성되는 것이다. 그리고 지능·성격·체질 등이 각 개인에게 그 사람의 소질로서 존재하는데, 이를 인격이라고 칭하는 것이다. 이때 정신적인 소질은 영혼이 된다. 이와 같은 소질이나 인격은 그 사람이 오늘날까지 행해 온 모든 행위에 대한 습관력의 총화라 할 수 있다. 우리들은 개개인마다 고유의 지능·성격·체질 등의 소질을 가지고 이 세상에 태어난다. 그런 탓에 세계의 수십 억이나 되는 인간 전체가 모두 다른 소질을 가질 수 있는 것이고, 이로 인해 어쩌면 같은 소질을 가진 자는 한 명도 없을 것이다.

이것은 개개인이 과거에 제각기 다른 경험을 쌓아왔다는 것을 가리킨다. 여기서 과거의 경험이란 유전학적으로 보아야 하지만, 오늘날 유전학은 아직 소질의 모든 것을 해명하기까지에는 이르지 못하고 있다. 어쩌면 앞으로도 일체의 소질을 유전학적으로 해명하기에 불가능할지도 모른다.

이것을 불교적 입장에서 보면, 만약 전세와 내세가 있다면 전세의 경험이란 것이 업이나 소질을 설명하기 위한 것으로 경험적인 것을 증명할 수 없다고 해도 우리의 바람은 신앙적으로 과거의 내세를 믿을 수밖에 없다. 다만 그보다 앞서 요구되는 것은 현세에서의 방법이 더욱더 중요하므로 업보설로 인해 현세의 우리의 소질이나 인격이 어떻게 형성되어 어떻게 변화하는가를 바르게 아는 것으로 만족해야 하는 것이다.

따라서 소질이나 인격^{영혼}이란 불생불멸의 고정적인 존재가 아니라 지·정·의나 육체적인 경험과 함께 끊임없이 변화하고 있는 현상적 존재를 말한다. 이렇게 변화하기 때문에 나쁜 소질이나 인격을 개선하여 좋은 쪽으로 향하면 이상적인 해탈의 경지에 이르기도 하는 것이다. 만약 불생불멸의 고정적인 본체가 업보 윤회의 주체가 된다면 그것에는 못된 구렁텅이로 빠지는 것도 이상을 향해 항상 정진하는 것도 있을 수 없다.

업보윤회에 관해 외교나 불교에서는 여러 가지 상세하게 논하고 있다. 하지만 업보설은 이미 불교에의 입문적인 예비 학설로 기정 사실화 되어 있다. 그러므로 석존은 불교를 전혀 모르는 사람을 불교로 인도하는 경우 먼저 인도의 상식화된 설로써 인과업보설을 구체적으로 말해 그 사람이 인과업보설을 진리로써 받아들이게 되었을 때 처음으로 불교 독자의 가르침으로 이끌곤 하였던 것이다.

순차적 설법

불교로 이끌기 위한 수단을 순차적 설법이라고 하는데, 이는 매우 정형적으로 설하고 있다.

순차적 설법이란 제1의 시론施論·계론戒論·생천론生天論의 3론과 제2의 모든 근심의 화근이 되는 욕심을 버리는 공덕 그리고 제3의 불교 독자의 4제 8정도를 말하여 불교 신앙으로 인도하는 것을 의미한다.

이 가운데 제1의 3론이 바로 업보설이다. 석존은 일반 대중 가운데 업보설을 알지 못하는 사람을 위해 먼저 선善과 악惡의 업과 그 과보에 대해서 말했다. 시론施論 : 베푸는 말·계론戒論 : 계율의 말·생천론生天論 : 배품과 지킴에 의해 하늘에 나는 과보의 말이 그것이다.

시론이란 가난한 사람이나 종교가 등에게 보시하는, 자선 행위를 말한다. 계론이란 살생하지 않기·도둑질하지 않기·거짓말하지 않기·간음하지 않기 등의 계율 도덕을 말한다. 생천론이란 보시·자선·계율 도덕 등의 좋은 일을 행하게 되면 그 결과로서 죽은 후에 반드시 극락으로 가 행복하게 된다는 이야기이다. 결국 좋은 일을 하면 좋은 결과가 있다는 업보를 구체적으로 말한 것이 3론이다.

이러한 3론에는 악인악과의 업보설이 당연히 포함되어 있다. 이에 의하면 보시나 자선을 행하지 않고 인색하여 자기만을 생각한다든가 살인·거짓말·간음·훔치기 등의 부도덕하며 파렴치한 행위를 하면 그 결과로서 죽은 후에 반드시 지옥·아귀·축생 등의 나쁜 곳에 떨어져 고통을 받으며 여러 가지 불행을 당하게 된다. 선인선과, 악인악과의 인과업보설이 숨길 수 없는 진리임을 납득시키기 위해 3론을 말하게 된 것인데, 이것을 제1단으로 한다.

제2단은 감각적 욕망이나 요구는 일시적으로는 즐거울 수 있으나, 그 순간이 지나면 몸은 망가지고 재산을 잃는 등 많은 허물과 근심이 있는 반면 욕망, 정욕을 억제하고 신중히 하면 건강, 경제, 정신에도 만족할 만한 여유를 얻어서 많은 공덕을 쌓을 수 있다고 말한다. 결국 방종한 생활을 하지 않는 것이 종교 신앙에 가까이 다가갈 수 있는 비결이라고 할 수 있다.

만일 앞의 제1단, 제2단의 설법을 듣고 역시 그와 같다고 받아들였다면 그는 석존의 언어를 신뢰하고 그것을 순진하게 받아들이는 마음의 준비가 된 것이다. 즉 그는 마음으로부터 지금까지 잘못된 선입관을 버리고 완전히 백지 상태가 된 것이다. 이는 마치 염색하는 사람이 자기가 염색하고 싶은 색으로 물들이기 위해 먼저 더러워진 옷감을 깨끗이 세탁하여 하얗게 표백한 다음 물을 들이는 것과 같은 이치이다.

이와 같이 석존은 상대를 자기의 신앙으로 인도하기 위해 상대의 마음속에 있는 불순물이나 잘못된 선입관을 모두 제하여 순수하고 맑은 마음이 되는 것을 첫째 조건으로 내세웠다. 그러기 위해서 전술한 제1단, 제2단의 설법이 행해진 것이다. 이처럼 비로소 상대의 마음이 순백의 맑음이 되어 순수하게 받아들일 태도가 되었을 때 석존은 처음으로 불교 독자의 4제 8정도를 가르친다. 그러면 상대는 석존이 말하는 것을 그대로 바르게 이해하여 불교의 바른 세계관·인생관으로서 4제의 도리를 이론적으로 이해하는 법안의 깨침을 얻게 된다.

법안이란 문자 그대로 풀어보면 법에 대한 지혜의 눈이라는 의미로서, 불교의 초보적 깨침을 가리킨다. 이에 이르면 이미 잘못된 학설에 현혹되지 않아서 다른 종교 신앙을 넘보는 일은 결코 없다. 이는 불교의 규범으로서의 법을 이론적으로 이해하였기 때문이다.

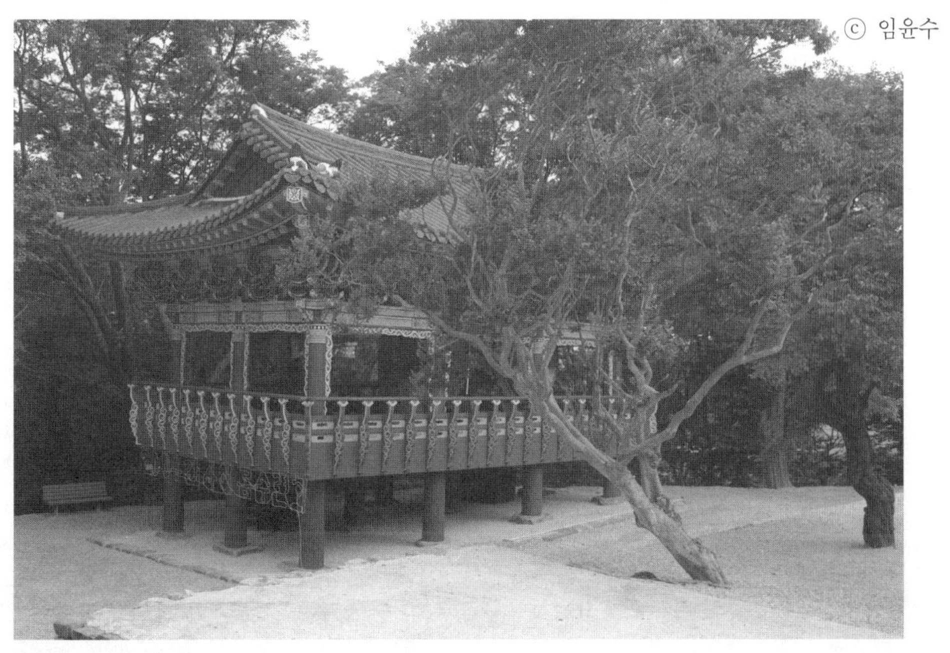

제 2 장

3법인三法印 · 4법인四法印

법인이란 문자 그대로 풀어보면 법法의 인印, 법의 표시란 뜻으로 불법佛法의 특징을 일컫는다. 따라서 법이란 전술한 바와 같이 불교의 일반적인 특질로서 불법을 가리킨다. 주지하다시피 이 법이란 불·법·승 삼보 속의 법으로 부처님이 가르친 법을 의미한다. 결국 법인이란 부처님의 가르침으로 불법의 특징이다. 이는 인도, 중국, 한국, 일본의 모든 불교에 공통적으로 존재하는 근본이 된다. 이것만 있으면 그 가르침은 불법이라고 할 수 있다.

법인이란 원시불교에서는 3법인 또는 4법인이라고 설한다.

3법인이란 제행무상諸行無常, 제법무아諸法無我, 열반적정涅槃寂靜을 말하는데, 이것에 일체개고一切皆苦〔諸行〕를 더하여 4법인이라 칭하기도 한다.

옛날 중국에서는 한역된 불교 경전이 참 부처님 말씀인가 아닌가를 판단하는 기준으로 삼을 때 그 경전이 3법인의 취지에 맞으면 참 부처님 말씀으로 보아도 된다고 했다. 반면 만약 3법인의 취지에 맞지 않으면 그것은 진정한 부처님 말씀으로 볼 수 없다고 했다. 그도 그럴 것이 중국에서는 진실한 경전이 아닌 거짓 경전이 성행했기 때문이다. 이때 그 참과 거짓을 판단하는 기준으로 3법인을 채용했다.

법인이란 불교 이외의 인도의 종교나 철학에서 말하고 있는 현상론, 본체론, 실천수행론과는 다른 불교 독자의 입장을 말한 것이다. 따라서 종래의 학설과는 달리 불교가 새롭게 일어나지 않으면 안 되는 이유를 나타내는 것이라고 볼 수 있다. 불교와 외교를 근본적으로 구별하는 특징이 바로 이 법인이다. 이후 3법인, 4법인에 대해서는 간략히 살펴보겠는데, 열거 순서는 제행무상^{諸行無常} → 제법무아^{諸法無我} → 일체개고^{一切皆苦} → 열반적정^{涅槃寂靜}이 된다.

1. 제행무상^{諸行無常}

제행무상의 행에는 넓고 좁은 여러 가지 의미가 있다. 여기서의 행은 더욱더 넓은 의미로서 생멸 변화하는 모든 현상을 가리킨다.

행^行은 좁은 의미로 의사^{意思}를 대표하는 경우도 있고, 의사를 합친 업^業과 같이 보는 경우도 있다. 업은 3가지 요소로 구성되어 있음은 전술한 바와 같고, 행도 좁은 의미로는 그와 비슷하다. 12지연기의 제2지의 행이 이것에 해당한다. 행을 더욱 확대하면 의사만이 아니라 많은 심적 작용을 의미하기도 한다. 오온^{五蘊}에 있어서의 행온^{行蘊}

이 그것이다. 행온 속에는 부파불교 시대에는 심적 작용만을 말하는 게 아니라 마음이나 물체에도 속하지 않는 세력^{勢力 : 심불상응법(心不相應法)}도 합쳐지게 된다. 그것에 최상의 넓은 뜻으로의 행이란 제행무상의 행으로서 생멸 변화하는 현상계^{유위법} 모두를 행이라고 일컬었다.

제행무상이라는 모든 현상계는, 생하거나 멸하지도 않아 항상 머물며 변하지 않는 것이 아니라 항상 생하고 멸하며 변화하는 것을 의미하는 진리이다.

법인 가운데 제행무상을 맨 앞에 놓는 것은 물질이나 마음, 말하자면 모든 현상은 시시각각 변화하여 한순간도 정지하지 않는다는 이유에서이다. 이는 오늘날 자연과학에서도 입증되고 있을 뿐만 아니라 2,500년 전의 석존도 구태여 증명을 필요로 하지 않는다고 했다. 항상 눈앞에서 펼쳐지는 일로서 다른 법인을 말하기 위한 출발점으로 삼은 것이기 때문이다. 경전에 "무상하기 때문에 무아이다"라고 기록되어 있지만, 이는 제법무아의 법인을 근거로 하여 제행무상이 있음을 말하는 것이다. 세상이 무상하다고 하는 것은 우리들의 마음이 끊임없이 움직이는 것만이 아니라 인간 사회에 있어서도 정치·경제·문화 등이 항상 변화하며, 자연계도 소우주로서 원자나 전자도 끊임없이 운동하고, 대우주의 천체도 끊임없이 변화하며 움직이기 때문이기도 하다. 결국 제행무상이 한층 더 영원히 변함없는 불변의 법칙으로서 진리임을 입증해 주는 격이 된 것이다.

제행무상이 불교의 근본 명제로 결정됨에는 그것에는 이론적인 이유와 실천적인 이유가 있는데, 구체적인 설명은 생략하겠다.

모든 현상의 사물은 시시각각 생멸 변화하면서 일순간에 지나가 영원히 다시 볼 수 없다. 따라서 우리의 존재도 전술한 바와 같이 정신적으로나 육체적으로 과거의 모든 경험으로부터 비롯된 것이다. 이때 그 경험이란 시시각각으로 변하는 현재의 찰나뿐이다. 현재의 찰나적 경험만이 그 습관력을 남기는 것이므로 그 습관력의 모음이 지능·성격·체질 등의 소질이나 인격이 되며, 과거에 축적된 경험이 찰나적으로 현실에 나타나 현재가 성립되는 것이다. 또한 찰나적으로 시시각각 변하는 현재의 경험이 장래 우리들의 소질이나 인격을 형성하며 인식해 가는 것이다.

이런 의미에서 인간을 구성하는 요소는 선악과 함께 찰나인 현재의 경험뿐이라고 할 수 있다. 그러므로 시시각각 지나가는 현재의 찰나가 우리에게는 더욱더 중요한 것이 된다.

현재의 찰나에 전력을 다해 최선의 노력을 한다면 우리는 반드시 이상을 향해 나아가게 되는데, 그 방법은 매 순간의 현재를 귀하게 해야 된다. 이런 의미에서 무상관은 우리를 끊임없는 노력으로 이끄는 것이라 할 수 있다.

석존이 제자들에게 남긴 최후의 유훈으로서 "무상관으로 인해 시간을 헛되이 보내지 말고 시시각각 충실해야 된다"라는 말씀이 있다. 결국 무상관이란 염세적인 것으로부터 구도심, 종교심을 일으키는 것이지만 집착이나 나만의 욕심에서 벗어나 겸허한 마음으로 시간을 헛되이 하지 않고, 시시각각 충실하며 이상을 향하게 하는 것이다.

© 임윤수

2. 제법무아^{諸法無我}

제법무아는 다른 가르침에는 없는 불교만의 독자적인 것이다. 여기
서 제법이란 일체의 법으로, 그것은 전술한 법의 정의에서 네 번째의
'무아적인 현상'을 의미한다.

원시불교에서는 세계·인생의 존재로 오온·12처·18계로 인해

나타나는 것과 같이 상식적인 현상세계만을 가리키므로 제법무아의 제법은 실질적으로 제행무상의 제행과 그 내용이 같다.

　　부파불교 시대가 열리면서 원시불교 시대와 같이 ‘어떻게 존재할 것인가?’ 그래서 ‘어떻게 살아갈 것인가’라고 하는 주체적인 현상론·실천론뿐만 아니라 ‘무엇이 존재하는가?’ ‘어째서 존재하는가?’와 같이 개체적인 존재론도 논하게 된다. 그래서 불교는 불교 본래의 방법으로부터 이탈하게 되어 제법이나 일체 법을 존재론적으로 고찰하게 되었다. 이런 의미로서 부파불교는 일체 법 속에 생멸 변화하는 현상으로서의 유위법有爲法 이외에도 불생불멸의 존재로 무위법無爲法을 첨가하게 된 것이다.
　　그러므로 실질적으로 후세의 일체 법은 현상만이 아니라, 생멸 변화하지 않는 무위법까지 포함하게 되어 제법무상의 제행과 이것의 제법과는 같은 내용이라고 보기 어렵다. 하지만 이 책에서는 이러한 부분을 원시불교적인 시각으로 접근함에 따라 제법을 제행과 같은 맥락으로 보아도 좋다.

　　모든 법은 나를 가지고 있지 않으며 모든 것은 실체인 본체를 가지고 있지 않다는 진리이다. 이는 전술한 외교의 본체론에서 언급한 것과 같다.
　　일반적으로 무아나 공을 이론적으로는 무자성無自性으로 설명한다. 무자성이란 자성이라고 하는 자신에게 주어진 성질이 없다고 하는 것으로, 말하자면 고정固定된 성품性品이 없다는 것이다. 모든 현상적 존재는 영구불변하지 않고 고정된 성질이나 상태를 지니지 않는다. 만일 이것이 영구불변의 실체나 본체라면 고정되어 있을

지 모르지만 그와 같은 실체나 본체를 불교에서는 인정하지 않아 고정된 자성이 없다고 하는 것이다.

이와 같이 고정된 실체가 없는 것이 무아, 무자성이다. 더욱이 생멸 변화하는 현상의 움직임에도 고정된 것은 없다는 것이 무자성의 의미이다. 물론 세상에는 현상의 움직임이 일정하게 고정되어 있다고 하는 학설도 있다. 하지만 실제적인 사회 전개는 고정된 것이 아니므로 오늘날에 와서는 이와 같은 형식론은 믿지 않게 되었다.

요컨대 사회·인생의 행위는 조건^{인연}에 따라서 오른쪽으로도 왼쪽으로도 움직일 수 있는 무자성의 활용이다. 불교가 외교들이 말한 여러 가지 숙명론을 배척한 것도 불교의 무아·무자성의 입장을 반영한 것이다.

이상에서 무아나 공의 이론적 의미를 살펴보았다. 이제부터는 무아나 공의 실천적 입장으로서의 '무소득' '무가애'에 대해 알아보겠다. 이것은 이론적으로는 '어떻게 존재하는가'에 대답한 것에 대해 실천적으로는 '어떻게 살아가야 하나'에 대답하는 것이기도 하다.

"불교는 무아라고 한다"라는 말이 있다. 이것이 이론적인 무아는 사회·인생은 어떻게 존재하는가라는 현상의 여실한 상태를 나타내는 것이라면 실천적인 무아는 사회·인생에 있어서 어떻게 존재해야 하는가라는 우리들의 태도나 마음가짐을 보이는 것이다. 이와 같이 사회·인생의 여실한 상태를 알고, 그에 따라 바른 태도나 마음가짐을 갖고 계속 정진하는 것이 바로 불교이므로, 불교의 중심이 무아설이라고 해도 과언이 아니다.

따라서 무아설의 무아란 공의 실천적 입장이라고 할 수 있다. 이는 집착이 없고 공리주의를 벗어나는 것이다.

집착이 없다는 것은, 나도 나의 소유물도 고정된 것이 없는 내가 없는 실체로서 영원불멸하지 못해 고정된 것이 없고, 언제 변화하여 소멸해 갈지 모르는 것이다. 그러므로 이는 영원한 것이 못 되므로 집착할 것이 없다. 집착이 있으므로 제삼자적 입장으로 바른 판단이 될 수 없고, 잘못된 태도나 행동을 취해 실패나 고뇌를 부르게 된다. 공정한 판단이나 태도를 취하려면 집착이 없어야 한다.

또 집착이 있으면 이해 득실을 중심으로 움직이게 된다.

바른 도리나 정의보다도 이해를 중시하면 결코 이상에 도달하기 힘들다. 이를테면 타인에게 자선을 베푸는 경우에도 베풂에 대한 많은 과보를 기대한다든가, 베풀지 않으면 재난이 두려워 베푼다든가, 은혜에 보답하기 위해서 베푼다든가, 지금 베풀어 놓으면 장래 자기가 어려울 때 그 보답이 있을 것을 기대하여 베푼다든가, 다음세에 하늘에 낳기를 바라서 베푼다든가, 명예나 지위를 얻기 위해 또는 자선 사업을 하는 사람이라는 평을 듣기 위해 베푼다든가 하는 것이 그것이다. 이는 물론 베풀지 않는 것보다는 낫겠지만 무아 무소득^{無所得}은 못된다.

무아 무소득의 베풂, 3륜공적^{三輪空寂}의 베풂 또는 3륜청정^{三輪淸淨}의 베풂이라는 것이 있는데, 이는 베푸는 경우에 베푸는 자·받는 자·베푸는 물건의 3륜이 공정한 상태에서 청정한 마음으로 베푸는 것이다. 그것은 내^{베푸는 자}가 누구^{받는 자}에게 이만큼 가치 있는 물건^{베푸는 물건}을 베풀었다고 하는 의식을 갖지 않는 것으로, 말하자면 이해 득실에 대한 생각이 전혀 없고 오직 자비의 마음으로 연민의 정을 좇아 자연히 베풀고 상대가 잘 되기 위한 것만을 염원하는 베풂이다. 이와 같은 무아 무소득의 베풂이 이상적인 것으로 최고의 것이 된다. 불교에서 말하는 공·무아의 실천은 모두 이와 같은 것이다.

무소득의 태도에서 더욱 나아가 완성되면 무가애의 상태가 된다. 무가애란 달리 무애^{無碍}라고도 일컫는데, 이는 자유자재한 것을 말한다.

무소득은 집착이 없는 것인 반면 무애는 집착 없이 자유자재하게 행동하면서도 법에 맞추어져 있다.

요컨대 불교의 목적은 전인격을 무애자재의 이상향에 도달하도록 하는 데 있다. 유교의 공자는 "나이 70이 되니 마음 따라 하나 도리에 벗어나지 않는다"라고 한 바 있는데, 이는 바로 무애자재한 경지를 가리킨다고 볼 수 있다. 불타라고 하는 인격자도 이론적 이해와 실천적 행동을 모두 완성하고, 그것이 하나가 되어서 무애자재한 행위를 낳고, 사회를 구제하는 대자비 활동도 꾸밈없이 자연적으로 행동하는 이상적 인격을 가리킨다.

3. 일체개고^{一切皆苦}

이는 달리 일체행고라고도 칭하는데, 일체의 모든 현상이 고^{괴로움}란 뜻이다. 고란 무상, 무아와 함께 3유위상^{三有爲相 : 현상계에 있어서 3가지 모양}이라 일컫는데, 이는 불교의 기본적 입장을 이룬다. 그러나 제행무상이나 제법무아는 불교 이외의 일반 사람들도 잘못이 없는 진실로 인정하고 있는데 반해, 일체개고는 무상이나 무아와 같이 무조건 받아들여지지는 않는 실정이다. 왜냐하면 세상에는 고통만이 있는 것이 아니기 때문이다. 괴로움이 있는 반면 즐거움도 있고, 또한 즐거움도 괴로움도 아닌 상태가 더 많다. 의식주가 풍부하고 젊고 건강하며 희망에 가득 찬 사람은 행복하고, 그 반대인 경우는 불행하며 괴롭다고 생각하기도 한다. 또는 같은 상황의 경제적인 형편이나 가정 환경에 있어서도 이것을 행복으로 느끼는 사람이 있는가 하면 그렇지 않은 사람도 있다. 다른 사람이 보면 무척 불쌍한 생각이 드는 경우도 본인은 의외로 만족해하는 수도 있다.

결국 세상에는 결코 불행과 고통만 있는 것이 아니다. 또한 즐거움과 고통도 사람에 따라서 받아들이는 척도에 따라 다르다. 이는 주관적인 감정에 속하는 것이므로 세상의 모든 것이 고통이라는 '일체개고'라는 명제는 참으로 진실하다고만 받아들일 수 없다는 반론을 일으킬 수 있다.

이것에 회답하기 위해서는 먼저 고란 무엇인가부터 고찰하지 않으면 안 된다. 불교의 고에는 고고^{苦苦}·괴고^{壞苦}·행고^{行苦}의 3종류가 있다. 이 가운데 첫 번째의 고고는 육체적으로 느끼는 감각적인 고를 말한다. 이를테면 맞고 비틀고, 두통·치통 등의 고통이 그것이다. 이는 아픔을 느끼는 신경을 가지고 있으면 인간만이 아니라 다른 동물도 가질 수 있는 감각의 객관적 고이다.

두 번째의 괴고란 형체가 파괴되어 쇠퇴하여 망해 가는 경우에 느끼는 정신적 고뇌를 말한다. 이 정신적 고뇌로서 괴고는 모든 법이 주관적인 것으로, 어떤 사항에 대해 욕망이나 기대를 가질 경우 그 욕망이나 기대에 어긋나면 고를 느끼는 것이다.

세 번째의 행고란 행, 즉 현상세계 그것이 고다. 말하자면 일체개고를 일체행고라 하기 때문에 일체개고의 명제는 이 세 번째의 행고를 가리킨다. 그런데 일체의 현상계는 역시 모두 고이기에 여기에 문제가 있다. 그렇다면 왜 현상계를 모두 고라 하는가. 이는 불교만이 아니라 인도의 일반적인 생각으로부터 유래한다. 따라서 행고라든가 일체개고라는 명제는 바르게는 '윤회 전생하는 범부에게는 일체의 현상이 모두 고다'가 된다.

그렇다. 고뇌하되 괴로움이 없는 상태는 윤회로부터 벗어나 열반의 경지에 이르지 않으면 절대로 얻을 수 없는 것이다. 그래서 윤회 전생하는 범부로서는 그것에 쾌락이 있고 행복이 있다 해도 이는 일시적인 현상에 지나지 않아 절대적인 적정의 즐거움으론 결코 연결시키지 못한다. 결국 범부의 현상 세계는 고에 지나지 않는 것이다. 여기서 일체개고나 행고의 생각하는 방법이 나타나는 것이다. 그런 의미에 있어서 이 명제도 결코 잘못된 것이 아니다.

4. 열반적정^{涅槃寂靜}

욕망이나 기대 등에 의해 이상적 소망이 생기고, 그 이상이 충족되지 않기 때문에 일어나는 고뇌를 해소하는 것이 종교이다. 그러므로 종교심을 일으키기 전에는 죄악·오염·어리석음 등의 이상에 위배되는 현실의 고뇌가 반드시 수반되는 것이다. 서양 종교에서는 원죄를 말하고, 불교의 진종^{眞宗}에서 악인정기^{惡人正氣} : 악인이기 때문에 무량수불의 본원에 의해서 구함을 받는 바른 자격이 있다를 말하는 것도 바로 그 때문이다. 원시불교에서는 현실의 고뇌로부터 출발하므로 고를 강조한다.

이렇듯 그 출발점은 '고'이지만 최후에는 고요한 즐거움의 열반에 이르는 것을 이상으로 하고 있다. 바로 그 이상을 말한 것이 열반적정이다.

열반은 '불어서 사라지다'나 '업의 종자〔조림(稠林)〕를 심지 않는 것'으로 설명되기도 한다. 하지만 좀더 자세히 얘기하면 그것은 탐욕·진애·우치 등 일체의 번뇌이상적 생활을 방해하는 것이 없는 것가 사라진, 이를테면 멸해서 제거된 상태를 이른다. 혹은 번뇌의 조림稠林이 전혀 없는 상태를 말한다.

부파불교 시대가 열리면서 열반에는 '남음이 있는 열반'과 '남음이 없는 열반' 두 종류가 나타나게 되는데, 대승불교가 열리면서부터 부파불교의 '남음이 있는' 열반과 '남음이 없는' 열반 이 두 가지 열반에 자성청정열반自性淸淨涅槃과 무주처열반無住處涅槃의 두 가지가 더해져서 네 가지로 언급했다.

이상으로 4법인에 대한 설명을 마치는데, 이 법인은 모든 불교 학설의 기초가 되는 것으로 12인연·4제 등의 가르침은 모두 4법인의 토대 위에서 성립된다.

제 3 장
I2연기

앞장의 4법인^{四法印}을 토대로 하여 구성된 학설이 연기설이다. 연기설은 원시불교 이래, 부파불교^{소승불교}와 대승불교에 모두 통하기 때문에 근본 불교가 된다. 때로 불교란 무엇인가라고 물으면 한 마디로 연기설이라고 말할 수 있다.

그렇다면 과연 연기란 어떤 뜻인가?

연기란 문자 그대로 풀어보면 연^緣에 의해 일어나는 것이란 뜻이다. 여기서 연이란 조건에 의해서이며, 일어나는 것이란 일어나는 도리^{道理}를 말한다. 따라서 연기란 갖가지 조건에 의해서 현상이 일어나는 방법의 원리라 할 수 있다.

연기는 도리이고 진리이기 때문에 여래^{부처님}의 존재 여부와 관계없이 영원히 존재하는 도리이며, 이러한 가운데 여래는 오직 이것을 체득하고 발견하여 사람들을 위해서 말하고 보여준 것뿐이다.

© 임윤수

실제로 석존이 보리수 밑에서 깨쳤다는 것은 연기의 도리를 깨친 것이고, 그로 인해 불타가 된 것이다.

연기란 현상의 움직임을 바르게 보는 것을 말한다. 이러한 현상·발생 등의 인과관계에 대해 종합적으로 말하면 석존시대 인도에는 신의론神意論 : 창조신이 활동해서 지배한다, 무인무연설無因無緣說 : 현상을 움직이는 지배자나 원인이 없고 모든 것이 우연한 기회로 일어난다 등이 존재했다는 것은 전술한 대로이고, 우연론은 무인유과설에 속한다. 또한 유인유과설에는 정인정과설正因正果說 : 원인이 바르면 결과도 바르다는 설과 사인사과설邪因邪果說 : 원인이 삿되면 결과도 삿되다는 설이 있는데, 신의론神意論 등은 인과관계가 바르게 구축되어 있지 않기 때문에 사인사과설이 된다. 이에 반해 불교의 업보설이나 연기설은 바른 인과관계를 말하기 때문에 정인정과설이 된다.

업보설이란 선악업이 되는 원인과 그 과보에 관한 인과 관계를 설한 것이다. 그렇다면 인과업보설과 연기설은 어떠한 관계가 있을까. 이 경우 업보설은 좁은 의미를 갖는 반면 연기설은 넓은 의미를 갖는다.

석존은 불교 독자의 4제나 연기를 성립시키기 위하여 예비적인 입문으로써 인과업보설을 먼저 구축한 후 통속적인 업보설도 불교 독자의 연기설에 들어가기 위한 입문임과 동시에 연기설의 일종으로 보았다. 요컨대 불교 독자의 연기설은 업보설보다 그 범위가 넓고 고차원적이다.

연기 관계를 다시 말하면
연기에는 현상의 움직임을 구체적인 사실로 고찰하는 것과 현상과 현상의 연결 관계를 이론적으로 고찰하는 것이 있는데, 문제는 이들 간에도 큰 차이가 있다는 것이다. 구체적인 고찰에도 단순히 시간적 전후 관계만을 추구하는 것과 한층 공간적이며 동시적인 상호관계도 추가하여 복합적으로 전체를 살펴보는 것이 있다. 참 연기설은 후자를 지향하여야 한다.

연기설의 고찰 또한 사실적이며 구체적인 경우와 추상적이며 논리적인 경우가 있는데, 구체적인 설의 경우 여러 가지로 더할 나위 없이 복잡하다.

불교의 전통적인 입장에는 예부터 전해지는 연기론과 실상론의 2

대 계통이 있다. 이를 대강 정리하면

연기론이란 구체적이며 사실적인 연기를 설하는 것인 반면 실상론이란 추상적이며 논리적인 연기를 설하는 것이라 할 수 있다.

연기는 다시 일반적 연기一般的緣起와 가치적 연기價値的緣起로 분류할 수 있다.

일반적 연기란 우주와 인생의 현상적 움직임이 모두 연기적으로 관계하며 만나는 연기 일반의 입장을 가리킨다. 반면 가치적 연기란 선악·미오·범성이라고 하는 윤리적 또는 종교적인 가치 위에서 연기를 보는 것이다.

불교에서 연기를 말하는 목적은 가치적 연기를 분명히 밝히는 데 있어서 단순히 진리로써 현상의 움직임만을 설명하는 데에 있지 않다. 다만 이러한 가치적 연기가 일반적 연기에 기초를 두고 있기 때문에, 먼저 일반적 연기를 안 후 가치적 연기에 들어가면 훨씬 이해가 쉬울 것이다.

그럼 4법인과 연기설과의 관계를 보자. 이 경우 4법인은 연기설의 기초이론이 되며, 4법인의 하나 하나가 갖가지 연기설을 낳는다. 먼저 4법인의 첫 번째 제행무상은 현상이 생멸 변화하는 시간적 인과관계에 통하므로 연기설 중에는 '이것이 생함에 따라 저것이 생하고, 이것이 멸함에 따라 저것도 멸한다'라는 연기 일반의 구체적 인과관계에 해당한다. 4법인의 두 번째 제법무아는 현상의 시간적·공간적인 상관 관계를 나타내므로 연기설 중에서는 '이것이 있으면 저것이 있고, 이것이 없으면 저것이 없다'라고 하는 연기 일반의 추상적 논리 관계에 해당한다. 이와 같이 4법인 가운데 제법무상, 제법무아이 두 가지는 연기설에 있어서는 일반 연기의 기초가 된다.

반면 4법인 가운데 일체개고, 열반적정 이 둘은, 연기설에 있어서는 가치적 연기의 기초가 된다. 왜냐하면 4법인의 세 번째 일체개고가 생사 윤회에 유전하는 어리석은 범부의 상태를 나타낸 것으로, 고의 원인과 이유를 더해서 생각하면, 그것은 연기설에 있어서 유전연기가 되기 때문이다. 같은 4법인의 네 번째 열반적정은 고뇌가 멸해서 깨침에 이른 성자의 상태를 나타낸 것으로, 고를 멸해서 열반에 이르는 원인과 이유를 더해서 연기설의 환멸연기가 되기 때문이다.

12연기란

연기설을 정식화한 것이 12연기이다. 따라서 12연기는 연기설의 대표적인 것으로 예로부터 연기설을 논하는 경우 12연기를 말하는 것이 보통이다. 12연기는 달리 12지연기十二支緣起라고도 일컫는데, 이는 12지지(支)=항목의 연기 관계를 정형적으로 말한 것이다.

전하는 바에 의하면 석존은 12연기의 사유 관찰로 인해 세계·인생의 진리를 깨치고, 정각을 성취해서 불타가 된 것이다. 그러나 최초부터 12지의 연기가 형성되었는지는 확실치 않다. 학자들의 연구에 의하면 최초는 10지부터 시작된 것이라고도 하지만 12지설도 이미 석존시대에 성립되었다는 것이 일반적 견해인지라, 이것이 연기설의 구체적이며 전체로서 설정되었다고 보는 것이 타당하다.

그렇긴 하지만 12연기에 대한 구체적인 설명이 원시경전에 명확히 기술되어 있는 것은 아니다. 경전상으로는 원시불교 시대를 지나 부파불교^{소승불교} 시대가 열리면서 12연기의 각 항목에 대해 구체적으로 말한 것이 보이는데, 이를테면 3세에 걸쳐 거듭되는 인과의 확립이 그것이다. 대승불교에서도 이것을 채용하여 예부터 전통적인 12연기의 해석은 모두 3세에 걸쳐 거듭되는 인과설이었다.

그러나 3세에 걸쳐 거듭되는 인과설이 원시경전에서는 보이지 않기 때문에 근대의 불교 학자들은 석존의 12연기설이 어떠한 것이었나에 대해 갖가지 일치되지 않는 학설을 내세우고 있다. 이와 같이 여러 가지로 해석되는 데는 충분한 여지가 있다. 실제로 석존 자신도 이것이 꼭 일정한 뜻으로 한정시킨 것이 아니라 그 사람의 지혜나 근기의 우열 고하에 따른 이해력에 응해서 여러 가지로 설한 것이다.

사정이 이렇다 보니 연기설에 대한 해석은 석존시대 이후에도 여러 가지가 있다. 소승불교의 입장에서 세친도 그 전통적인 시각에 따라 연기설을 크게 4가지로 분류하였다. 제1의 찰나^{刹那}연기, 제2의 연박^{連縛}연기, 제3의 분위^{分位}연기, 제4의 원속^{遠續}연기가 그것이다. 이 가운데 원시불교에서 가장 많은 설을 가지고 있는 것은 두 번째의 연속연기이다. 그것은 일상 생활에 있어서도 심리 현상으로 인해 일어나는 것에 의해 번뇌, 업, 괴로움이 발생하고, 그것들이 어떻게 하여 해소되고 멸하여 제거될까를 말하는 것이다. 이는 불교의 유전·환멸의 두 가지 연기의 요점이므로, 어떠한 면에서 더욱 필요한 부분이었을 것이다. 이것은 오늘날 우리의 생활에 있어서도 일상의 마음 움직임에 따라 실제로 일어나는 것이다. 때문에 우리는 이것을 실제로 경험함으로써 이해하기가 쉽다. 사실 불교설로 볼 때도 더없이 필요한 부분 가운데 하나이므로 이하의 12지 설명 역시 이 입장으로부터 접근해 본다.

12지^{十二支}의 해석

12지란 무명·행·식·명색·육처·촉·수·애·취·유·생·노사를 말한다. 하지만 여기서는 12연기의 각 항목별 특징은 생략하고, 대신 이 12연기의 구체적 설명을 시도해 보겠다.

원시경전을 보면 이들 각 항목에 대한 구절 설명이 있다. 다만 그것은 형식적인 면이 많은 반면 구체성이 결여되어 있다는 단점이 있다. 12연기만이 아니라 불교에서 말하는 교리 학설은 원래 모두가 체험적 사실을 말한 것이므로, 오늘날의 우리들에게도 이해가 되도록 구체적으로 설명하지 않으면 안 된다. 구체성 없이 개념만을 이해하면, 이것을 체험으로 옮기기에 어려우므로 바른 해석이 안 된다. 불교를 배우는 자는 항상 이 점에 유의하지 않으면 안 된다. 12연기의 해석도 오늘날 우리들의 경험이나 체험에 맞도록 구체성이 있어야 한다.

모든 실패나 고뇌의 근원은 무지한 무명에서 온다. 이에 의해서 세상 도리에 어둡고 진실을 진실로서 알지 못하기 때문에 물체를 관찰하여 생각하는 방법도, 그것으로부터 일어나는 행위나 태도도 모두 잘못된 것이 된다. 이것을 **'무명의 연으로부터 행이 일어난다'**라고 하는 것이다.

이때의 행은 그릇된 행위이고 또 그 행위는 그릇되어 나쁜 습관이나 성격을 남긴다. 행위 속에는 그들의 습관이나 성격도 포함되어 있기 때문이다.

'행의 연으로부터 식이 일어난다'는 그릇된 행위나 습관력으로부터 식이 일어나는 것을 나타낸 것이다. 하지만 그 식 속에는 그릇된 성격이나 소질이 포함되어 있다. 이 식은 현재 우리들의 식을 보는 것이 좋다. 이는 3세에 걸쳐 거듭되는 인과에서와 마찬가지로 이 세상에

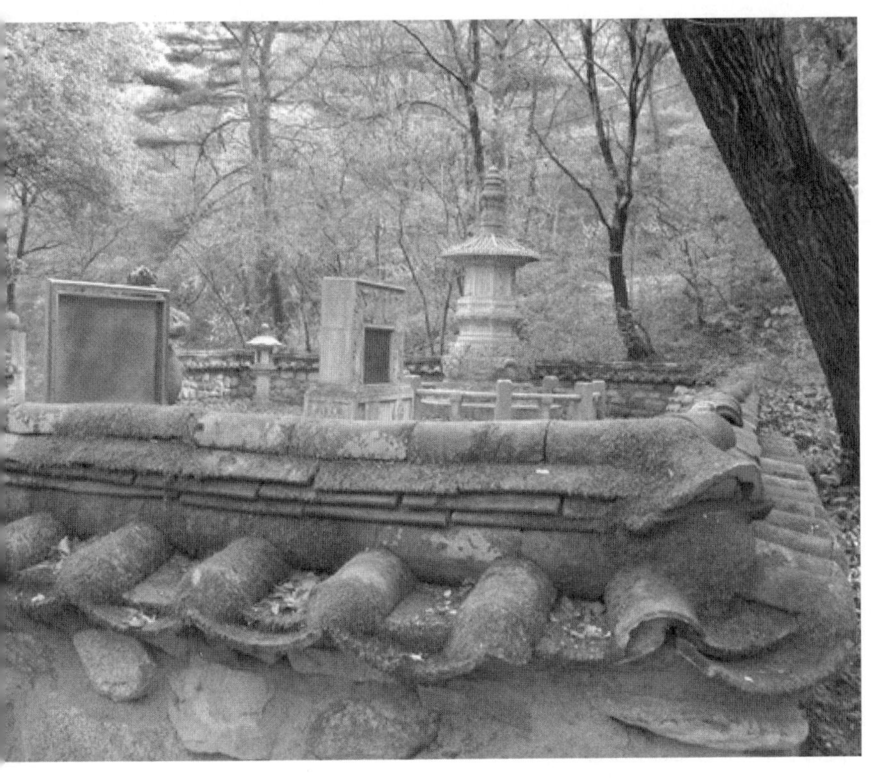

태어난 최초의 찰나식으로 보아도 좋다.

우리들이 이 세상에 태어날 때에 그 식은 백지가 아닌, 이미 꽤 과거의 무명이나 행의 영향에 의해서 각자의 고유한 성격이나 소질을 지니고 있는 상태이다.

또한 시시각각의 식도 우리들이 이 세상에 태어나서 지금에 이르도록 경험에 의한 습관력이나 소질 역시 그 속에 포함되어 있다.

어떠한 식이든 과거의 무명이나 행의 영향을 받아 무명이나 행의 연緣 : 조건으로부터 현재의 식이 존재하는 것이다.

또 이 식이 인식이나 판단을 시작하는 경우 식의 대상으로서 명색^색
·성·향·미·촉·법의 6경과 6경의 대상이 되는 감각 기관으로서 6처^{안·이·비}
·설·신·의가 존재하며, 이 식과 명색^{대상}과 6처와의 접촉 화합에 의해서
촉이라고 하는 인식 판단하는 느낌의 작용이 일어난다.

이상이 식·명색·6처의 연으로부터 촉이 형성되는 것이다.

촉에 의한 인식 작용에 의해 그 대상의 좋고 나쁨을 느끼고, 괴롭고
즐거움의 감수 작용 등이 생긴다. 같은 물체를 보아도 그 사람의 식
속에 있는 과거 경험의 차이에 의해 어떤 사람은 좋고 즐겁게 느끼는
가 하면, 어떤 사람은 슬프고 불쾌하게 느끼기도 하고, 또 어떤 사람은
아무 것도 느끼지 못한다. 이는 과거 경험의 강약에 따라서 감수 작용
에 차이가 생기기 때문이다. 이를 경전에서는 "촉의 연으로부터 수가
있다"라고 표현하고 있다.

고락 등의 감수 작용이 있으면 더욱 불쾌해서 싫은 것은 꺼리고,
좋은 것에는 더욱 애착을 갖는다. 이와 같은 강한 애착이 싫어하거나
사랑하고 싶은 의사작용^{의업}이다.

'수의 연으로부터 사랑이 있다'라고 하는 것은 바로 이것을 가리
킨다.

애착이나 증오는 사랑하는 것을 취하고 싶어 훔치거나 간음 등 잘못
된 행동을 하게 되고, 밉고 싫은 것은 버리고 떠나 죽이고 싶은 감정이
살해나 투쟁 등의 잘못된 행동을 일으킨다.

결국 사랑, 미움의 생각^{의업}을 버리고 취하려는 행동^[의업(意業)·어업(語業)]
이 일어난다. 이를 경전에서는 "애의 연으로부터 취가 있다"라고 표
현하고 있다.

도둑·간음·살해·투쟁 등의 잘못된 행동이 있으면, 그것은 그대로 잃어버리는 것이 아니라 반드시 그 습관력을 남겨서 그 다음 다음으로 이어가며 성격이나 소질이나 습관으로 되풀이되는데, 이것이 유^有이다.

'취의 연으로부터 유가 있다'라고 하는 것이 그것이다.

이 습관력으로 인해 소질은 꼭 다음의 행위나 경험에 영향을 미치고, 또 생을 다시 시작하는 경우 그것에 나타난 식은 전에 이미 형성되었던 성격이나 소질을 이으며 계속된다. 이것을 **'유의 연으로부터 생이 있다'**고 하는 것이다.

생이 있으므로 갖가지 경험을 하게 되어, 그것에서 고락을 느끼기도 하고 노사 등에 의해서 수비고우뇌를 느끼기도 하는 것이다. 만약 무명이나 고뇌가 제거되어 소멸되지 않는다면 윤회 전생에서 벗어날 수 없다. 결국 이로 인해 영원히 유전연기가 계속되며, 그것은 결국 일체행고로서 괴로운 생존이 이어지는 것이다. 이것을 경전에서는 "생의 연으로부터 노사추비고우뇌가 생긴다. 이로 인해 일체의 고통의 덩어리가 일어난다"라고 기록하고 있다.

따라서 생사유전^{生死流轉}의 윤회의 연속을 끊기 위해서는 먼저 첫 번째의 무명을 제거하지 않으면 안 된다. 무명이 제거되면 잘못된 행위나 그 습관력으로서의 행도 없어지기 때문이다. 이것을 경전에서는 "그러나 무명이 남김없이 떠나 멸하므로 행의 멸이 있다"라고 표현하고 있다.

잘못된 행이나 습관력·소질 등이 없어지면 다음의 식 가운데에도 그에 의한 잘못된 소질로서의 번뇌가 전부 제거되기 때문에 그 식이 인식하고 경험하는 수^受도 청정한 것이 되고, 수^受·취^取·유^有 등의 잘못된 어업^{意業}·신어업^{身語業}·습관력^{習慣力} 등도 모두 멸하여 일어날 것이 없어진다. 또 그와 같은 경험으로 왔던 고뇌도 모두 제거되어서 일체행고가 없는 열반의 이상경^{理想境}에 도달할 수가 있다. 이것을 경전에서는

"식이 멸하므로 …… 수 …… 애 ……취 …… 유가 멸하여 ……노사수비고우뇌가 멸하게 된다. 이와 같이 일체의 괴로운 덩어리가 멸한다"

라고 표현하고 있다. 말하자면 환멸연기인 것이다.

12연기는 유전연기에 중점을 두고 있기에 환멸연기에 대해서는 상세한 설명이 없다. 이의 결함을 보충한 것이 4제설이다. 4제설에는 유전연기로서의 고·집의 2제에 대한 설명은 간략하지만, 환멸연기로서의 멸·도의 2제에 대해서는 더할 나위 없이 자세히 설명하고 있다. 이 점으로부터 12연기와 4제는 서로 보충하는 관계에 놓여 있음을 알 수 있다.

따라서 12인연설은 하나의 유정이 유전하면서 살아나는 상태로 보아 주로 시간적 흐름의 인과 관계로 정리할 수 있다. 그래서 업감연기란 12지를 3세에 걸친 인과로서 생리·심리적으로 말한 것이고, 뇌야연기란 의사나 행위의 습관력에 의한 성격·소질 등에 중점을 둔 연기 상태를 고찰한 것이다.

그러나 이러한 것들은 어느 것이든 하나의 유정이 시간적으로 흐르며 일어나는 인과설에 불과하다. 달리 말하면 하나의 유정이 다른 유정이나 주위 환경으로부터 영향을 받는 관계적 존재이므로 시간과 공간에 걸친 복합적 연기에 대한 언급은 부족하다.

실제로는 구체적인 사회·인생의 움직임은 이와 같은 시간·공간에 걸친 복합적인 중중무진^{重重無盡}연기가 아니면 안 된다. 이것은 중국의 화엄 철학에서 처음으로 명료^{明瞭}하게 밝혀졌던 것으로, 석존 자신이 시간·공간적, 더욱이 논리적인 연기를 의식했다는 것은 더 말할 필요가 없다. 화엄 철학에 의하면 연기에서는 업감연기나 뇌야연기 등과 같은 하나의 유정만을 일상고문^{一相孤門}연기라 한다. 그런 탓에 화엄의 법계연기를 중중무진연기라고 한다. 이것에 의해서 사회의 연대책임, 감사하는 마음, 자비애호의 사상 등이 이론적인 토대가 되어 불제자로서 또는 인간으로서 어떻게 존재할 것인가가 분명하게 된다. 또 민주주의의 기초이론도 연기설에 그 뿌리를 두고 있음을 알 수 있다.

제 4 장
4제 8정도

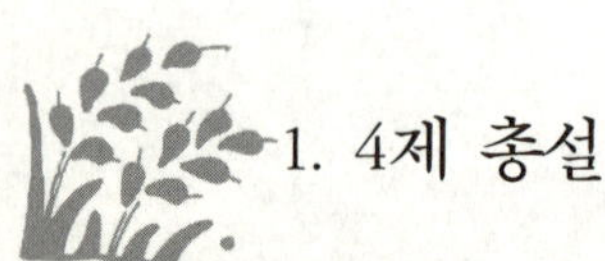

1. 4제 총설

　12연기란 스스로 자기를 증명하기 위한 법문이며, 부처님이 보리수 밑에서 깨쳐 성도하신 후 선정(禪定)인 사유(思惟)에 들어가서 관찰한 것이라 할 수 있다. 말하자면 석존 자신이 깨침을 얻기 위해서 관찰한 것이므로, 이를 자내증(自內證)의 법문(자기의 내심에서 증득함을 얻기 위한 가르침의 법)이라고도 부른다. 이에 반해 4제 8정도는 가르침의 법, 즉 석존이 자기의 가르침을 처음으로 펼친 최초의 설법(초전법륜)이다. 이는 다섯 비구를 위해서 설한 것으로, 석존이 자기 스스로 관찰한 사회·인생의 진리를 12연기를 바탕으로 사람들에게 말하기 시작한 것이다. 이런 의미에서 4제 8정도의 가르침은 다른 사람들을 가르쳐 이끌기 위한 법문이라고 할 수 있다.

12연기가 자기의 내면으로부터 터져 나온 깨침의 진리라면, 4성
제는 그 진리를 가르치기 위한 표현 방법인 셈이다.

이 둘은 내용상으론 유전연기와 환멸연기의 양자를 말한다. 그러나
그 각각의 중심인 12연기에서는 주로 유전연기의 설명에, 4제 8정도에
서는 환멸연기라 한다. 그것은 자기 스스로 깨친 진리와 다른 사람을
가르쳐 인도하기 위한 법문과는 다르기 때문이다. 이러한 면에서 4제
8정도의 가르침은 12연기의 가르침보다 초보자에게는 이해하기 쉽다.
4제 8정도는 4제만으로도 충분하다. 그런데 8정도가 4제 속에 포함되
어 있으면서도 별도로 붙는 것은 4제 속에서도 가르침의 목적이 되는
도제道諦가 중요하기 때문에 도제를 이루는 8정도를 더 곁들여서 4제
8정도라고 부르게 된 것이다.

4제를 자세하게는 4성제四聖諦 : 4가지의 신성한 진리라 하고, 4제의 하나
하나를 일반적으로는 고제苦諦·집제集諦·멸제滅諦·도제道諦라고 말
한다. 그렇지만 『전법륜경』에서는 자세하게 고성제苦聖諦·고집성제苦
集聖諦·고멸성제苦滅聖諦·고멸도성제苦滅道聖諦라 기록하고 있다.

4제 가운데 앞의 2제고제·집제는 범부의 허덕이는 상태를 나타내는
것으로서 유전연기를 말한 것이다. 이는 어리석은 상태에 있는 범부는
어떠한 고통과 괴로움을 받는가고제, 그 고뇌는 어떠한 원인과 이유로
인해 일어나는가집제를 바르게 살피는 것이다. 또 다음의 2제멸제·도제는
성자인 깨침의 상태를 가리키는 것으로 환멸연기를 말한다. 이는 깨쳐
서 이상적인 상태에 있는 성자는 고통을 멸한 후 어떠한 열반의 고요
하고 안락함을 받는가멸제, 이 이상적인 경계는 어떠한 원인과 이유수단
방법에 의한 것인가도제를 바르게 살핀 것이다.

요컨대 인과연기의 관계를 말한 것이 4제설이다. 이때 인과연기

사이에 잘못이 있다면, 그것은 바른 인과연기가 될 수 없고 흉내만
낸 것이 된다. 불교에서는 이 두 가지의 인과연기 관계에도 12연기의
각 항목의 관계와 마찬가지로 전혀 틀리지 않는 바른 진리가 있는데,
이를 제諦라 부른다. 또한 연기설이 영원한 진리이자 법임을 경전의
여러 곳에서 강조하고 있다.

4제를 설하게 된 동기는 정신에서 오는 병인 고뇌를 바르게 알고,
그 원인과 이유를 발견하여 더욱 고뇌가 없는 이상 경지에 도달하
기 위한 수단과 방법을 바르게 찾아내서 고통이 없는 건강한 마음
을 얻기 위함이다.

결국 4제는 정신의 병인 고뇌를 치료하여 건강한 정신을 얻기 위한
방책을 말한 것이다. 그 방책은 의사가 육체의 병을 치료하여 건강한
몸이 되도록 하는 것과 같다. 요컨대 4제법이란 의사의 치료법과 같아
매우 합리적인 것으로, 인과연기에 의해서 잘못됨 없이 바르게 적용하
면 꼭 최선의 효과가 있다고 하는 법진리을 성취한다.

이러한 4제의 합리성은 오늘날의 과학 연구에도 합치된다. 오늘날
의 과학 연구는 크게 두 단계의 방법으로 나눌 수 있다. 제1단계는
모든 현상 속에서 그것의 움직임에 관한 인과 등의 모든 법칙을 발견
하는 것이다. 제2단계는 최후 목적인 응용 연구이다. 이것에 의해서
문화는 진보되고 인류의 이익과 행복이 형성될 수 있는 것이다.

이상의 과학 연구 중에서 제1단계의 법칙 발견은 기초적 연구로서
4제 가운데 고집苦·集의 2제에 해당하고, 제2단계의 응용 연구는 4제
가운데 멸도滅·道의 2제에 해당한다.

2. 4제 각설

4제는 제각각 다르게 나누어지는 것이 아니다. 고·집의 2제가 하나의 어리석은 인과가 되고, 멸·도의 2제 역시 깨침의 인과만 되는 것이 아니라 4제 모두가 밀접하게 관련되어 있다. 고를 참으로의 고로 이해하기 위해서는 고의 원인과 이유뿐만 아니라 고의 반대 개념으로서의 고가 멸해지는 이상 상태를 전제로 하여 의식이 되어 있지 않으면 안 된다.

이상에 대한 의식이 강하면 강할수록 현실의 결함에 대한 불만이나 고뇌에 대한 의식도 강하다. 이상 의식이 없으면 현실을 불만족스럽게 생각지도 않고, 또한 그것을 고라고 느끼지도 않는다. 4제의 스스로 깨침이나 이해는 4가지가 동시에 일어난다는 설도 있는데, 이는 4제가 떨어질 수 없이 밀접하게 관련되어 있다는 것을 말하는 것이다.

고제苦諦

생生·노老·병病·사死·원증회怨憎會: 원수와 만남·애별리愛別離: 사랑하는 사람과 이별함·구부득求不得: 구하나 얻지 못함·오취온五取蘊: 몸뚱이을 고苦라 하는 것은 신성한 진리이다.

특히 이 고 가운데 생·노·병·사의 4고에 네 가지를 더하여 8고라고 일컫는다. 그런데 처음의 생·노·병·사를 고라고 하는 것은 그것이 감각적·생리적인 고고苦苦보다도 정신적인 괴고壞苦나 행고行苦의 면이 더 강하기 때문이다.

또한 고제苦諦를 고성제苦聖諦로 하여 성聖을 더하는 것도 고제가 열반의 이상을 구하는 것, 신성한 것, 깨침의 경지에 속하기 때문이다.

'원수와 만나는 괴로움, 사랑하는 사람과 헤어지는 괴로움'이라는 말은, 만나고 싶지 않은 원수나 미운 사람을 만나거나, 같이 있고 싶은 사랑하는 사람과 떨어져야 할 때, 자기의 욕구가 충족되지 않아 원하지 않는 상태가 되므로 고뇌가 일어난다는 이치이다. 이것을 일반화한 것이 '구하나 얻지 못하는 괴로움'이라는 구부득고이다. 이것은 현상이 파괴되고 부서져서 희망이 이루어지지 않는 괴고壞苦라는 정신적 고뇌에 속한다.

우리들의 현실 가운데 감각적인 고통·병으로 인한 고통을 고치는 것이 첫 번째 해결 과제인데, 그것이 해결된 후엔 반드시 정신적인 불안이나 고뇌를 제거하지 않으면 안 된다. 특히 이러한 부분은 마음을 지니는 방법이나 기대, 욕망을 바꾸는 것에 따라서 제거할 수가 있다. 그리하여 최후에는 생사윤회의 세계를 만나도 죽고 사는 것을 두려워하지 않고, 열반을 구하거나 원하지도 않는다는, 말하자면 생사 열반을 넘어서 어떠한 경지를 만나도 움직임 없고 흔들리지 않는 안정된 경지에 이르게 되는 것이다.

종교로서의 출발은 불완전한 현실 세계를 바르게 보는 데서부터 시작한다. 4제에서 고제를 맨 앞에 두는 것은 12연기에서도 그를 역순으로 더듬으면 고로부터 시작하는 것과 같이, 법인의 가치적 연기에서도 일체개고를 강조하는 것은 모든 것이 고를 이야기하고 있기 때문이다. 자기 현실의 죄악이나 고뇌를 바르게 볼 때 이상으로 행하는 의식이 싹트고, 겸허한 종교심이 일어나는 것이다.

집제^{集諦}

집^集이란 문자 그대로 풀어 보면 '함께 일어나다' '모여서 일어나다'라는 뜻으로, 물체가 모여서 일어나는 원인^{〔집기(集起)〕}으로, 원인이나 이유를 뜻한다. 전술한 바와 같이 불교에서는 그들의 원인과 이유를 인^{因 : 원인}과 연^{緣 : 이유, 조건}으로 나누어서 **인을 직접적인 원인, 연을 간접적인 조건으로 한다.** 오늘날 집은 모두 인과 연이라는 말로써 나타내고 있다. 따라서 경전에서는 고의 원인과 이유로써 재생유전^{再生流轉 : 또 태어나고 또 태어남}을 들고 있는데, 이는 기쁨이나 탐심을 반복하는 사랑^{〔갈애(渴愛)〕}을 나타내는 것이다.

12인연설에서는 유전윤회의 근본 원인으로 무명을 맨 앞에 놓고, 사랑 애^愛를 8번째인 중간에 놓고 있다. 이 점에서 고의 원인으로서 애만을 취급한 4제설은 12연기와 다르지만, 여기서의 애는 맹목적으로 잘못된 애이므로 그 속에는 무명이 깊이 자리잡고 있다. 이런 의미에서 4제설이 고의 근본 원인을 애로 하는 것도 12연기설이 늙고 죽는 고의 근본 원인을 무명 내지 애로 하는 것과 실질적으로는 다르지 않다.

집제 가운데 애는 **욕애**^{欲愛} · **유애**^{有愛} · **무유애**^{無有愛}의 세 가지로 분류한다. 12연기에 있어서 애의 실제는 애증의 뜻을 가리킨다. 좋아하는 쾌락의 대상에 대해서 애착하고 탐욕하는 마음을 일으키는 반면 좋아하지 않아 불쾌한 대상에 대해서는 증오하며 화내는 마음을 일으킴이 그것이다. 이 모든 것은 정해진 대로 우치한 무명으로 가득 채우게 되는데, 애를 상세하게 말하면 그것은 탐욕 · 진에^{瞋恚} · 우치^{愚癡} 등의 근본번뇌가 된다. 여기에서 번뇌란 이상세계로 나아가는 것을 방해

하는 마음 작용으로 성격·소질 등을 말한다. 따라서 집제는 넓은 의미로 볼 때 모든 번뇌를 포함한다.

멸제滅諦

갈애가 모두 소멸된 이상 상태를 일컫는다. 말하자면 번뇌의 속박으로부터 해탈하여 일체의 집착으로부터 벗어나 걸림 없이 자유 자재한 경지를 말한다. 이를 한 마디로 깨침이라고 할 수 있는데, 이때의 깨침이란 무명 번뇌가 멸해서 바른 도리를 깨친 것을 의미한다. 이는 결국 이론적인 것이 아니라 실천적·체험적인 것으로서 자기와 일체적인 깨침이 된다.

이와 같은 깨침은 크게 두 가지로 나눌 수 있는데, 이론적인 견혹을 끊은 깨침과 정의적·습관적 어리석음으로 인해 수혹修惑을 끊은 깨침이 그것이다. 이때 깨침의 근본은 견혹이나 수혹 등의 모든 것으로부터의 깨침에 있다.

요컨대 수혹이 완전하게 멸하지 않으면 최고의 깨침에 이를 수 없게 된다. 수혹은 오랫동안의 습성에 의해서 나쁜 행위가 일어날 가능성이 잠재돼 있기 때문에 무의식적으로 일어날 가능성이 있는데, 이것을 멸해서 제거한다는 것은 그리 쉽지 않다. 견혹은 그 잘못을 인정하기만 하면 순간적으로 끊을 수 있지만, 수혹은 나쁜 것을 인정하더라도 오랫동안의 습관력에 의해서 한순간에 끊기가 어렵기 때문이다.

이와 같이 모든 견혹을 끊고 더욱이 수혹을 끊어 다했을 때를 최고의 깨침이라 이르는데, 이때 아라한과를 얻게 된다. 최고의 깨침을 얻었을 때에는 열반이라고 하는 죽음이 없는 열반의 경지에 도달한다. 멸제에 이르는 이상이란 이 열반의 경지를 뜻한다.

도제^{道諦}

멸제인 열반의 깨침에 이르기까지의 사이에 여러 가지 번뇌를 멸하기 위한 수단과 방법으로 수행이라는 도제가 있다. 도제에는 경전의 기록에 의하면 정견^{正見}·정사유^{正思惟}·정어^{正語}·정업^{正業}·정명^{正命}·정정진^{正精進}·정념^{正念}·정정^{正定}의 8정도^{八正道〔八支聖道〕}가 있다. 열반에 이르기 위한 방법이 도제인데, 도제는 8정도만이 아니다. 2종^{二種}·3종^{三種}·4종^{四種}·5종^{五種}·7종^{七種} 또는 8종 이상의 것도 있다. 그러나 4제설에서는 도제를 8종으로 나누어 내세우고 있다. 8종은 하나의 성도를 8가지로 나타낸 것이다. 따라서 이 8종은 서로 밀접해서 떨어질 수 없는 관계이다.

석존의 최초 설법인 『전법륜경』에는 "석존은 4제를 말하기 전에 먼저 8정도를 설했다"라고 기록되어 있다. 그것이 중도의 가르침인데, 그 이유를 간단히 말하면 다음과 같다.

8정도^{八正道}

최초의 설법을 듣게 된 다섯 비구들은 석존이 숲 속에서 6년 간 험한 고행을 할 때 죽을 고비를 함께 나눈 사람들이다. 이와 같은 험한 고행을 본 그들은 곧 깨침을 얻게 될 것이라고 기대했다. 그러나 이때 석존은 체험 결과 고행만으로는 고뇌로부터 해탈을 하거나 깨침을 기대하기 힘들다는 생각 하에, 곧 그것을 중지하고 몸을 깨끗이 한 후 마을 소녀가 바치는 우유죽을 먹고 건강을 회복해 나갔다.

그것을 본 다섯 비구는 석존이 이미 타락해서 편한 생활에 들어갔으며 더 이상 그에게서는 바랄 것이 없다고 여겨 그의 곁을 떠났다. 그런 후 그들은 멀리 서방의 베나레스 교외의 녹야원에서 수행을 계속

했다. 건강을 회복한 석존은 가까운 붓다가야의 보리수 밑에서 연기의
도리를 발견한 후 세계·인생의 진리를 체득하여 불타가 되었다.

불타가 된 석존은 자신의 이 깨침을 누구에게 말할까 생각했다.
관을 해본 결과 6년 간 함께 수행한 다섯 비구가 자신을 잘 이해해
줄 것 같아 그들이 있는 녹야원으로 향한다. 다섯 비구들은 멀리서
석존이 오는 것을 보았지만, 이미 타락한 자라 여겨 경의를 표하지도
않고, 그의 말에 귀를 기울이려고도 하지 않았다. 그러나 석존의 모습
에는 예전과는 달리 더할 나위 없는 존엄과 위엄이 있어 보였으므로
그들은 드디어 그의 가르침을 듣게 된다. 이때 설한 것이 중도^{中道}인
8정도^{八正道}이다. 이전까지 다섯 비구들은 고행만이 깨침을 얻는 최상
의 방법이라 믿었으며, 석존이 고행을 그치고 소녀가 바친 우유죽을

먹은 것은 세속 생활로 되돌아간 것이라고 오해했다.

석존은 다섯 비구들에게 다음과 같이 8정도의 중도에 대해 말했다.

"비구들이여, 출가자는 극단적인 두 가지를 행하면 안 된다. 그중 하나는 비열하고 야비하여 성인이 될 수 없는 범부의 속된 것인데, 그러한 생활은 어떠한 이로움도 없이 애욕에서만 즐거움을 찾는 생활이고, 또 하나는 고행만으로는 성인도 될 수 없고 어떠한 이로움도 없는, 오직 자기만을 괴롭히는 생활이다.

비구들이여, 나는 이러한 두 가지의 극단에 가까이하지 않고 중도를 깨쳤다. 그것은 밝은 눈을 만들고, 지혜를 짓고, 적정·정지·정각·열반에 인도하는 것이다."

결국 8정도란 욕락이나 고행이라고 하는 극단적인 선택에서 벗어난 중도로서, 바른 깨침으로 인도하기 위한 매우 합리적인 방법이다.

석존이 재가시대에 경험한 애욕의 욕락 생활도, 출가 후에 경험한 선정이나 고행도 이상적인 깨침으로 가는 바른 길은 아니었다. 하물며 그 이외의 제사나 기도도, 갠지스강의 목욕도, 개나 코끼리의 인형도, 재나 흙이나 먼지를 몸에 바르는 것도, 그 밖의 모든 미신적 행위도 역시 마찬가지였다.

중도로서의 8정도는 모든 번뇌를 끊어 제하고 열반인 이상을 달성하기 위한 아주 합리적인 바른 방법이다.

따라서 석존은 이러한 생각 하에 중도로서의 8정도를 먼저 다섯 비구에게 설하고, 그들이 이것을 바르게 이해하여 편견을 버렸을 때에 그들을 위해서 다시 4제의 설법을 했다. 이것이 『전법륜경』이다.

(1) 정견正見

바른 지혜이다. 이는 선악이나 인과업보 등을 인정하지 않는 사견을 반대한다. 결국 불교적 바른 세계관과 인생관으로서의 연기나 4제에 관한 바른 지혜이다. 이때의 지혜는 체험도 같이 한 바른 지혜가 아니면 안 된다.

그래서 체험이나 경험도 없는 초보자에게는 연기나 4제의 가르침을 바르게 이해시켜서 지도자의 지도에 따라 바르게 믿게 하는 것이다. 따라서 초보자의 정견은 정신正信이라고 할 수도 있다.

(2) 정사유正思惟

정사正思라고도 칭한다. 정견이 전체에 대하여 종합적·기본적인 견해인데 반해, 정사유는 개개의 실천으로서 바른 생각, 바른 결의라 할 수 있다. 이는 실제 행동에 들어가기 전의 바른 의사意思 작용이기도 하다.

(3) 정어正語 (4) 정업正業

이는 정사유 뒤에 일어나는 어업語業과 신업身業이다. 여기서는 이 두 가지를 같이 설명하기로 한다.

정어란 문자 그대로 풀어 보면 바른 언어적 행위를 말한다. 이에 대해 경전에는 망어·악구·양설〔중상(中傷)〕·기어綺語(無益語)에서 벗어나 진실을 말하고, 바르게 칭찬하고 평가하며 또 자애로운 말을 하여 다른 사람과 협조 융화하여 유익한 말만을 하는 것이라 기록되어 있다.

이는 결국 언어를 사용함에 있어서 자기나 주변 사람들에게 피해가 안 가도록 하는 것을 뜻한다고 볼 수 있다.

정업이란 문자 그대로 풀어 보면 바른 신체적 행위를 일컫는다.

이에 대해 경전에는 살생·투도·사음^{邪婬} 등을 버리고 생명을 애호하고, 곤궁한 자에는 자선을 베푸는 등의 선행을 하고, 윤리 도덕을 지켜서 부부 사이가 좋게 하는 것이라 기록되어 있다.

이상의 네 가지 개념은 한정적인 것이 아니다. 8지성도라고 하는 경우의 다른 네 가지도 이와 같이 절대성을 갖는다. 요컨대 범과 성의 구별은 그것에 있는 것이다. 따라서 팔성도를 세속적으로 해석하면 이상의 네 가지는 보통의 10선업과 같은 것이 된다.

(5) 정명^{正命}

여기서 명^命이란 생활^{生活}, 활명^{活命}을 뜻하므로, 정명이란 곧 바른 생활을 일컫는다.

경전에서는 이를 사명^{邪命}을 멀리한 생활이라고 표현하고 있다. 그렇다면 사명이란 무엇인가? 경전에서는 이를 사사식^{四邪食}이라고 표현하고 있다.

또한 정명이란 일상생활을 규칙적으로 하는 것이기도 하다. 말하자면 출가자나 재가자인 일반인의 일상생활은 아침에 일어나 저녁에 잠잘 때까지 규칙적인 생활이 상당히 필요하다. 그리하면 먼저 건강이 증진될 뿐만 아니라 일의 능률도 오르게 되며, 더 나아가 사업이나 공부에도 또는 경제와 가정 생활이 건전하게 이루어진다.

(6) 정정진^{正精進}

문자 그대로 풀어 보면 바르게 노력하는 것을 말한다. 요컨대 선^善한 이상을 향해서 용기를 가지고 매진하는 것이다.

정정진의 반대는 해태^{懈怠}이다. 이는 이상을 향해 나아감에 게으름 피우는 것을 가리킨다. 말하자면 정진 노력하여 이상을 향해야 함에도 불구하고 게으름을 피우는 것이다.

정정진은 우리 수행자와 일반인 모두에게 필요한 것으로, 8정도에 의하면 정정진 이외의 일곱 개는 모두 정정진이 첨가되어야 각 항목을 성취할 수 있다.

(7) 정념^{正念}

염이란 억념^{憶念}이라고도 칭하는데, 이는 불망^{不忘}을 뜻한다. 따라서 기억해서 잊어버리지 않는 것 정도로 요약될 수 있다.

이는 경험을 기억해서 그대로 그치는 경우와 기억하고 있는 것을 다시 상기^{생각해 냄}한 경우의 두 가지로 나눈다. 이들은 마음속에서 잊혀지지 않고 있는 것을 말한다. 불교인으로서 필요한 것을 항상 마음에 간직하고 있기 때문이다.

요컨대 무상·고·무아 등 불교의 근본 입장을 기억하는 것, 이것을 정념이라 칭하는 것이다. 이를테면 일반인의 경우 인간이자 사회인으로서 필요한 것이 있는데, 즉 어떤 사업을 할 경우 그것에 필요한 사항을 항상 염두에 두는 것이 그것이다.

(8) 정정^{正定}

정^定은 정의^{定意}라고도 칭하는데, 뜻^意을 안정시켜 고요히 하는 것을 말한다. 삼매三昧라고 하는 것 역시 정을 가리킨다. 또한 이것을 등지等持라 이르기도 하는데, 이는 마음을 평등하게 해서 평정함을 갖는 것이다. 보통 독서삼매라든가 도락삼매라고 하는 경우의 삼매도, 그것에 전념하여 열중하는 경우를 이른다. 바른 삼매를 정정이라 칭하는데, 그것은 바른 정신 통일을 말한다. 이는 달리 선정이라고도 부른다.

선정에도 범부의 선정과 성자의 선정이 있다. 이는 형식적으로는 4선정과 같다고 하지만 실제로는 지혜의 우열에 의해서 차이가 있다. 8정도의 정정은 본래 성도에 속하는 것이므로, 성자의 선정이 아니면 안 된다. 그러나 이는 범부에도 통하는 부분이 있으므로, 일반인에 있어서 정정이란 범부의 선정이 된다. 그래서 일반인이 마음을 조용히 하고 정신을 통일하여 선정에 들어가는 것이 중요하다고 하는 이유이다.

그렇다면 무엇 때문에 정신을 통일하는가? 그것은 고요한 마음으로 사념思念 등에 전념해서 마음 전체가 순수하게 되어 바른 지혜를 얻을 수 있기 때문이다. 또한 고요히 해서 통일된 마음이 아니면 경험을 바르게 기억시킬 수 없기 때문이다. 결국 정정에는 정념을 바르게 활용하는 것이 필요하다.

이와 같이 정견·정사유 등의 경우에도 정신 통일은 필요하고, 또 통일된 정신으로 인해 정어·정업·정명·정정진이 이루어짐으로써 그들 작용이 완성되는 것이다. 정정은 다른 정견 내지 정념을 바르게 활용하기 위해 필요하다. 반면 거꾸로 정견 내지 정념이 이루어짐으로써 처음으로 정정도 바르게 얻어진다고 할 수도 있다. 따라서 8정도의 하나 하나가 독립된 것이 아니라 하나가 다른 것과 관계하며 또한 협조를 얻으며, 또 다른 것에 보조 협력하며 상호부조 관계에 있다는 것을 알 수 있다. 정신의 진전 등을 말하는 수행도에 있어서도 모든 항목이 이와 같이 서로 협조해 나아가는 관계임을 알 수 있다.

제 5 장
수행도 ^{실천론}에 관해

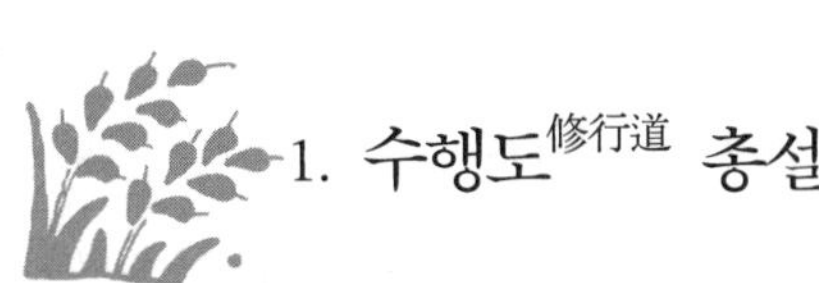

1. 수행도^{修行道} 총설

불교의 기본적인 문제는 '어떻게 살까'와 '어떻게 살아가야 하나'에 있다. 즉 '어떻게 살까'에 의해 바른 사회·인생의 방법을 알고, '어떻게 살아가야 하나'에 의해 바른 사회관·인생관을 세워서 이상 실현을 추구하며 노력하는 것이다. 또한 수행도란 '어떻게 살아가야 하나'를 말하는 것으로, 삶은 이를 실현하는 것이다. 이런 점에 있어서 수행도는 불교에서 더없이 중요한 것이다.

수행도는 원시불교와 소승불교에서 말하는 것과 대승불교에서 말하는 것으로 나뉘어진다. 원시불교의 수행도란 37보리분^{三十七菩提分}이 중심이고, 그 밖에 원시경전에도 여러 가지 설이 있다. 하지만 이러한 모든 수행도는 계^戒·정^定·혜^慧의 3학으로 정리될 수 있다. 대승불교의 수행도는 6바라밀이 일반적이나 여기에 넷을 더하여 10바라밀도 있다.

원시불교의 수행도와 대승불교의 수행도의 근본적인 차이는 원시불교나 소승불교의 수행도는 주로 나의 완성에만 중심을 두는 데 반하여, 대승의 수행도는 나보다 타인의 구제나 완성을 첫 번째 목적으로 하는 데에 있다. 또한 소승불교가 나 자신만의 이로움을 추구하는 것에 반해 대승불교는 나도 이롭고 남도 이롭도록 하는 데 중점을 둔다.

2. 원시불교 등의 수행도

원시경전에는 갖가지의 수행도에 대해 설해져 있는데, 이는 상대의 성격이나 능력이나 다름을 고려하여 기술하였기 때문이다. 감정적이며 신앙심에 철저한 자, 의지가 강고한 자, 이론적인 지성을 득의로 하는 자 등에 따라 수행도도 제각각 달리 말하는 것은 너무나 당연하다. 또한 정신 통일인 선정을 얻기 위한 방법 역시 그 사람의 성격이나 소질에 의해서 방법이 다르게 마련이다. 따라서 경전에는 다혈질로 탐욕형인 사람, 우울하며 신경질형의 사람, 담즙질^{膽汁質}로 잔인하며 격노형의 사람, 점액질^{粘液質}의 불감성^{不感性} 또는 우둔형의 사람, 침착하지 못한 광조형^{狂躁型}의 사람 등 여러 가지 성격이 있는데, 그에 따라서 수행에 들어갈 수 있는 최고로 유효 적절한 방법이 기술되어 있다. 석존의 설법이 병에 따라서 약을 주었다고 하는 까닭이 바로 여기에 있다.

37보리분법^{三十七菩提分法}

원시경전에 설해져 있는 일반적인 것을 부파불교^{소승불교}에서 정리하여 37보리분법이라고 했다.

4념처^{四念處}, 4정근^{四正勤}, 4신족^{四神足}, 5근^{五根}, 5력^{五力}, 7각지^{七覺支}, 8정도^{八正道}가 그것이다.

이 가운데 8정도는 이미 설명을 한 대로이며, 4념처는 8정도 속의 정념으로 4정근은 정정진으로 이 둘 역시 이미 언급한 바 대로이다.

4신족은 달리 4여의족^{四如意足}이라고도 일컫는데, 이는 신통기적^{神通奇蹟}을 얻기 위해서 선정의 수행 방법을 네 방면으로 나눈 것이다.

5근·5력은 신^信·정진^{精進}·염^念·정^定·혜^慧의 5항목으로 이루어진 것으로, 초보 수행자를 위해서 설한 것이다.

© 임윤수

불교에 입문하기 위해서는 먼저 믿음이 필요하다. 믿음이란 선과 악의 업이나 선과 악의 과보 등의 인과업보설, 불·법·승의 삼보, 연기나 4제 등의 가르침 등을 지도자의 가르침에 따라서 그대로 순수하게 믿는 것이다.

8정도의 맨 처음에 놓여 있는 정견이 초보자에게는 바른 믿음[正信]인데, 여기서 말하는 믿음과 그 바른 믿음은 같다. 이 믿음이 체험을 통해서 확정되면, 그것이 정견이라는 바른 지혜가 되는 것이다. 5근이나 5력에 있어서 신信·정진精進·염念·정定·혜慧는 믿음이 진전해서 최후에는 지혜가 되는 것을 나타낸 것이다. 그 중간의 정진·염·정은 8정도의 정정진·정념·정정과 같다. 이러한 점으로 볼 때 5근과 5력 역시 내용적으로는 모두 8정도 속에 포함된다고 볼 수 있다.

오직 8정도가 성인의 길이라고 할 때에는 깨침의 세계를 가리키지만, 5근과 5력은 깨침의 경지라고만 할 수 없다. 오히려 범부의 위를 가리키는 것이 일반적인데, 이는 범부 위에 있어서의 8정도의 행이라고 할 수 있다. 또 5근과 5력은 같은 내용이지만, 5근보다도 5력이 깨침의 세계에서 진보된 경지라는 관점에서 근根은 가능성을 나타내는 능력인 반면 역力은 구체화된 능력이 된다.

7각지七覺支는 달리 7등각지七等覺支라고도 일컫는다. 이는 각覺·등각(等覺), 즉 깨침을 형성하는 7가지의 부분支을 의미하는데, 그 모든 것은 깨침의 경지에 관련한다.

따라서 8정도가 범부와 성자 두 방면의 경지를 포함하는 것이라면, 7각지는 성위만을 한정하여 상위에 들어간다. 원시경전 속에는 수행도로서 맨 처음에는 4념처를 닦고, 그것이 끝나면 7각지에 나아가는데, 더욱이 명明·해탈解脫에 나아가 최고의 깨침을 얻는다고 이르고 있는데, 이는 7각지가 최고의 아라한인 깨침으로 인도하기 직전의 것임을 나타내는 것이다. 이때의 명·해탈은 이론적으로나 실천적으로도 일체의 번뇌·장해를 제한한 것이 된다.

7각지란   염^念·택법^{擇法}·정진^{精進}·희^喜·경안^{輕安}·정^定·사^捨를 말한다.

이것도 8정도의 경우와 마찬가지로 서로 밀접하게 관련되어 있다. 이 7항목 가운데 염·정진·정의 3가지는 8정도의 정념·정정진·정정에 해당된다. 그리고 택법이란 모든 법을 간택 판정하는 지혜로 혜나 정견과 같다.

희·경안·사의 3가지는 선정과 관련된다. 희는 선정 속의 고요하고 맑은 기쁨을 가리키고, 경안은 선정 속의 마음이 침울하거나 우울하며 수면에 빠지는 것과 침착하지 못하여 산란하며 광기가 일어나는 것 등이 경쾌해서 편안하게 되는 것을 가리킨다. 그리고 사^捨는 선정의 마음이 고락을 벗어나 탐욕·진에 등에도 흔들리지 않고 사랑과 미움, 멀고 가까움도 초월한 평정한 상태를 가리킨다. 이들 희·경안·사로 인해 선정은 더욱 이상적이 되고, 그곳에서 지혜가 완전히 성취되어 명^明·해탈 등의 최고 깨침에 이르게 되는 것이다.

37보리분법 외에도 여러 가지 수행도가 원시경전에 설해져 있지만, 그 가운데 대표는 단연 8정도이다. 그러나 다른 수행도에서는 계·정·혜의 3학으로 정리되어 있는 경우도 원시경전의 기록에는 자주 볼 수 있으므로 지금부터 3학에 대해서 고찰해 본다.

3학^{三學}

3학이란 계^戒로부터 정^定으로 나아간 후 그 정으로부터 혜^慧로 나아가는 것과 같이 수행의 전개 순서를 나타낸 것으로 보는 경우도 있지만, 계·정·혜 셋은 하나로서 떨어질 수 없다.

이는 수행에 있어서 신심의 상태를 세 방면으로 살펴본 것으로, 3학은 서로간에 섭수하는 관계에 있음을 알 수 있다.

(1) 계학^{戒學}

계^戒는 습관을 의미한다. 그런데 이 습관에는 좋은 습관도 있고 나쁜 습관도 있으므로, 그 이름을 선계^{善戒}라든가 악계^{惡戒}로 명확히 할 필요가 있다. 일반적으로 단순히 계라고 일컫는 경우 선계, 나쁜 습관을 의미할 경우 악계 또는 파계로 이해한다. 여기에서의 계 역시 선계의 의미로서 '좋은 습관'을 말한다.

좋은 습관이란 좋은 뜻이나 생각, 좋은 행동 뒤에 따르는 습관력으로, 12인연의 잘못된 행이나 취 등과는 반대로서, 잘못됨이 없는 바른 행으로 취하고 버림에 집착이 없는 것이다. 이 계는 곧 '좋은 습관'으로 육체나 정신을 조절·정리해서 좋은 길로 인도하는 것이므로, 세상의 윤리 도덕이라고 하는 것도 이 계에 포함된다. 불교에서 말하는 계율^{戒律}도 이러한 계의 일부분이다.

(2) 정학^{定學}

정^定에 대해서는 이미 8정도 가운데 정정의 설명에서 그 의미를 소개한 바 있다. 앞의 계는 그릇됨을 방지하고 악을 그치게 하는 죄악과 실의 나쁜 덕을 제하는 것을 말한다. 악덕이 제해짐으로 인해 사회

질서, 치안이나 평화가 이루어진다. 또한 개인적으로는 양심이 충만해지고, 부끄러움이나 후회 없이 마음의 평정이 이루어진다. 그리고 계로 인해 육체적으로는 규칙적인 좋은 습관이 길들여지게 되어 건강을 지킬 수 있고, 일의 능률도 올라서 경제적인 것 등도 개선되어 만족한 상태가 이루어진다. 이와 같이 계가 잘 이루어질 경우 윤리 도덕적으로도, 경제적으로도, 육체나 건강상으로도 또는 사회 질서나 유지 측면에서도 조화를 이루게 된다.

더불어 정신 통일인 선정을 얻기 위해서는 주위의 사회 환경만이 아니라 육체나 정신도 건전하게 하지 않으면 안 된다. 선정의 예비 조건으로 **조신**調身 · **조식**調息 · **조심**調心의 3가지를 이야기하는 것은 이 때문이다.

조신이란 건강한 몸으로 수면 부족이 없도록 하고, 음식물을 너무 많이 또는 적게 섭취하지 않고, 선정에 들어가기에 적당하도록 몸을 조절하여 자세 또한 잘 정돈되어 있는 상태를 말한다. **조식**이란 평소의 바른 호흡으로, 육체적인 건강은 물론 공포나 걱정 등이 없을 때 얻어지는 것이다. 조심이란 정신을 조절하는 것으로 이를 위해서는 양심의 가책을 받을 수 있는 불륜, 부덕하거나 죄악의 행위가 있든가 경제적인 걱정이 있는 경우 환경의 평화를 얻을 수 없고, 전란 · 절도 · 맹수 · 독사 등의 근심이 없도록 해야 한다. 이와 같은 장해가 있으면 마음 편하게 고요히 앉아 있을 수가 없기 때문이다.

이상과 같이 조신 · 조식 · 조심은 육체나 정신을 조정하는 계로 인해 얻어지는 것으로, 계가 정의 예비 조건이 된다.

(3) 혜학 慧學

그렇다면 정이라고 하는 정신 통일은 무엇 때문에 닦아야 하는가? 그것은 바른 지혜를 획득하기 위해서이다.

얻은 지혜를 활용할 수 있을 때 비로소 신속 정확한 판단이나 정확하고 타당한 조치나 행동을 할 수 있는 것이다. 결국 정은 혜의 예비 단계로서 존재한다고 할 수 있다.

불교의 최후 목적은 바른 지혜를 얻어 바른 실천 행동을 하는 것이다.

따라서 8정도의 정념과 정정은 정학에 속하고, 정견과 정사유는 혜학에 속한다고 할 수 있다. 즉 계·정·혜의 어느 것이나 관계한다.

요컨대 3학의 계·정·혜는 앞의 것이 뒤의 것의 예비가 되고, 앞의 것이 갖추어짐으로써 뒤의 것도 완성되어 최후의 혜학이 궁극의 목적이 된다. 이와 같이 수행의 순서로 보면 **최초에 계를 얻고, 그에 의해 정이 나타나며, 정 뒤에 혜가 완성되는 것이다.**

계·정·혜라고 하는 순서가 형성되는 것은 그 때문이다. 그러나 8정도의 경우 그 순서를 혜·계·정으로 보기 때문에 이는 3학의 순서와 다르다. 이것을 어떻게 해석해야 좋을까.

종종 말하는 것과 같이 8정도나 3학에 있어서도 서로 섭수하는 입장에서 말하면, 하나가 다른 것을 동시에 포함하며 관계하므로 앞뒤의 순서가 필요 없음을 알 수 있다. 물론 8정도의 경우도 이와 같아 서로 섭수하는 쪽으로 보면 그 순서는 그리 큰 문제가 안 될는지도 모른다. 그러나 한편으로는 3학을 수행 순서에 따라서 열거하는 것도 의미 있는 것처럼 8정도에서도 수행의 순서를 열거했다고 볼 수 있다. 만약 그렇다면 8정도에서 혜·계·정의 순서로 되어 있는 것은 어떻게 된 것인가.

실제로 8정도는 그것만으로 완결되는 것이 아니라 더욱 수행에 정진하여 아라한의 깨침을 얻게 되면 8정도 다음에 정지^{正智}・정해탈^{正解脫}의 두 가지가 더해진다. 이 10번째를 10무학법^{十無學法}이라고 일컫는 것이다. 이는 아라한이 반드시 구비해야 하는 무학이 10번째의 법이라는 의미이다. 10무학법의 최후에 있는 정지^{正智}・정해탈^{正解脫}은 아라한이 획득한 최고의 지혜를 가리키는 것으로, 이것은 앞의 7각지^{七覺支} 뒤에 얻은 명^明・해탈^{解脫}과 같고, 이론적・실천적인 최고 지혜를 가리킨다. 이와 같이 보면 10무학법은 혜・계・정・혜의 순서가 된다. 최초의 혜로서 정견과 정사유 둘은 아직 참 혜가 아니다. 정견은 정심^{正信}으로서 혜의 앞단계이고, 정사유는 전술한 바와 같이 의사 작용이므로 차라리 계학에 포함시키는 것이 옳다. 이런 의미로 10무학법을 신・계・정・혜라 하게 되는 것이다. 따라서 참으로 계・정・혜의 3학의 순서와 같음을 알 수 있다.

또 다른 곳에서는 계・정・혜가 하나인 까닭은 정신적인 작용에 있어서 지・정・의가 하나로서 제각기 나눌 수 없는 이치와 같다고 설명하고 있다. 이때 오직 지적 요소가 강하고 정・의가 약할 때에는 지라 칭하고, 정적 요소가 강할 때에는 감정 작용으로 취급하고, 의사적 요소가 강할 때에는 의사라고 칭하지만, 그것에는 다른 요소도 당연히 포함되어 있어서 지・정・의 하나 하나가 그 자체만으로 존재하는 것은 절대로 아니다. 이것은 계・정・혜 역시 마찬가지이다. 계 가운데에는 계만이 아니라 정과 혜도 그 밖의 심적 작용이 함께 하고 있다. 오직 그 작용이 강함에 따라서 계라든가 정・혜라고 칭할 뿐이다.

이와 같이 계가 범부의 계라 할 경우 정과 혜도 범부의 세간적 정·혜가 된다. 만약 혜가 세간을 벗어난 깨침의 혜라면 계와 정도 세간을 벗어난 계·정이 되기 때문에 한쪽이 범부인데 다른 한쪽이 성위가 될 수는 없다. 삼자는 일체가 되어야 그 경지가 진전된다. 결국 성위의 깨침의 계라든가 정은 그 계나 정에 이미 깨침의 지혜가 포함되어 있다는 것을 의미한다. 요컨대 범부와 성자의 차이는 그 자체에 깨침의 지혜가 있느냐 없느냐에 따른다. 같은 4선^{四禪}·4무색^{四無色}의 8가지 단계에 의한 선정 속에도 외도선^{外道禪}·범부선^{凡夫禪}·출세간선^{出世間禪} 등의 구별이 있다. 그것은 선정의 내용이 외도적인가, 범부적인가, 깨침의 경지에 있는가로써 선정에 포함된 지혜의 높고 낮음으로써 가름하기 때문이다.

3명6통^{三明六通}

이는 최고 깨침의 지혜는 무엇인가를 말한다. 원시경전에는 아라한의 깨침을 얻었을 때에 사람에 따라 3명6통이라는 특출한 지혜를 얻을 수 있다고 기록되어 있다.

3명이란 숙명명^{宿命明}·천안명^{天眼明}·누진명^{漏盡明}의 세 가지를 일컫는데, 이 가운데 본래 순수한 지혜는 누진명이다. 누진명이란 번뇌가 다 멸해서 얻는 밝음, 이를테면 진리를 밝게 깨달아 번뇌를 끊는 지혜를 뜻한다.

이 누진명을 최고의 깨침에 있어서 이론적인 어리석음^[견혹(見惑)]도 정의적인 어리석음^[수혹(修惑)]도 모두 사라진 것으로 설명하기도 한다. 그것은 인과업보설로부터 4법인·12연기·4성제 등의 불교의 바른 교리 학설을 이론적으로 이해하는 것만이 아니라 일상 생활의 모든 것이 자연스럽게 형성되어 이론화되며, 체험에 의해서 불교의 참다운 이상이 구현되기 때문이다. 이 누진명은 아라한에게 필히 구족되는 지혜이다.

숙명명과 천안명이란 응용적인 지혜로, 신통기적이라고 하는 초 인적인 활동을 보이는 것을 말한다. 이 가운데 숙명명이란 숙명, 즉 과거세의 운명에 대해 아는 지혜이다. 그리고 천안명이란 달리 유정사생명有情死生明이라고 일컬어서 유정이 이 세상에서 죽은 후 어떠한 장소에 태어나는가와 사후의 운명에 대해서 아는 지혜를 말한다.

이 두 가지를 밝게 앎으로써 자기나 타인의 과거세나 미래세에 대해서 상세하게 알 수 있다. 훌륭한 선정을 얻은 자는 훈련에 의해서, 일반인은 얻기 힘든 초능력을 얻는다고 하는데, 그 초인적인 영능력 가운데 과거세와 미래세에 대해서 아는 지혜가 바로 숙명명과 천안명 이다.

6통六通은 6신통으로, 신통神通이란 특출한 지혜를 의미한다. 6신 통이란 신변통神變通·천안통天眼通·천이통天耳通·타심통他心通·숙명통 宿命通·누진통漏盡通의 여섯 가지를 말하는데, 이 가운데 천안통·숙명 통·누진통은 앞의 3명과 같다. 그 외의 신변통이란 신족통神足通이라 고도 일컬어서 신체를 자유자재로 변화시킬 수 있어 걷기 등을 빠르게 할 수 있는 영능력靈能力을 말한다. 그리고 천이통이란 보통사람이 가질 수 없는 예민한 청각 능력을 갖거나 또는 하나를 들어서 열을 아는 민첩한 이해력을 갖는 것을 말한다. 타심통이란 다른 사람의 생각을 읽어내 통찰하는 영능력을 말한다.

이상의 3명6통 중에 아라한이나 불타에게만 존재하는 것은 오직 누진명[누진지(漏盡智)] 뿐이다. 다른 2명·5통은 아라한 이외의 불교 성자나 범부도, 또는 외도나 사교들도 얻을 수 있는 것이다. 사실 특출한 정신 통일로 인해 이상異常한 영능력을 얻음은 신흥 종교의 교주만이 아니라 불교의 각 종파 교조들의 여러 가지 신통기적에 대해 전해 오고 있으며, 원시경전 속에서도 석존이나 불제자들의 신통에 대해 말함도 적지 않다. 당시 석존 역시 더없이 특출한 영능자여서 외교들이 대환사大幻師:대마술사라 일컬을 정도로 두려움의 대상이었다.

그런데 왜 아라한이 되면 일체의 번뇌를 제거하는 누진지를 얻는 것은 당연한데, 그 밖의 2명이나 5통은 어째서 반드시 요구되지 않는 것일까. 2명이나 5통이란 이상異常한 영능력을 말한다. 이들의 영능력은 종교의 교화자에겐 더없이 필요한 것이다. 이론을 이해시킬 수 없는 자, 또는 이론을 받아들이지 않는 강고한 자를 신앙심으로 이끌기 위해서는 눈앞에 위대한 효험을 보여 실제의 위력으로 굴복시키는

방법 외에는 없다. 석존도 자신의 설법에 수긍하지 않는 자에게는
신통을 보여서 바른 가르침으로 인도하는 일이 적지 않았다.

실제로 상대의 얼굴·태도·행동·언어 등으로 과거의 경험이나
운명을 추측하고, 현재 어떠한 마음 상태인가를 고찰해서, 또는 그가
장래에 어떠한 행위를 할 것인가, 그래서 어떠한 운명을 밟게 될까를
미리 알 수 있는 것은 특출한 지혜나 경험을 가진 자로서는 불가능한
일이 아니다. 결국 이러한 것을 앎에 의해서 상대방에게 어떠한 가르
침을 설하고 어떻게 지도해야 할 것인지 알 수 있으므로, 영능력은
종교 지도자에게는 없어서는 안 되는 것이다. 이는 현대를 살아가는
우리 모두에게 꼭 필요한데, 상대의 마음을 아는 것이 서로의 관계를
잘 유지시키는 데 무엇보다 중요하기 때문이다.

3. 6바라밀^{六波羅密}

석존 멸후 원시불교 시대를 지나 부파불교 시대가 열리면서 불
교는 18부·20부라고 하는 부파로 분열함과 동시에 모두 형식화·
학문화된 사원 중심의 출가 불교로 변했다. 그 후 석존시대와 같이
일반 대중을 교화하는 실천 행동은 자연히 사라지고, 종교로서의
불교 역시 쇠퇴하기 시작했다. 이러한 이유로 학문을 위한 학문이
세밀하게 연구되었으며, 또한 수행 역시 자신의 학문이나 자기 완
성만을 목적으로 했다. 그래서 일반인과 함께 하는 구제의 노력은
자연히 등한시되었다.

이러한 탓에 석존의 참 정신은 상실되고 불교 본래의 종교 활동

도 사라지게 되었다. 이때 뜻 있는 사람들에 의해 불교는 석존이 의도했던 근본 입장으로 돌아가 민중 불교가 되지 않으면 안 된다고 외치는 새로운 불교 개혁 운동이 전개되기 시작했다. 그들은 부파불교를 소승 성문의 가르침이라 비난하고, 스스로 대승불교의 가르침을 성립하기 시작했다. 이와 같이 하여 대승불교 운동이 일어난 것은 기원 전후이다. 이것은 민중의 요망에 의해서 일어난 것이므로 일어나자마자 인도 전역에 보급되었다.

대승불교의 주장에 의하면 이렇다. 부파불교는 성문의 입장으로 자기만이 업보 윤회로부터 벗어나 해탈하는 데에 그 목적이 있다.

하지만 대승불교는 보살의 입장으로 업보에 지배당하는 것 없이 자주적 주체인 서원을 세움으로써 생사 윤회도 취하지 않고 보리 열반도 원하지 않아 생사나 열반에도 집착하지 않는다.

또한 소승은 자신의 완성만을 목적으로 하지만, 대승은 나도 남도 같이 완성하기를 바라서 대승과 함께 이상적인 불국토를 건설하는 데 노력한다.

더욱이 소승은 이론이나 학문만을 취해서 전문 출가를 중심으로 하는 형식주의적인 반면 대승은 이론이나 학문보다도 신앙 실천을 중점으로 하여 재가 중심인 통속적인 성격을 지닌다. 그러면서 불교 본래의 목적에 꼭 맞는 가르침을 펼친다. 이는 불교의 중심적 입장으로서 공空이나 무아無我를 일상 생활에서 구현하고자 하는 것이다. 따라서 대승보살은 일상 생활에 있어서도 수행해야 하는 수행도로서 6바라밀을 설했다.

원시불교나 소승 부파불교에 있어서 대표적인 것은 8정도이다. 반면 대승불교의 대표적인 것은 6바라밀이다. 이 두 수행도를 비교해 보면 소승불교와 대승불교의 특징과 차이를 알 수 있다. 주지하다시피 6바라밀이란 보시布施·지계持戒·인욕忍辱·정진精進·선정禪定·지혜智慧이다. 이 가운데 지계는 8정도의 정어·정업·정명, 정진은 8정도의 정정진, 선정은 8정도의 정념·정정, 지혜는 8정도의 정견·정사유에 해당된다. 반면 나머지 보시와 인욕 이 둘은 8정도에는 포함되어 있지 않다. 이것은 무엇을 의미하는가?

8정도는 원래 자신의 지혜나 인격 완성을 목적으로 하는 수행도이다. 그래서 거기에는 직접 다른 사람을 인도하여 구제한 후 그들을 교육시켜 완성한다든가, 사회에 참여함이 없이 오직 자신만을 위해 수양하며, 인격을 완성하는 방법만이 설해져 있다. 반면 6바라밀 중 보시나 인욕은 상대를 구제하기 위한 수행도이다. 따라서 대승불교란 소승불교가 개인의 수양이나 완성만을 목표로 하기 때문에 조그만 수레라고 규정지은 데 반해 많은 사람들을 구제하는 데 목적을 둔 이상적인 큰 수레라 할 수 있다.

여기서 사회를 대하는 선행의 6바라밀로서 보시를 최우선에 놓은 것은 대승불교의 특징을 잘 나타내고 있는 것이다. 대승불교를 주장하는 자가 부파불교의 8정도를 소승불교의 가르침이라고 하여 배척한 후 다시 독자의 6바라밀을 보살의 수행도로 채용한 것은 그런 까닭 때문이다.

따라서 지금 대승불교의 중추인 6바라밀을 하나 하나 설명해 본다. 이 6바라밀도 상호간에 불가분의 관계에 있어 하나를 드러내면 다른 다섯이 이에 포함되어 있음과 서로 연관됨이 8정도나 3학의 경우와 같다.

바라밀은 바라밀다의 줄임말인데, 이를 예전에는 도무극^{度無極}·도피안^{到彼岸} 등으로 옮기기도 하였다. 이에 대한 중국이나 한국, 일본에서의 전통적인 해석법은 도피안이었다. 생사 윤회의 고통에서 허덕이는 세계인 차안^{此岸}에서 윤회를 초월한 열반의 깨친 세계인 피안^{彼岸}에 도달하는 것이 바라밀인 것이다. 결국 바라밀은 수행도에 의해서 보살은 생사의 차안으로부터 열반의 피안에 도달하는 것이다.

그러나 바라밀이라는 용어는 대승불교가 나타나기 전부터 파리불교와 그 밖의 소승 부파불교에서도 회자되고 있었다. 이 용어의 기원은 '완전한 최고의 상태'라는 의미에서 비롯된다. 대승불교 역시 처음에는 이 말을 그런 의미로서 사용했을지도 모른다. 그리고 도무극^{度無極}이라는 옛 한역에서도 이런 의미였는지 모른다. 따라서 이러한 시각에서 볼 때, 보시바라밀은 '최고의 완전한 상태에 있는 보시'라는 의미가 되고, 반야바라밀은 '반야 곧 최고의 지혜로 완전한 상태'라는 의미가 된다. 결국 보살의 보시 내지 반야는 다른 소승이나 성문 일반 사회의, 그 보다도 특출한 최고의 완전함을 나타낸다. 그래서 이것에 바라밀이라는 용어를 더하는 것이다.

보시^{布施}

시^施라든가 시여^{施與}라고도 일컬어지는 보시는 재산 등을 베푸는 자선 행위를 가리킨다.

인도에서는 불교 이전부터 종교가나 곤궁한 자에게 의식^{衣食} 등을 베푸는 것이 재가자의 커다란 선이자 공덕이라 여기고 있었다. 불교에서도, 석존도 불교 신자가 아닌 일반 사람들을 불교 신앙으로 인도하는 경우 당시 일반적인 사회 풍습을 그대로 받아들여 보시의 계를 베풀도록 했는데, 그에 의해서 하늘에 태어날 수 있다고 하는 시론施論·계론戒論·생천론生天論의 3론을 말했다.

이는 불교 신앙에 입문하기 전에 베푸는 것이긴 하지만 불교 신자가 된 이후에도 베푸는 것은 역시 좋은 행으로서 장려되었다. 이것은 다음에 말하는 4섭사四攝事 가운데 첫째로 보시가 놓여 있는 것만 보아도 알 수 있다. 이처럼 대승불교에서 불교도로서 실천해야 할 중요한 사항은 무엇보다 보시바라밀이다. 이 보시는 대개 **재시**財施·**법시**法施·**무외시**無畏施의 3종으로 나누어 말해지고 있다.

재시란 금전·재물 등의 경제적인 보시이고, 법시란 정신적인 진리인 법을 가르치는 것을 말한다. 그리고 무외시란 두려움이 없는 안심을 얻도록 하는 것이다. 말하자면 공포나 불안으로 두려움에 떨고 있는 사람에게 안도의 마음을 주는 것을 무외시라 하는 것이다. 불가에서 말하는 관세음보살이란 여러 가지의 고난이나 재액의 두려움으로 떨고 있는 사람들에게 두려움이 없는 무외시를 베푸는 자를 일컫는다.

베푸는 것은 앞의 세 가지 외에 신시身施: 육체적 보시도 있다. 석존의 전생에 관한 수행시의 이야기로는 그가 보살로서 자기의 몸뚱이를 던져 다른 생명을 구하기도 하고, 몸뚱이의 일부분을 도려내어 굶주린 자를 구하기도 했다는 내용이 전한다. 재시나 법시는 재물이나 가르침의 법을 가진 것이 없으면 베풀 수 없고, 무외시도 그만한 역량 없이는 힘들지만, 몸뚱이 보시는 그와 같은 재물이나 법을 가지고 있지 않아도 누구나 할 수 있다. 비록 몸 자체를 전부 던져 주는 희생까지는 할 수 없다 하더라도, 어려운 사람을 돕는다든가, 사람에게 친절을 베푸는 몸으로서의 봉사는 누구나 할 수 있는 것이다. 이와 같은 의미에서 몸으로서의 보시는 사람들을 융화하고 사회를 밝게 하는 데 헤아릴 수 없을 만큼 커다란 역할을 한다고 볼 수 있다.

시바라밀施波羅密을 이야기할 때에는 최상 최고의 보시로 반야바라밀로 설명하지 않으면 안 된다. 이는 곧 공空·무아無我의 무소득無所得의 보시가 그것으로, 3륜공적三輪空寂 또는 3륜천정(三輪淸淨) 보시라고 하는 보시바라밀이다. 또한 이것은 보시하는 자·보시를 받는 자·보시의 물건, 이 세 가지가 청정해서 순수한 자비 정신으로 베푸는 것이어야 한다. 요컨대 보시란 베푸는 것의 실천적 행위를 말한다.

또한 원시불교로부터 대승불교에 이르기까지 재가·출가의 불교도가 실천해야 수행법으로 4섭사四攝事 또는 4섭법(四攝法)가 있다. 4섭사란 보시布施·애어愛語·이행利行·동사同事의 4가지를 말한다. 이것은 보시를 중심으로 보살의 자비행을 모은 것이다.

먼저 보시란 베푸는 것의 실천적 행위를 뜻한다.

애어란 친절하고 자애롭게 말하는 것으로, 칭찬할 때에는 칭찬하고, 혼낼 때에는 혼내고, 때릴 때에는 때리는 등 상대를 생각하며 활용한다는 말이다.

이행이란 상대에게 이롭도록 하는 행으로, 나만을 생각지 않고 항상 상대의 입장에서 생각하고, 서로 또는 전체의 행복과 이로움을 위해서 하는 행위를 말한다.

동사란 나와 남을 같이 보는 것을 말한다.

이는 첫 번째의 보시에 있어서도, 두 번째의 애어에 있어서도, 세 번째의 이행에 있어서도 항상 나와 남을 구별하지 않고 서로의 이로움을 위해서 또는 전체의 이익을 위해서 행해야 한다. 그런 탓에 이는 공무아空無我의 실천 이외 아무 것도 아니다.

보시는 단순히 베푼다는 생각 외에 상대의 입장도 생각하고 이로움도 헤아려 마음을 쓰면, 장사와 교섭을 비롯한 세상의 모든 일에도 베풀 수가 있다.

다스리고 생산하는 산업이 모두 보시의 행위가 된다는 말은 이런 의미이다. 이와 같이 보시를 광범위하게 활용할 때 4섭사 모두가 보시가 되기 때문에 4섭사는 보시를 말하는 것이 된다.

지계持戒

지계를 문자 그대로 풀어보면 '계를 지녀 지키는 것'이란 뜻으로, 불교 이전의 인도 사회에서도 종교나 철학에서 지켜야 할 좋은 행으로 이미 실천되고 있었다.

이러한 가운데 불교 역시 자연히 이것을 받아들여 중요한 항목으로 취급하게 된 것이다. 이것은 이미 전술한 3학 중 '계학'에서 언급한 바 있다. 계바라밀戒波羅蜜은 이들 계율이나 도덕 가운데 최고로 완전한 계임을 나타낸다.

소승불교에서의 계는 주로 그릇됨을 방지하고 나쁜 것을 그치게 하는 것으로, 말하자면 악한 일을 방비하고 그치게 하는 것이 계라 하여 나중에 더욱 좋은 행을 권장하는 것을 첨가하게 된다. 요컨대 소승불교는 악을 그치고 선을 행하는 것이다. 반면 대승불교에서는 이것 외에 이타利他라고 하는 계를 더한다. 이는 대승에서 중생 구제를 주된 목적으로 하기 때문이다. 이런 점에서도 6바라밀의 계가 8정도의 계보다도 넓어서 적극적으로 사회에 대처한다는 의미를 포함하고 있다.

초기 대승불교의 계로 10선十善이 설해져 있다. 이는 원시불교에도 설해져 8정도의 정견·정사유·정어·정업의 네 가지에 포함되어 있다. 그러나 대승의 10선은 원시불교의 10선보다 넓다. 원시불교나 소승의 10선은 지악止惡 : 10가지 악을 그침과 행선行善 : 10가지 선을 행함의 두 가지 의미뿐이다. 하지만 대승의 10선은 지악과 행선 이외, 중생의 이로움을 더 첨가하고 있다. 이런 점으로부터 보면 대승의 계는 섭률의계攝律儀戒, 지악(止惡) · 섭선법계攝善法戒, 행선(行善) · 섭중생계攝衆生戒 또는 요익유정계(饒益有情戒)의 3취정계三聚淨戒로 이루어져 있다.

사실 소승이나 대승에서 말하는 범부의 계와 성자의 계는 크게 다르다. 범부의 계란 업보나 이해 득실을 염두에 두는 타율적인 계로서 다른 사람의 명령에 의해 지켜지는 계를 말한다. 반면 성자의 계란 자율적인 것으로, 업보나 손과 득을 넘어 다른 사람으로부터의 강제적인 명령에 의하지 않고도 좋은 것은 필히 행하고 나쁜 것은 스스로 행하지 않는다. 성자의 계는 절대적으로 확실한 계로서 자연스럽기 때문에 하기 싫은 것을 억지로 하는 것이 아니다. 만일 이 계를 자연스럽게 지키면 세상의 일반적인 윤리 도덕의 가르침보다도 확실한 효과가 있을 뿐만 아니라 이는 최고의 윤리 도덕이 될 것이다.

한편 원시불교 이래 대 · 소승불교에 이르기까지 모든 불교의 요점만을 나타내는 것으로 아주 중요시 여겨지는 노래가 있는데, 7불통성게七佛通誡偈 : 모든 부처님이 공통으로 가진 것으로, 이것이 불교의 참다움이라고 가르친 노래가 그것이다.

인욕忍辱

문자 그대로 풀어 보면 '견디고 참는다'는 뜻이다. 따라서 다른 사람으로부터 비난을 받아 창피하고 부끄러움을 느껴도 견디고

참는, 말하자면 박해를 받아 어려움을 당해도 참을 뿐만 아니라
나아가 상대를 가엽게 여기며 애정을 가지고 접하는 것을 말한다.
　인욕은 대승불교에서 강조하였지만 원시불교나 부파불교에서는
그렇게 중요하게 취급하지 않았다. 이에 대한 원시경전 『교계부루나
경^{敎誡富樓那經}』의 기록을 보면 다음과 같다.

　인도의 서해안 지방인 파란타 출신의 부루나^{富樓那}는 무역상이었
다. 그는 상업상 중부 인도에 갔을 때 석존의 설법을 듣고 크게 감격
하여 불교에 귀의 출가한다. 얼마 지나지 않아 그는 마음을 하나로
하여 용맹심으로 정진해 드디어 최고의 깨침인 아라한이 되었다.
　인도의 서해안 지방은 아직 불교를 알지 못하는 곳으로, 부루나는

고향 사람들에게 훌륭한 불교 신앙을 알리고 싶어서 석존에게 고향에 돌아가 불교의 전도를 청했다.

부처님 아파라타의 사람들은 폭악해서 그들이 그대를 비난하고 매도하면 그대는 어찌하겠는가?

부루나 아직 손으로 때리지는 않았으므로 그들을 좋은 사람으로 생각하겠습니다.

부처님 만약 손으로 때리면 어떻게 하겠는가?

부루나 아직 방망이나 돌로 때리지 않았으니까 좋은 사람으로 생각하겠습니다.

부처님 만약 방망이나 돌로 때리면 어떻게 하겠는가?

부루나 아직 칼로 찌르지 않았으니까 그들을 좋은 사람으로 생각하겠습니다.

부처님 만약 칼로 찌르면 어떻게 하겠는가?

부루나 아직 죽이지는 않았으니까 좋은 사람으로 생각하겠습니다.

부처님 만약 죽이면 어떻게 하겠는가?

부루나 불제자 중에는 생명에 집착하지 않아 자기를 죽여주기를 구하는 자도 있는데, 저는 구하지 않아도 죽여주니 감사히 생각하겠습니다.

부처님은 "그만치 강한 의지와 인내심으로 각오하고 간다면 민중에 대한 애정과 인내로 인해 그대는 성취하리라"라고 칭찬했다. 그러한 각오로 귀향한 부루나는 아라파타 민중에게 애정과 인내로 대해 그 해 안에 남녀 신자수가 자그만치 5백 명을 헤아리게 되었다.

대승경전에는 인욕에 대한 여러 설이 있지만, 가장 유명한 것으로 『법화경』에서 말하는 상불경보살^{常不輕菩薩} 이야기가 있다.

이 보살은 노상에서 만나는 사람마다 그 사람에게 절을 하면서 "나는 참으로 당신을 존경합니다. 왜냐하면 당신은 보살도를 행하므로 장래에는 필히 완전한 인격자가 되기 때문입니다"라고 했다.

개중에는 이에 반발해서 그에게 화를 내는 자도 있었으며, 몽둥이로 때리는 자도 있었으며, 돌을 던지는 자도 있었다. 그는 그렇게 모욕을 당하면서도 잘도 참고 견디며 "나는 당신을 경멸하지 않습니다. 존경해 받듭니다. 당신은 장래에 필히 완전한 인격자가 되기 때문입니다"라고 하며, 상대에게 존경과 애정을 가지고 절을 하기를 그치지 않았던 것이다.

다른 사람이 욕을 하고 매도해도 이를 부끄럽게 생각지 않으며 참고 견디는 것은 그리 쉬운 일은 아니다. 자기의 개성에 집착함이 없고, 온화한 기분으로 상대에게 깊은 애정을 품음으로써 처음으로 인욕을 얻게 되는 것이다. 다른 사람과 융화하며 살아가기 위해서는 인욕과 참을성은 필수 요건이다. 주지하다시피 인욕이야말로 무엇보다 강한 힘이다.

정진^{精進}

이는 8정도의 정정진과 같다. 정진이란 장병이 갑옷을 입고 용기를 내 적진에 뛰어 들어가는 것과 같다는 말이다. 더욱이 그 마음을 견고히 하여 물러섬 없이 깨침을 목적으로 정진하며 헛되이 하지 않는다. 그래서 최후에는 부처님의 지혜를 성취하고, 사람들을 교화 구제하기 위해서 전력을 기울인다. 어떠한 경우에도 정진 노력하는 용기가 필요함은 두말할 필요가 없다. 정진은 용기 있는 자의 덕으로 큰 용맹심 없이는 얻지 못한다.

선정^{禪定}

본래는 선나^{禪那}로서 정려^{靜慮}라 일컬었으며, 8정도의 정정과 같다. 정신 통일은 인도에서는 불교 이전부터 수많은 철학과 종교에서 회자되고 있었기 때문에 그 명칭의 수 역시 헤아릴 수 없이 많다. 정정^{正定}의 정^定을 정의^{定意}·등지^{等持}·삼매^{三昧} 등으로 옮겼는데, 이를 달리 일심^{一心}이라고도 한다. 선은 선나^{禪那}·정려^{靜慮}라고 옮겨서, 중국이나 한국 일본에서는 선과 정을 합해 선정^{禪定}이라는 용어로 사용하고 있다. 또한 유가^{瑜伽}는 요가의 소리글인데, 이것도 자기 마음을 관찰 대상으로 하면서 마음의 통일을 얻는 것으로 선이나 정과 같은 의미이다. 그 밖에 등지^{等至}·등인^{等引} 등의 용어도 있다.

중국의 선종 등에서는 선을 전문으로 하게 되었지만, 실제로 인도의 원시불교에서 선정이란 출가자에게 있어서는 더없이 필요한 것으로 당연한 것이었다. 요컨대 중국의 선종과 같이 하루 종일 좌선하며 사유의 선정에 들어가는 것이 출가자들의 일과였던 것이다. 석존 자신도 "가나那伽(불타)는 항상 정에 있다"라고 말한 바와 같이 항상 하루 종일 선정에 들어 있기도 했음을 짐작케 한다. 이 경우의 정은 앉아 있는 것만이 아니라 행주좌와의 모든 행위에 정신이 통일되어 있다는 의미가 된다. 하지만 이 선정은 정신 통일만이 아니라 지혜도 포함되어 있어 지혜의 활용도 선정의 의미가 된다.

일반적으로 한국이나 중국, 일본에서 선이라고 할 때에는 좌선이나 정신 통일만을 의미하지 않는다. 그것은 '행하는 것도 선, 앉는 것도 선'으로, 말하자면 어묵동정체안연語默動靜體安然이라 하는 것과 같이 하루 24시간이 선이며, 봉활어묵捧喝語默의 활작법活作法이 선 아닌 것이 없다. 선이 견성見性을 목적으로 한다든가, 심지心地를 연다든가, 본래의 면목面目을 밝히기 위함 등이라고 말하지만 그 모든 것에는 지혜의 활용이 중심이 되어 있다.

당대의 선자인 규봉종밀圭峰宗密은 선을 외도선外道禪·범부선凡夫禪·소승선小乘禪·대승선大乘禪·최상승선最上乘禪, 여래선(如來禪)의 다섯 가지로 구별했는데, 그것은 선 속에 포함되어 있는 지혜의 높고 낮음과 우열에 의한 것이다. 선에 있어서 단순히 좌선이라든가 정신 통일은 이상 달성을 위한 수단에 불과한 것이며, 최종적인 선은 이상에 도달해 활용하는 지혜이다. 그러고 난 연후에야 비로소 선의 목적을 달성한 것이 된다. 선종에 있어서 선의 목적은 후자를 의미한다.

반야般若

이는 혜慧나 지혜智慧로 옮긴다. 하지만 한자의 번역만으로는 본래의 의미를 전달하는 데 충분치 못하여 소리나는 대로 반야라 옮긴 후 그 뜻을 붙여 반야란 지혜를 의미하며 이를 세상의 지혜와는 구별 한다고 했다. 이 경우는 반야바라밀이기 때문에 최고로 완성된 지혜 가 된다. 그것을 『반야경』 상세하게 『반야바라밀경』이라 부르는 것은 반야뿐만 아니라 6바라밀 전체를 말하기 때문이다. 그러므로 『반야경』이란 반 야의 6바라밀 전체를 대표하는 것이며, 불교의 근본 사상인 공·무아 를 말하는 것이 된다. 이 『반야경』을 더욱 간결하게 한 것이 『반야심 경』인데, 그것은 '5온개공'이라든가 '색즉시공, 공즉시색' 등을 그 중 심 사상으로 하고 있다. 따라서 공·무아의 이론과 실천을 말한 것이 『반야경』인 것이다.

전술한 경문 중에 5온개공이나 색즉시공은 공·무아의 이론으로 근본 무분별지無分別智를 가리키며, 공즉시색은 공·무아의 응용적 실 천으로 유분별후득지有分別後得智를 나타낸다. 근본 무분별지는 반야의 지혜를 나타내고, 유분별후득지는 이 지혜가 다른 5바라밀로서 작용 하는 경우를 가리킨다. 이때 전자는 순수반야가 되고, 후자는 방편반 야가 된다. 방편이란 불보살의 자비로 인한 중생구제로서 실제의 활동 을 나타낸다. 그러므로 반야란 방편으로서 응용이 없으면 구체적인 반야의 작용을 나타낼 수 없으므로 생명력을 잃게 된다. 따라서 반야 속에는 자비 활동의 방편도 포함되어 있으므로 방편이 없는 반야라면 참 반야가 못 된다.

이런 의미로서 재가의 일반 신자들이 하는 보시 활동에도 반야가 포함되어 있으며, 그 밖의 바라밀에도 포함되어 있으므로 보시의 실천만으로 일체의 바라밀이 충족된다. 또 반야를 선정 중심으로 볼 때에는 관觀이라 부르기도 한다. 이는 본래 선정을 지止라고 하여 고요히 멈추어 깊이 보는 것이 참 선정이 된다고 하는 것으로, 때로 지관止觀이라 칭하기도 한다. 지관은 지혜를 포함한 선정으로서 천태종에서는 마하지관摩訶止觀 · 소지관小止觀 · 원돈지관圓頓止觀 등으로 부르고 있다.

반야바라밀은 깨침의 지혜

보통 혜라고 할 때에는 범부와 성인의 일반적 지혜를 가리킨다. 따라서 지智라 칭할 때에는 대부분 성위의 지혜를 가리키는 경우가 많다. 무분별지無分別智나 유분별지有分別智의 지智가 그것으로, 유식唯識에서 전식득지轉識得智라고 하면 제8식第八識, 전5식(前五識) · 제6의식(第六意識) · 제7말나식(第七末那識) · 제8아뢰야식(阿賴耶識)이 깨침에 도달할 때에는 4지로 변한다고 기록되어 있다.

4지란 성소작지成所作智 : 제5식으로부터 지혜를 지어 이룬다 · 묘관찰지妙觀察智 : 제6식인 의식으로부터 묘함을 관찰하는 지혜를 이룬다 · 평등선지平等性智 : 제7식인 말나식이 변하여 평등한 성품의 지를 이룬다 · 대원경지大圓鏡智 : 제8식인 아뢰야식으로부터 이룬다인데, 이를 지智라 부르는 것으로 볼 때 이들이 성위에 있음을 알 수 있다. 4지 가운데 대원경지는 근본 무분별지이고, 다른 3지는 제7식에 의한 구체적인 유분별有分別의 방편지方便智가 된다.

『반야경』에서 바라밀이란 6가지를 말한다. 반야를 중심으로 하여 『화엄경』의 보살의 수행 계급에 따라 10지十地 각각이 하나의 바라밀을 완성하며, 10지 전체를 답습함으로써 10바라밀을 완성하는 것이다. 6바라밀에다 방편方便 · 원願 · 역力 · 지智의 4바라밀을 더한 것이다. 결국 초지의 보시바라밀로부터 제2지 · 제3지 · 제4지 · 제5지 · 제6지

의 반야바라밀, 제7지의 방편바라밀, 제8지 · 제9지 · 제10지의 지혜
바라밀이 완성되는 것이다. 하지만 이것은 형식에 불과한 것으로 실제
로 모든 바라밀은 서로 연결되어 있다.

　요컨대 10바라밀이란 10지의 각지를 닦음으로써 전체가 하나가 되
어 나타나는 것이다.

인간의 본질은 무명이다

인간은 본질적으로 무명〔무지(無智)〕이다. 그래서 자기의 본질을 자기 스스로 알지 못하고, 본래 자신의 순수함을 실현하지 못하는 것이다. 이러한 이 무명은 이성의 발달에 의해서 사라지지 않는다. 이성 자체도 무명이기에 그렇다. 따라서 근대인이 이성을 발달시켜 비합리적인 감정을 통제하고, 이성에 그 이상의 가치를 두고 이성을 동물과는 다른 인간의 본질로 삼지만 그 어떠한 이성을 발달시켜도 무명은 사라지지 않는다. 그런 탓에 인간이 아무리 풍부한 물질을 생산하고, 합리적으로 분배한다고 해도, 그로 인해 인간 본래의 인간성을 실현할 수는 없다.

불교에서는 이성과 본능, 나아가 그러한 것 모두를 합하여 무명으로 간주한다. 자기 중심적인 지성도 이기주의적인 감정도 그 욕망으로부터 벗어나 눈뜰 때 처음으로 인간은 본래의 인간성을 실현할 수 있기 때문이다.

그리고 이 순수한 인간성을 실현한 후에야 모든 사물의 법칙을 참모습 그대로 볼 수 있음은 물론 다른 사람의 슬픔을 자신의 슬픔과 같이 느낄 수도 있으며, 욕망으로만 치닫던 행동도 이내 윤리적으로 행하게 된다.

인간이 본래 하등동물이었다고 생각하는 근대인은 발달되는 지성을 인간의 본질로 본다. 하지만 지성을 어디까지 발달시킬 것인가? 그런데 이에 대한 해답을 근대인 자신도 모른다. 이는 결국 인간 자신도 모른다는 것 이외 없다. 이것이 불교에서 말하는 무명이다.

또한 근대인은 인간이 본래 하등동물이라는 생각에 의해서 참인간의 본성을 상실했다고 말한다. 하지만 불교적 인간관의 현대적 의의는 인간의 입장으로부터 출발해서 인간을 참구하고, 인간 본래의 성품인 자기 본래의 참모습에 도달할 수 있는가 없는가에 그 대안을 제시해야 한다.

불교에서는, 인간과 다른 동물, 또는 생명 있는 것과 차별을 두지 않는다. 생명 있는 모든 것을 중생으로서 평등하게 본다. 그래서 불교는, 일체중생이 다 불성이 있다고 하는 것이다. 심지어는 생명이 있는 것만이 아니라 생명이 없는 것까지도 다 불성이 있다고 한다. 어쩔 수 없이 나라는 생명이 하나 존재하기 위해서는 알게 모르게, 고의적이든 아니든, 나로 인해 생성하고 소멸되는 생명이 수없이 많다. 이것이 나와 연결된 인연이고, 나로 인한 인연이 곳곳에 주인이 되어 나투며, 곳곳에 행복하고 평화스러운 세계의 장엄을 염원하는 것이다.

이는 곧 '나무아미타불' '나무관세음보살' '나무지장보살' 하며 자기 스스로를 승화시키는 것인데, 말하자면 자기 스스로가 대자비심을 일으켜 모든 현실을 겸허한 마음으로 받아들이는 것이다. 그래야만 모든 생명을 존중하게 된다. 말하자면 인간 본래의 진실한 마음이 불성의 주인이 되는 것이다.

각설하고 이 책에서 펼쳐지는 이야기는 3부로 나누었다.

먼저 1부는 우리가 현대를 살고 있는 한 불교도로서 불교에서는 인간을 어떻게 바라보았으며, 동·서양의 견해에는 어떤 차이가 있는가? 그리고 동양인이라면, 아니 한국인이라면 한번쯤 생각해봐야 한다는 어리석은 생각에서, 이어 2·3부는 부처님이 시도했던 가르침의 근본을 현대적으로 풀어보고자 감히 용기를 내어 붓을 들었다.

따라서 이 책을 통해 여러분이 자신의 모습을 되찾을 수 있었으면 하는 바람과 더불어 이 책이 여러분의 삶이 더욱 기쁘고 윤택해지는데 도움이 되었으면 하는 바람이다. 그리고 많은 이들이 이 기쁨을 함께 나눌 수 있도록 다른 사람들에게 이 책을 전해주었으면 좋겠다.

2008년 5월

원연 합장

 **현대를 살아가는 불교적 인간**

처음 박은날 : 2008년 5월 10일
처음 펴낸날 : 2008년 5월 20일

편저자·원연 스님
펴낸이·김영식
펴낸곳·도서출판 들꽃누리
서울시 광진구 자양2동 643-33 1층
전화 (02)455-6365·팩스 (02)455-6366
등록·제1-2508호
ⓒ 원연스님, 2008

E-mail : draba21@dreamwiz.com
ISBN 978-89-90286-28-4   값 10,000원